パーソナルファイナンス教育の理論と実証

―大学生の消費者市民力の育成―

Theory and Practice in Personal Finance Education

橋長真紀子

慶應義塾大学出版会

はじめに

　本書は、パーソナルファイナンス教育（以下：PF教育）が、現代の大学生に必要な基礎教養教育であることを実証し、積極的なキャリア形成および高い倫理観を持った市民として社会参画する能力の涵養に寄与することを実証することを目的とした。金融に関する教育は、業界団体により名称が異なっており、「金融教育」（OECD、金融広報中央委員会）、「金融経済教育」（金融庁、全国銀行協会、日本証券業協会、投資信託協会、生命保険文化センター、日本損害保険協会等）、「消費者教育」（消費者庁）、「パーソナルファイナンス教育」（日本FP協会）と多岐にわたっている（各用語の定義は、序章第4節の「用語の定義」に記載）。

　日本FP協会が用いるPF教育は「一人ひとりの生き方にあったお金の知恵を身につける」ものとした上で、括弧書きで（金融経済教育）と付しているため、金融庁が用いる「金融経済教育」と同意で使用していると捉えることができる。しかし、本書では、PF教育を以下のように定義することとする。

　「個人の人生設計を通じて人生の目標を実現するための教育であり、生活資源としての収入を再配分し、有効にその資源を活用し自己実現していくための理論、知識、技能を学ぶ教育である。その学びを通じ、個人の人生および社会的共有資産の豊かさを追求することが可能で、個人の金融資産および人的資産、個人を取り巻く社会や地球全体への配慮を含めた社会的価値行動を醸成する教育。」

　そのため、日本FP協会が用いる教養としての教育に留まらず、大学の学問の中に位置づけるために、あえてこの用語を本書の共通語として用いる。

　PF教育は、1970年代に米国で始まった教育であり、その後、ファイナンシャルプランナーという専門資格を得るための教育として、全米の大学に広がっていった。日本では、資格対策という位置づけが強く、大学のほかにも

資格学校などで提供されており、大学教育の学問領域としては定着していない。しかし、家計消費は、日本のGDPの55％を占めるほど重要な分野である。その家計消費をより有効に活用し自己実現や社会をより良くすることを目指す教育を専門的に行うことは喫緊の課題であろう。

　これまで、PF教育のエッセンスは中学校・高等学校の社会科、家庭科に組み込まれ提供されてきている。大学教育においても、経済学、経営学、家政学、教育学で一部教えられているが、米国と比較しても十分とは言い難い。PF教育が、既存の学問領域のどの部分で扱われてきたかというと、経済学では、ミクロ経済学の家計と消費活動など個人経済活動を学ぶ領域、専門科目では、金融に位置づけられている。経営学部では、ファイナンス論や消費者行動論で個人の購買行動、貯蓄行動という視点から家計消費を扱う。家政学部では、家庭経営学という家庭の運営、家族や社会など人との関わりの中で生きることに関する領域で、家庭経済、家庭管理、生活設計、家族・地域社会、消費者問題などについて触れる。教育学部では、消費者教育の消費生活論の中で、次世代への教育を念頭に個人の金融や消費活動を扱うという現状である。

　一方、米国では、学問領域としては経済学、経営学、家政学であるが、学部教育から大学院教育の博士課程までPF教育を専門に扱う学部が存在する。PF教育を専門に扱う学会も存在することから、研究者養成にも力を入れていると思われる。

　ではなぜ、大学でPF教育が必要なのか。大学教育においてPF教育を提供する意義として、第1に、現在の大学生が置かれている経済的基盤の脆弱さがある。学生の半数以上が奨学金を借りて大学に入学する中で、多額の奨学金を抱えながらも卒業後いつ転職し非正規雇用労働者になるかもしれないという将来の不確実性が挙げられる。厚生労働省（2017）「非正規雇用の現状と課題」では、非正規雇用者の割合は、1994年以降年々増加し、2016年には37.5％に上っている。要するに、自分の生活設計は自己責任のもと行わなくてはいけない状況がより現実的になっているのである。かつては、新卒で就職すれば終身雇用が可能で、退職まで勤めればある程度の年金が保障され、老後もなんとか暮らしていける時代であった。しかし現代は、転職が一般的

となり、収入の不安定さもさることながら、年金などの社会保障にも頼り切るわけにはいかない。少子高齢化で実際に自分たちが老後になった際にいくらもらえるのか、今後年金制度がどのように改革されていくのか不透明な状況である。そのため、自助努力で将来設計をしなければならない必要性は増している。

第2に、大学への進学が容易になった現代、かつては大学生に教えなくてもよかった内容まで大学で教育しなくてはならなくなっている状況がある。将来設計やお金の教育は、日本では、一般に家庭で行われてきた。しかし、人前でお金の話をするのはタブーという価値観が根底にあるほか、各大学生の家計年収などは、人に相談しにくい内容であることも事実である。家庭内であっても親の年収や資産価値などを子どもに伝えているケースは、それほど多くないであろう。かつての年功序列による収入構造が崩れたほか、金融商品も多様化・複雑化し、個々の商品を理解することは難しくなっている。このような時代のなか、専門家が金融商品の仕組みをわかりやすく解説すること、つまり大学生の段階からのPF教育が必要になってきているのである。

第3に、大学時代は、実生活でアルバイトをしたり、中には親元を離れ一人暮らしを始めるなど、資金管理の面でも自立への移行期である。そのため大学で学んだ理論を実生活で実践することが可能な時期であり、教育の相乗効果を期待できる時期である。また、社会的にも成人するこの時期に、自己責任のもと金融商品を扱わなくてはいけなくなっている。2018年6月には改正民法が成立し、成人年齢が20歳から18歳に引き下げられた（2022年4月1日より施行）。すなわち大学入学時には、すべて自己責任で生活しなくてはいけない局面を迎えている。そのため、社会に出る前にPFに関する教育は、しっかりとなされるべき内容である。

また、本書の内容を簡易化すれば、高等学校などでも展開可能であると考える。実際に、半数は高校卒業後社会に出るため、PF教育は高校での出口教育として行われるべきであろう。現行の高等学校の家庭科教育の学習指導要領に新たに盛り込まれた視点である「自己のライフスタイルや将来の家庭生活、職業生活の在り方について考え、生活の営みに必要な金銭や生活時間を活用し、生活設計できるように育成すること」を適える教育実践としても

示唆を与える可能性を秘めている。

　本書で示すPF教育の目的は、「個人の経済的自立を目指す金融力の習得」と「社会的価値行動を含む消費行動の改善および実行」の2つがある。前者の「個人の経済的自立を目指す金融力の習得」とは、自分の経済状況に応じて適切な金融商品の選択ができる賢い消費者となることであり、経済的自立の促進を目指すものである。効率的な金融行動をとれる消費者が増えれば、善良な事業者を選択できるようになり、社会的な責任を果たす事業者が繁栄する社会の構築にも寄与することになる。後者の、「社会的価値行動を含む消費行動の改善および実行」とは、個人が自らの経済的成功とともに、自らが社会の構成員の一員であるという立場を認識することで、消費の一部を世の中のために回すという価値観を醸成できる。すなわち「社会的価値行動」を促すことであり、社会全体、地球全体という広い視野で物事を見て、社会全体の幸福度の向上に寄与する行動がとれるようになるということである。

　これらの2点の資質を醸成することが、本書が目指すPF教育の究極的視点である。

　PF教育を個人の成功の手段と捉えると、家計管理と資産形成の教育のように思われるかもしれないが、本書では、その意義をより広く、いかに消費者市民資質を醸成できるPF教育を提供するかという視点で捉えることにする。「消費者市民」という言葉は、2008年以降、日本でも散見されるようになったが、もともと1999年にカナダのマクレガーが提唱した概念であり、オーストラリア、米国、ヨーロッパにおいて過去10数年間において発展してきた考え方である。

　ノルウェーに拠点を置く学際的ネットワークであるコンシューマー・シティズンシップ・ネットワーク（Consumer Citizenship Network: CCN、現在は発展してPartnership for Education and Research about Responsible Living: PERLへ組織拡大）は、2005年に策定された消費者市民教育のガイドラインにおいて、「消費者市民」を次のように定義づけている。「消費者市民とは、倫理的、社会的、経済的、環境的配慮に基づいて選択を行う個人である。消費者市民は、家族、国家、地球規模で思いやりと責任を持った行動を通じて、公正で持続可能な発展の維持に積極的に貢献する」。本書では、このような市民資質を

身につけることを、以下のとおり「消費者市民力」と定めた。

自己の利益を追求する利己主義の消費行動の追求のみならず、倫理的、社会的、経済的、環境的配慮に基づいて消費行動を行い、家族、国家、地球規模で思いやりと責任を持ち、公正で持続可能な社会の発展に寄与する社会的価値行動（利他主義）の視点から自らの消費行動を考えられる力。

　西村（2017, pp. 19-20）によると日本における消費者教育は、1879年の協同組合運動がルーツで、1948年に消費生活協同組合法が制定され、現在も消費者団体として代表的な地位を確立している主婦連合会が結成された。同連合会が主婦の店選定運動、物価引き下げ運動、主婦大学の開講など消費者への適切な買い物行動の啓蒙活動を行った。1957年の全国消費者大会では、消費者は、労働者としてだけでなく、企業によるごまかし表示や粗悪品の高価格での販売などで消費者としても搾取されているという「消費者宣言」を表明した。また、政財界は、1955年に生産者・労働者・消費者への公正な分配により生産性を向上させることを目的とした日本生産性本部を設置し、米国へ消費者教育の視察団を送り、1958年に消費者教育委員会を設置させる。こうして消費者運動の前に学習が必要であるとして消費者教育が提供されるようになる。

　このようにPF教育の源泉は、消費者運動による買い物行動の改善にある。賢い消費者としての購買選択行動、自立した消費者として批判的思考で情報を取捨選択できる行動、そのより良い選択行動を社会へ発信し、持続可能な社会の形成に貢献しようとする消費者市民へと発展していく。このような「社会的価値行動」を選択できる消費者の育成が求められており、利己主義的な自己の成功のみならず、社会に対する責任も果たせる消費者を育成することが重要である。本書では、これを理論的にアプローチし、様々な切り口の調査結果から実証を試みた。

　本書の構成は、理論編、実証編、総括の3部からなる。理論編では、まず、「PF教育」および「消費者市民教育」の概念規定を、国内外の先行研究から比較検討し、両者の関係性を論じ、21世紀の能力観である「コンピテン

シー」と「PF教育」との関係性、「21世紀型能力」と消費者市民教育で育成する「消費者市民力」との関係性を明らかにした。これら先行研究の精査から、今日の日本の消費者市民教育の源流に北欧のパーソナルファイナンスの思考があることを明らかにすると同時に、21世紀に育成すべき内容に相応しいPF教育の在り方を提唱した。

　実証編では、6つの調査結果より、大学生の消費者市民力がPF教育によって育成されたかについて検証を行った。はじめに、理論編で議論した市民像としての消費者市民力が、日本の大学生の中にどの程度存在するかを検証し、PF教育を通じて持続可能な社会の構築を目指す意識形成を行うことの可能性を検討した。また、日本の大学生の金融行動の特徴と弱い部分を把握するために、日米の大学生調査から比較検討を行い、日本のPF教育に必要な要素を明らかにした。次に、大学教育におけるPF教育の実態および教育提供側からのニーズを明らかにするために、日米の大学調査の結果からPF教育の学問的位置づけおよび教育的意義を解明した。これらの実態調査の結果および理論編で検証された消費者市民力の資質を踏まえ、考案した2つの大学教育プログラム（教養教育編および専門教育編）の実施に伴う履修生の金融行動、消費者市民力、幸福度、不安度の変容を検証した。総括では、理論編、実証編から明らかになった大学生に必要なPF教育の教育内容を提言した。

　PF教育という、個人の人生設計を通じて生き方を探求し、より良い社会の構築に向けた社会参画意識を醸成する教育において、本書では大学生を研究対象としたが、内容を簡易化すれば、高等学校でも展開可能な内容であると考える。現行の高等学校の家庭科教育の学習指導要領に新たに盛り込まれた視点である「自己のライフスタイルや将来の家庭生活、職業生活の在り方について考え、生活の営みに必要な金銭や生活時間を活用し、生活設計できるように育成すること」を適える教育実践としても示唆を与える可能性を秘めている。そのため、本書で実証した内容が、大学教育者のみならず、高等学校の教員およびPF教育提供者へも示唆的なものとなれば幸いである。

　2018年8月

橋長 真紀子

目　　次

はじめに　　i

序　章　パーソナルファイナンス教育の可能性　1

第1節　背景 …………………………………………………………………1

　　1　大学教育の転換　1

　　2　職業教育と生き方教育　2

　　3　教養教育としての消費者教育　3

　　4　21世紀に求められる能力　4

　　5　パーソナルファイナンス教育と消費者市民　6

第2節　目的と意義 …………………………………………………………7

　　1　持続可能な社会の構築に向けて　7

　　2　本書の意義　9

第3節　本書の構成 ………………………………………………………10

第4節　用語の定義 ………………………………………………………12

第Ⅰ部　理論編

第1章　パーソナルファイナンス教育の概念　21

第1節　米国のパーソナルファイナンス教育 ………………………21

　　1　社会的背景　21

　　2　教育プログラム　30

　　3　ガイドラインとカリキュラム　32

　　4　アイオワ州のパーソナルファイナンス教育　34

　　　4-1　中学・高等学校　34

　　　4-2　大学　35

第2節　日本のパーソナルファイナンス教育 …………………………………… 37

　　1　社会的背景と系譜　37

　　2　学問領域　45

　　　2-1　家政学　45

　　　2-2　生活経営学・家庭経営学　47

　　　2-3　家庭経済学　50

　　　2-4　消費経済学　51

　　　2-5　社会的価値の育成　53

　　3　消費者教育におけるパーソナルファイナンス教育　57

第3節　日米のパーソナルファイナンス教育の検討 ………………………… 59

第2章　消費者市民教育の概念　63

第1節　英国の消費者市民教育 ………………………………………………… 63

　　1　社会的背景とナショナルカリキュラム　63

　　2　大学教育　66

　　3　日米英のパーソナルファイナンス教育の検討　69

第2節　北欧の消費者市民教育 ………………………………………………… 71

　　1　社会的背景と系譜　71

　　2　北欧閣僚評議会の消費者教育ガイドライン　79

　　3　北欧諸国の消費者教育ガイドラインの改訂　80

第3節　日本の消費者市民教育の形成 ………………………………………… 84

第4節　消費者市民教育と消費者教育の関係性 ……………………………… 90

第3章　21世紀の能力観　103

第1節　コンピテンシーと消費者市民力の関係性 …………………………… 103

　　1　グローバルスタンダード　103

　　2　米国の21世紀型スキル　105

　　3　日本の21世紀型能力　107

第2節　21世紀型能力と消費者市民力との関係性 …………………………… 111

　　1　自立的活動力としてのキャリア設計力　111

2　消費者市民力と社会参画力の関係性　115

3　倫理的な消費者としての視点　116

4　消費者市民としての能力観　120

第Ⅱ部　実証編

第4章　大学生の消費者市民力の実態　123

第1節　日本の大学生（調査①）……………………………………… 123

1　研究方法　125

2　調査結果　125

2-1　金融行動と金融知識　125

2-2　消費者市民的資質の傾向　128

3　結果と考察　137

第2節　日米比較（調査②）……………………………………… 139

1　研究方法　140

2　調査結果　141

2-1　金融行動　141

2-2　金融行動の相関関係　141

2-3　金融行動志向性の因子分析　144

2-4　金融行動志向性の下位尺度間の関連　145

2-5　属性別金融行動志向性の下位尺度間の相関　146

3　結果と考察　147

第5章　大学におけるパーソナルファイナンス教育の実態　151

第1節　日本の大学（調査③）……………………………………… 151

1　研究方法　152

2　調査結果　153

2-1　金融リテラシーの現状　153

2-2　考察　161

2-3　キャリア教育の提供　162

2-4　パーソナルファイナンス教育の必要性　164

2-5　考察　164

第2節　米国の大学（調査④）……………………………………… 165

1　研究方法　166

1-1　シラバス調査　166

1-2　Web調査　166

2　調査結果　167

2-1　シラバス調査　167

2-2　Web調査　168

3　考察　177

第6章　日本の大学における教育実践からの効果検証　181

第1節　教養教育（調査⑤）…………………………………………… 181

1　研究方法　182

2　調査結果　184

2-1　金融行動、幸福度、不安度の変容　184

2-2　大学教養教育における金融教育の意義　187

2-3　必修科目としての金融教育の提供　190

2-4　金融教育でさらに学びたい分野　191

2-5　日本の大学生の幸福度・不安度　191

2-6　重回帰分析によるPF教育の効果検証　194

3　結果と考察　196

4　追加調査　200

4-1　調査結果　201

4-2　履修生と未履修生の比較　203

5　追加調査の結果と考察　207

第2節　専門教育（調査⑥）…………………………………………… 209

1　2つの教育実践　209

2　量的調査　222

2-1　調査方法　222

2-2 調査結果　226

3　質的調査　226

3-1　調査方法　226

3-2　調査結果　227

4　考察　237

第Ⅲ部　総括

第7章　本書の成果　241

第8章　今後の課題　261

あとがき　263

注　267

参考文献　271

索引　287

序章

パーソナルファイナンス教育の可能性

第1節　背景

1　大学教育の転換

　大学教育は、一部の若者に限られたエリート教育の研究機関として高等教育の役割を担ってきた。しかし日本の大学は、昨今の少子化の流れを受けて全入時代を迎え、大衆化した教育機関への転換を迎えている。エリート養成機関としての存在価値が低下してきたともいえるであろう。大学進学率は、2012年度には58.7%（文部科学省 2013）に上る一方、学力試験による従来型の入試制度に加え、AO入試や推薦入試等、様々な入学試験も実施されている。米国の社会学者マーチン・トロウが進学率5割以上に上る状況を「ユニバーサル」段階と呼称したように、「大学教育は、『誰もが進学する機会を保障されているユニバーサル・アクセス』の学習機会を提供している教育機関」となったのである（中央教育審議会 2008）。

　このように大学進学が容易になるにつれ、大学生の質の低下や、学修時間の低下も指摘されるようになった。そこで、中央教育審議会は「学士力」、経済産業省は「社会人基礎力」という参照基準を設置し、学士課程の質の保障および向上を目指してきた。また、同審議会は「『学士力』とは、各専門分野に関わる学士課程教育の、最も『本質的な意義』となり得る参照基準で、各大学の教育理念や、学生のリソース、資質、進路等に応じて具体的な教育目標や育成する知識、能力、スキル等を開発するための出発点となり得るべきもの」としている。具体的な基準は、4項目[(1)]に分かれ、すべての学生が身につけるべき基礎的な素養として定義づけられている（中央教育審議会

2

2008；柿野・橋長・西村 2013）。そのため、少数のエリートのために行う学問的教育に留まらず、教養としての実践教育を行うことが大学教育に求められるようになった。

2 職業教育と生き方教育

　一方、経済的な側面から大学生の現状を見ると、大学進学に向けた教育費の準備に関しては、1999年に奨学金制度の貸与型の第二種奨学金の採用基準が緩和されてから、奨学金利用者は飛躍的に増大し、奨学金利用率（大学昼間部）は、2012年に50.7％、2014年には52.5％に上昇している（日本学生支援機構 2012, p. 22; 2014, p. 22）。すなわち、大学生の2人に1人が利用していることになる。そして多くの大学生は、転職が一般化し、卒業後の安定的な生活が保障されない雇用環境の中、奨学金返済という負の資産を保有して社会に出ていくことになる。将来設計を描くどころか一度収入が途絶えると自己破産も免れられないという危機的な状況に置かれているのである。本田（2009, pp. 118-128）は、実際に若者を対象にした「大学教育に対する主観的評価」の調査結果から、ヨーロッパ12ヵ国との比較において、日本は「職業における大学知識の活用度」が顕著に低いという結果を報告している。さらに本田は、キャリア教育のいかなる変化や領域にも対応可能な汎用的・一般的スキルを身につければよいという考え方に対し、その選択の成功・失敗の責任は個人に帰されると警鐘を鳴らしている。その問題を解決するためには、高等教育において「職業と一定の関連性を持つ専門分野に即した具体的な知識と技能の形成に教育課程の一部を割り当てる」べきであると述べている。その教育は、「過度に狭い範囲の固定的に限定されたものではなく、特定の専門分野の学習を端緒・入り口・足場として、隣接する分野、より広い分野に応用・発展・展開していく可能性を組み込んだ教育課程のデザインが必要である」とし、そのような専門性を「柔軟な専門性」として呼んでいる。

　本田の指摘に照らしてみると、パーソナルファイナンス教育（以下、PF教育と略）は、生活をしていく上での金融知識を提供することができ、その知識を生かした職業選択として専門家であるファイナンシャルプランナーという職業があり、その職業を目指さなくとも隣接する弁護士、税理士、社会保

険労務士、銀行・証券・保険等の金融機関の職員、不動産会社の職員などの職業選択も可能とする基礎知識を提供する教育であるといえよう。すなわち、PF教育は、単なる資格取得のための知識の提供に留まらず、高等教育である大学教育において提供される学問として、職業生活への様々な応用・発展・展開を可能とする教育的意義のある学問領域であり、職業教育としてだけではなく生き方そのものを考えさせる教育であるとも解釈できる。

3　教養教育としての消費者教育

　一方、消費者庁（2013）の「消費者教育の体系イメージマップ」では、消費者教育の重点領域が4分野に分かれている。そのうちの1つが、「生活の管理と契約」であり、すなわちPF教育の内容に重なる。今井（消費者教育支援センター編 1998）は、消費者教育を「断片的な知識・情報の事実のインプット教育を超えて、それら知識・情報を合目的的に総合意思決定する知的プロセス教育、消費者としての態度の変革を求めるアセスメント教育で、生涯にわたる人間開発教育」であり「消費者がその置かれた条件の中で、責任が持てる最適解を求めていくだけでなく、その条件が消費者の権利を侵し、消費者として自己実現するにふさわしくないならば、それを変革する市民参加の意思決定行動能力をも養うもの」と定義している。つまり消費者教育を、今日的な時代の要請に応える教養教育であると位置づけているのである。「大学等及び社会教育における消費者教育の指針」（文部科学省 2011）[2]の中でも消費者教育は、消費者としての基礎的な知識の習得とともに、その知識を活用し消費者被害からの自己防衛能力や長期的な生活設計能力、問題解決能力を身につけ、倫理観を持って責任ある行動をとれる消費者、また持続可能な社会の実現に向けライフスタイルを工夫しながら主体的に行動できる消費者を育成することを目的としている。このように「倫理観を持って責任ある行動をとれる消費者、また持続可能な社会の実現に向けライフスタイルを工夫しながら主体的に行動できる消費者」は、21世紀型の市民像として「消費者教育の推進に関する法律」（2012年12月施行、以下、推進法と略）の中でも、消費者市民社会[3]の形成に主体的に参画し、その社会の発展に寄与することができる市民として謳われている。換言すると、消費者教育とは、「消費者

市民」の育成を目指したものなのである。この概念が、日本に導入されたのは、『平成20年版 国民生活白書』において、北欧の消費者市民教育が紹介され、日本への応用へ示唆を与えたことによる。消費者市民教育とPF教育に関しては、北欧の消費者市民教育の4本柱の1つがPFであり、日本の消費者庁の消費者教育および北欧の消費者市民教育において、ともにPFが一領域として位置づけられている。

4 21世紀に求められる能力

　21世紀に求められる能力としてOECD（経済協力開発機構）は「万人のための教育世界会議」(1990) で決議された「万人のための教育宣言」の理念に従い、「コンピテンシーの定義と選択（Definition and Selection of Competencies [DeSeCo]）プロジェクト」(1997-2003) を実施した。DeSeCoプロジェクトは、グローバリゼーションの進む社会で、国際的に共通する鍵となる能力を定義し、その評価と指標の枠組みを開発することを目的としている。このプロジェクトでは、コンピテンシーは、知識基盤社会の中で今日的に育成すべき能力として「断片化された知識や技能ではなく、意欲や態度などを含む人間の全体的な能力」と定義されている（国立教育政策研究所 2013, p. 13：OECD 2013a; Rychen & Salganik (eds.) 2003）。このOECDの提唱するコンピテンシーを育成することが世界的な教育目標となり、各国で教育改革が進められてきた。

　このような世界的動向を受けて、日本では、OECDの提唱するコンピテンシーを「21世紀型能力」(21世紀を生き抜く力を持った市民)[4]の名のもと、現代の日本人に求められる能力として育成することとなった。「21世紀型能力」は「思考力」「基礎力」「実践力」の3要素から構成されている（国立教育政策研究所 2013）。その3要素の1つの「実践力」とは「日常生活や社会、環境の中に問題を見つけ出し、自分の知識を総動員して、自分やコミュニティ、社会にとって価値ある解を導くことができる力、さらに解を社会に発信し協調的に吟味することを通して他者や社会の重要性を感得できる力」と定義づけられている。さらに、この「実践力」とは、自分の行動を調整し、「生き方を主体的に選択できるキャリア設計力」「他者と効果的なコミュニケーションをとる力」「協力して社会づくりに参画する力」「倫理や市民的責

任を自覚して行動する力」と具体化されている（国立教育政策研究所 2013, p. 83）。

すなわち、この21世紀型能力は、かつて今井（消費者教育支援センター編 1998）が提唱した消費者教育[5]の定義および「大学等及び社会教育における消費者教育の指針」（文部科学省 2011）の中で定義づけられた消費者教育の目的と重複する。要するに、21世紀型能力を有した市民および消費者教育で育成されるべき消費者は、同様の資質を備えた（消費者）市民である。この実践力として挙げられる「生き方を主体的に選択するキャリア設計力」は、金融教育の分野では、「生活設計」の内容と重複し、大学生が習得すべき内容は「卒業後の職業との両立を前提に夢や希望をライフプランとして具体的に描き、その実現に向けて勉学、訓練等に励んでいる。人生の三大資金等を念頭に置きながら、生活設計のイメージを持つ」と明示されている（金融経済教育推進会議 2014）。

実際に、金融広報中央委員会（2012）「金融力調査」の結果から、若年層（18-29歳）は、自身の金融知識や判断能力に対する自己評価が低いほか、お金を使うこと等についての注意の払い方が相対的に他の世代と比較して低い傾向であることが明らかとなった（金融広報中央委員会 2012）。

PF教育の「賢く個人の金融を管理し、生活設計を立てる力」は、コンピテンシーの「自立的活動力」として、位置づけられている。日本においては、21世紀型能力の実践力の一要素として、同じく自立的活動力が「生き方を主体的に選択できるキャリア設計力」に相当する。一方、消費者市民力としては、倫理的、社会的、経済的、環境的配慮に基づいて消費行動を行うことができる力を持ち合わせた市民であり、コンピテンシーの社会スキルにおいて、EUでは、「社会的・市民的コンピテンシー」と位置づけられ、米国でも、「個人的・社会的責任」、日本においても21世紀型能力の実践力に「倫理や市民的責任を自覚して行動する力」が位置づけられている。消費者市民力と21世紀型能力の双方とも、公正で持続可能な発展の維持に積極的に貢献する市民資質の向上を目指すものである。推進法が育成しようとしている「21世紀型の市民像」といえる。

5 パーソナルファイナンス教育と消費者市民

　金融教育を推進する研究会（2014）によると、日本の中学校・高等学校における PF 教育の実施状況を調査したところ、消費生活に関する分野では「消費者問題と消費者保護」が7割前後、「消費者の権利と責任」が5〜7割程度と消費者関連のテーマが高い割合で教えられている。その一方、「お金の大切さや計画的な使い方」「働くこととお金」といった生活設計の基礎的な分野は、中学校・高校6年間を通じて3割弱に留まっている。学校・科目別では「生活設計と家計管理」が高校家庭科で59.8％と高くなっている。また、「クレジット、ローン、証券など」は高校家庭科（67.1％）および高校商業科（59.3％）で高くなっている。「リスク管理（保険でカバーすべき事象）」は中学校・高校6年間を通じて、ほとんど実施されていない。次に、金融・経済に関する分野では「経済の基本的な仕組み」については全体で5割を超えているが、学校・担当教科別に見ると教科の学習内容に応じた差異が見られる。中学校社会科および高校公民科では、「財政」「銀行の仕事」および「株式市場の役割」が、4〜6割程度実施されている。また、「企業の役割・社会的責任（CSR等）」については、高校の公民科および商業科の5割程度で実施されている。一方、「保険の働き」については、高校家庭科で約3割、高校商業科で約2割が実施されているのみで、高校公民科、中学校の社会科および技術・家庭科ではほとんど扱われていないと報告している。このように、中学校・高校では、少なからず行われている。

　しかし、金融広報中央委員会（2009）の成人を対象とした「金融に関する消費者アンケート」の中で、金融教育を「受けた」と思う人が4％なのに対し「受けたと思うが覚えてない」20.0％、「ほとんど受けていないと思う」が75.3％に上り、高校卒業までの従来の PF 教育が定着していない現状が浮き彫りになった。これらの結果から実際に中学・高校で提供された授業内容が知識として定着していない実態が窺える。そのため、継続して PF 教育を行うことが重要であろう。高校卒業後、半数以上が高等教育機関へ進学し、残りの半数弱は社会へ出ていく。そのため、教育の機会としては、高等教育、社会人教育、双方に PF 教育のニーズは存在するであろう。社会人教育の内容に関しては、別の機会に論じるとして、本書では、その一方の高等教育、

中でも大学教育に絞り議論を行う。

　現代社会では、生活をする上で、健全な資金管理ができることは経済的な自立をするためにも、また夢を実現するためのキャリア形成の基盤としての生活設計のスキルを習得するためにも、不可欠な要素である。その資金管理の実行手段として用いる金融商品は多様化、複雑化が進み、消費者が自己の生活設計に必要とする金融商品の選択は、より困難さを増している。そのため、金融に関する知識を社会に出る前に学ぶ必要性は否めないであろう。このような社会的要請を受け、現代の大学教育は、文部科学省（2011）の指針の中でも「将来を見通した生活設計を行う能力を育むだけでなく、社会とのつながりや社会に参加することの意義も含めたキャリア教育の推進」を行うことが求められている。一方、推進法では、初めて「消費者市民社会」という概念が明文化された。同法第2条2項では、「消費者市民社会」とは、「消費者が、個々の消費者の特性及び消費生活の多様性を相互に尊重しつつ、自らの消費生活に関する行動が現在及び将来の世代にわたって内外の社会経済情勢及び地球環境に影響を及ぼし得るものであることを自覚して、公正かつ持続可能な社会の形成に積極的に参画する社会」と明示され、同法第3条2項では、「消費者教育は、消費者が消費者市民社会を構成する一員として主体的に消費者市民社会の形成に参画し、その発展に寄与することができるよう、その育成を積極的に支援すること」とされている。すなわち、同法の施行を受けて、従来型の悪質商法からの自己防衛のための消費者教育に留まらず、学び手が主体的に消費者市民社会の形成に参画し、その発展に寄与できるよう積極的な社会参画を促す教育が必要になったということである。

第2節　目的と意義

1　持続可能な社会の構築に向けて

　本書では、PF教育を「個人の人生設計を通じて人生の目標を実現するための教育であり、生活資源としての収入を再配分し、有効にその資源を活用し自己実現していくための理論、知識、技能を学ぶ教育である。その学びを通じ、個人の人生および社会的共有資産の豊かさを追求することが可能で、

個人の金融資産および人的資産、個人を取り巻く社会や地球全体への配慮を含めた社会的価値行動を醸成する教育」と捉えている。

このような教育が求められるようになった背景として、第1に、将来が不透明な時代となり、現役世代もしくは若者にとって、現在の60歳代以上の世代と同じような将来設計を描くことが困難になったことが挙げられる。現代は、転職が多い時代かつ生活スタイルが多様化しており、かつての終身雇用制度の時代のような将来設計が立てにくい社会である。そのため、主体的にキャリアを築く人生の選択がより重要度を増している。人生の転機にどのような選択肢があるか、それぞれの道が、どのような人生設計を可能とするのかを考えさせる必要性が増してきたのである。第2に、金融ビッグバン以降、金融緩和が加速し、より複雑で多様な金融商品が開発されたことにより、消費者が適切な金融商品を選択することが困難となったことが挙げられる。そのため金融リテラシーの習得の必要性が増した。第3に、「失われた20年」に象徴されるように、デフレ経済が長期化したことにより、家庭の収支が悪化し多重債務や自己破産に陥る家庭が増加した。その不況下で家庭の教育資金準備が十分に行われず、大学教育資金を奨学金に頼らざるをえない家庭が増加した。そのために、大学生に対するキャリア教育とともに負債の管理に関する教育が喫緊の課題となり、PF教育が必要となったといえるであろう。第4に、地球資源の過剰使用により、持続可能性が担保されなくなったため、利己主義の生活スタイルを改め、持続可能性へ貢献できる消費行動が求められるようになったことが挙げられる。そのため、生涯教育として、各ライフステージに応じたPF教育が求められるようになり、大学生も独立した1ステージとしてPF教育を推進することが金融経済教育推進会議（2014）の「金融リテラシー・マップ」においても明記された。また、文部科学省（2011）の指針においても、大学教育における消費者教育の推進が要請され、将来を見通した生涯設計を立てる力の育成とともに社会参画の重要性を認識し、主体的に行動する消費者の育成が求められるようになった。そのために、大学教育においても社会参画力を育成するPF教育を柱とした消費者教育の一層の充実が求められていると解釈することができよう。

本書の目的は、「PF教育が、現代の大学生に必要な基礎教養教育であるこ

とを実証し、積極的なキャリア形成および高い倫理観を持った市民として社会参画する能力の涵養に寄与することを実証すること」である。また、「21世紀型能力」の実践力である「生き方を主体的に選択できるキャリア設計力」「他者と効果的なコミュニケーションをとる力」「協力して社会づくりに参画する力」「倫理や市民的責任を自覚して行動する力」が、大学生の中に潜在能力としてどの程度存在するかを明らかにするとともに、PF教育を通じて持続可能な社会の構築を目指す意識形成を行うことの可能性を検証することを目的とする。

2 本書の意義

　これまでも、金融知識の習得および比較を行う先行研究は存在する。山岡（2008, pp. 59-83）、阿部ら（2002, pp. 21-16）、浅野ら（2008, pp. 34-41）、山岡・浅野・阿部編（2012）は、日米の高校生および大学生のパーソナルファイナンスリテラシーを測定する数々の研究を行ってきているが、その内容は、金融経済理解度調査として、金融経済に関する知識の水準を測定するものであった。また、柿野・橋長・西村（2013, pp. 49-58）は、日米の大学生の金融知識と金融態度に関する比較検討を行っているが、これらの先行研究は、社会性を養う市民力を育成するPF教育の在り方や教育効果には言及されていない。また教育効果として、鎌田・川邊・小野（2014, pp. 33-42）は、金融のイメージや金融教育で学びたい内容の変化に関する報告を、村上・西田・西村（2003, pp. 67-79）は、金融知識および資産選択行動の変化に関する金融教育の効果検証を、中里（2014, pp. 98-103）は、キャリア教育に金融教育を組み込んだ場合の、金融機関への就職のイメージの変化に関する報告を行っている。このように知識の変化の報告は散見されるが、その知識の習得が日々の行動変容につながる実証研究は十分に行われてこなかった。また、これまで日本においては、小・中・高等学校における学校教育および社会教育におけるPF教育に関する研究が中心であったが、本書では、これまで注目されてこなかった大学生に焦点を当て、PF教育の大学教育での展開の可能性を検証する。その視点として自己の成功のみ追求するのではなく、社会的価値行動を醸成することがPF教育において可能かどうかを検証する。また、環

境への配慮や倫理的な消費者としての消費者市民力を育成するPF教育に関する研究もこれまでなされておらず、橋長・西村（2014）が初めて取り組んだ分野である。さらには、PF教育とコンピテンシーの関係について議論した点においても本研究の独自性があると考える。

第3節　本書の構成

　理論編では、「PF教育」および「消費者市民教育」の概念規定を、国内外の先行研究から比較検討し、両者の関係性を明らかにする。その上で、「コンピテンシー」と「PF教育」との関係性を明らかにし、「21世紀型能力」と消費者市民教育で育成する「消費者市民力」との関係性を明らかにする。

　「PF教育」については、発祥の地である米国において当該教育がどのように形成されていったかについて、社会的背景および業界団体と政府の取り組みの経緯を概観し、教育システムの中で推奨されているガイドラインとカリキュラムについて検討を行う。その後、日本のPF教育の形成を家政学の研究分野の視点から整理し、家政学における消費者教育の分野として生活経営学、家庭経営学、家庭経済学、消費経済学の学問領域におけるPF教育の位置づけを検討し、日米のPF教育の比較検討を行う。

　「消費者市民教育」については、英国で行われている「Mathematics」（必修科目）、金融を含めた経済教育を主とする教科科目「Citizenship Education」（必修科目）そして、個人の社会経済および健康教育を行う教科科目「Personal Social Health & Economic Education（PSHE）」（非必修科目）におけるPF教育の位置づけを、その背景と対象から明らかにする。また、北欧のノルウェーを拠点にした消費者市民教育の学際的ネットワークであるConsumer Citizenship Network（CCN）が2005年に策定した消費者市民教育のガイドラインおよび、1999年に第1版、2000年に第2版を策定した北欧閣僚評議会の消費者教育のガイドライン、2009年に改定された北欧諸国―エストニアグループの消費者教育ガイドラインを比較検討する。次に、日本における消費者市民教育について消費者教育から消費者市民教育へ発展していく経緯を概観し、その転機となる『平成20年版 国民生活白書』において紹介された、

序章　パーソナルファイナンス教育の可能性　　11

北欧の消費者市民教育の内容および日本の従来の消費者教育と北欧の消費者
市民教育の違いを明らかにする。次に、OECDの「コンピテンシー」と「PF
教育」の関係性について、OECDの定義と目的を明らかにした上で、米国、
日本においてそのコンピテンシーの要素が、PF教育の内容とどのように関
係するかを検討する。その上で、日本のコンピテンシーである「21世紀型
能力」と「消費者市民力」との関係性を「21世紀型能力」を構成する「思
考力」「基礎力」「実践力」の3つの能力の中から「実践力」に着目し、「生
き方を主体的に選択できるキャリア設計力（自立的活動力）」「協力して社会
づくりに参画する力（社会参画力）」「倫理や市民的責任を自覚して行動する
力（持続可能な未来づくりへの責任）」の3つの視点から明らかにする。

　実証編では、6つの調査結果より、大学生の消費者市民力がPF教育によっ
て育成されたかについて検証を行う。まず、はじめに、理論編で議論された
市民像としての消費者市民力が、日本の大学生の中にどの程度存在するかを、
全国6ブロックの大学生730名を対象とした調査から明らかにするとともに、
PF教育を通じて持続可能な社会の構築を目指す意識形成を行うことの可能
性を検討する。また、日本の大学生の金融行動の特徴と弱い部分を把握する
ために、日本の大学生調査730名対象（前述）と、米国の大学生調査700名
対象から検討を行う。その上で、PF教育に必要な要素を明らかにする。

　次に、大学教育におけるPF教育の実態および教育提供側からのニーズを
明らかにするために、日米の大学調査の結果から検討を行う。日本の大学調
査は、「金融リテラシー教育推進委員会」（座長：西村隆男横浜国立大学教授
（当時）、委員：著者他5名）が実施した国公立・私立大学・短期大学全1,091
校を対象としたWeb調査（金融リテラシー教育のニーズに関する大学調査）の
結果を援用し、日本の大学におけるPF教育の実態とニーズの検討を行う。
その比較として、PF教育の発祥の地である米国の大学におけるPF教育の実
態をシラバス調査およびWeb調査より明らかにし、当該教育の学問的位置
づけおよび教育的意義を解明する。

　これらの実態調査の結果および理論編で検証された「消費者市民力」の資
質を踏まえ、考案した2つの大学教育プログラム（教養教育編および専門教育
編）の実施に伴う教育効果を検証する。2つの教育実践では、A国立大学の

大学教養教育におけるPF教育の教育実践において授業の事前・事後・追加調査の結果から、履修生の金融行動、消費者市民力、幸福度、不安度の変容および当該教育の必要性について検討を行う。また、B私立大学の大学専門教育における2つの異なる教育手法による教育実践において授業の事前・事後・追加調査の結果から「消費者市民力」の変容を検証する。これらの6つの調査結果から、大学生に必要なPF教育の教育内容を明らかにする。

第4節　用語の定義

本書で使用する用語の定義を明確にしておく。

「パーソナルファイナンス教育」

「パーソナルファイナンス教育」（PF教育）とは、日本FP協会が「一人ひとりの生き方にあったお金の知恵を身につける」教育として用いる用語であり、括弧書きで（金融経済教育）としているため、金融庁が用いる「金融経済教育」と同意で使用していると捉えることができる。また、古徳（2006, p.37）では、「パーソナルファイナンス講義」を「1. 個人の資産管理領域、2. 経済環境の理解、3. 金融制度の理解、4. 社会制度の理解の4領域すべてを含む科目」と定義している。すなわち、これらの学問を追求していくための教育が、PF教育である。これらの定義を受けて、本書では、以下のとおり「PF教育」を定義する。

個人の人生設計を通じて人生の目標を実現するための教育であり、生活資源としての収入を再配分し、有効にその資源を活用し自己実現していくための理論、知識、技能を学ぶ教育である。その学びを通じ、個人の人生および社会的共有資産の豊かさを追求することが可能で、個人の金融資産および人的資産、個人を取り巻く社会や地球全体への配慮を含めた社会的価値行動を醸成する教育である。

「パーソナルファイナンス」

「パーソナルファイナンス（PF）」とは、ジャンプスタート個人金融連盟（Jump$tart Coalition for Personal Financial Literacy）が、「National Standards in K-12 Personal Finance Education, 3rd ed.」（2007, p. 25）で、「個人が収入と資産を得て、管理するために用いる原理と方法」と定義している。また、日本FP協会Webサイトによると「長期的なライフプラン（生活設計）の視点に立った『個人のファイナンス』のこと」と定義している。また、アルトフェストによると、「日常の生活を支え、良い暮らしを追求するためにキャッシュフローを開発していく学問」とされ「学問領域として、ファイナンスは、パーソナルファイナンスとビジネスファイナンスに分類され、さらに投資分析とポートフォリオ管理、資本市場、資本の予算化に細分される」と定義されている（Altfest 2007, pp. 4-5［伊藤ら訳 2013, 上 pp. 29-31]）。また、伊藤（2012, p. 25）が言及するように、パーソナルファイナンスは、パブリックファイナンス、コーポレートファイナンスに区別され、「個人と家計を対象領域とするファイナンスの一分野」である。そのため、本書では、「パーソナルファイナンス」を「個人の金融」として定義する。

「消費者市民教育」

トーレセンは、「消費者市民教育」を「自分自身の消費態度と消費行動の結果に対する知識と洞察力を発展させること、生徒が自分自身の生活を管理する能力を育てるのみならず、地球社会の集団生活の管理に参加することに貢献することを目的」とし「消費者教育、市民教育、環境教育を合わせた学際的な教育である」と述べている（Thoresen 2005a, p. 9; 価値総合研究所 2009, p. 25）。言い換えると、消費者市民教育は、「生活の質を向上させるために公平性や平等性、正義観が、国家憲法や人権、宗教、文化的な伝統において全ての世代の人にどのように現代社会構造の中で表現されているかについて議論をするという、高等教育における教養教育の不可欠な要素」である。その上で「批判的思考や科学的な調査の実践としても役立ち」「学生の金融リテラシーや情報リテラシー、安全と健康な生活に関する理解を深め、個人の機会を最適化し、多重債務や詐欺、誇大広告、病的な生活から身を守ることに

寄与する教育」であるとしている（Thoresen 2005a, p. 11）。また「自分の生活と他者との共存を考えた際、貧困と地球資源の配分の関係は消費者市民教育の中心的課題」であり「そのことから地球規模の人類の発達過程や構造についても考えることができる」ようになる。さらには「未来や平和についての学習に不可欠な要素であり、そのことにより他者、社会全体、地球全体への責任感を醸成するものである」とも言及している（Thoresen 2005a, pp. 12-13）。

　これらの北欧における消費者市民教育の定義を踏まえ、本書では、以下のとおり定義する。

　消費者教育、市民教育、環境教育を融合した学際的な教育であり、学習者が、自己の消費態度と消費行動を見直し、自らの生活の向上を目指し生活管理を適切に行うとともに、地球社会を構成する人類、自然、環境へ与える最適な消費行動を追求するために、社会が直面している課題に対し批判的に考察し、自らの適切な消費行動を通じて、持続的な社会の発展に寄与することができる力を与える教育。

「消費者市民力」

　「消費者市民力」という用語は、これまで公式には使用されてきておらず、今回、本書を作成するに当たり、著者が独自に命名した用語である。「消費者市民」は、マクレガー（McGregor 1999b, pp. 22, 207-211）らが提唱した概念であり、オーストラリア、米国、ヨーロッパにおいて過去10数年間において発展してきた（Thoresen 2005a, p. 9; 価値総合研究所 2009, p. 25）。2003年10月に、ノルウェーのヘッドマーク大学（Hedmark University College）を拠点に発足した世界37ヵ国、123機関（2007年8月現在）が加盟する学際的ネットワークであるコンシューマー・シティズンシップ・ネットワーク（Consumer Citizenship Network: CCN）は、2005年に策定された消費者市民教育のガイドラインにおいて、「消費者市民」を、「倫理的、社会的、経済的、環境的配慮に基づいて選択を行う個人である。消費者市民は、家族、国家、地球規模で思いやりと責任を持った行動を通じて、公正で持続可能な発展の維持に積極的に貢献する」市民として定義づけている。すなわち、このよう

な「消費者市民」を育成する教育が「消費者市民教育」であり、以下のとおり、「消費者市民力」を定義する。

　　自己の利益を追求する利己主義の消費行動のみならず、倫理的、社会的、経済的、環境的配慮に基づいて消費行動を行い、家族、国家、地球規模で思いやりと責任を持ち、公正で持続可能な社会の発展に寄与する社会的価値行動（利他主義）の視点から自らの消費行動を考えられる力。

「金融教育」

　金融教育[6]とは、OECD（2005b）、OECD/INFE（2010a［金融広報中央委員会訳 2012]）（INFE: International Network on Financial Education: 金融教育に関する国際ネットワーク）[7]では、「金融の消費者ないし投資家が、金融に関する自らの厚生を高めるために、金融商品、概念およびリスクに関する理解を深め、情報、教育ないし客観的な助言を通じて（金融に関する）リスクと取引・収益機会を認識し、情報に基づく意思決定を行い、どこに支援を求めるべきかを知り、他の効果的な行動をとるための技術と自信を身につけるプロセス」と定義されている。また、金融広報中央委員会は、金融教育とは、「各学校段階を貫いて求められる『生きる力』（自ら学び、自ら考え、主体的に判断し、行動し、よりよく問題を解決できる教育）」であるとし、「お金や金融の様々なはたらきを理解し、それを通じて自分の暮らしや社会について深く考え、自分の生き方や価値観を磨きながら、より豊かな生活やよりよい社会づくりに向けて主体的に行動できる態度を養う教育」と定義している（金融広報中央委員会 2016, p. 10）。すなわち、金融広報中央委員会の考える金融教育とは、「生き方や価値観を練り上げる教育」の基盤となる、現実に即した思考を鍛えるために、金銭を基軸に自分の生活や価値観を磨き上げていく基礎教養教育と位置づけられている。これらの定義を受けて、本書では、OECD（2005b, p. 4）、OECD/INFE（2010a, p. 7）の「金融教育」の定義を採用する。

　　金融の消費者ないし投資家が、金融に関する自らの厚生を高めるために、金融商品、概念およびリスクに関する理解を深め、情報、教育ないし客観

的な助言を通じて（金融に関する）リスクと取引・収益機会を認識し、情報に基づく意思決定を行い、どこに支援を求めるべきかを知り、他の効果的な行動をとるための技術と自信を身につけることができるようにする教育活動。

「金融経済教育」

「金融経済教育」とは、金融庁が用いる用語で、全国銀行協会、日本証券業協会、投資信託協会、生命保険文化センター、日本損害保険協会等の業界団体においては、自らが取り扱っている預金、株式、投資信託、保険といった個別の金融商品やその社会的意義についての説明、資産運用や投資知識の向上のためのセミナー・出張講座、投資や資産運用について意識の啓発を図るイベント等様々な取り組みの総称を指す。教育の目的は、「生活スキルとしての金融リテラシー」であり、「金融や経済についての知識のみならず、家計管理や将来の資金を確保するために長期的な生活設計を行う習慣・能力を身に付けること、保険商品、ローン商品、資産形成商品といった金融商品の適切な利用選択に必要な知識・行動についての着眼点等習得、事前にアドバイス等の外部の知見を求めることの必要性を理解すること」としている（金融庁金融研究センター 2013, pp. 1-24）。そのため、本書では、「金融経済教育」を以下のとおり、定義する。

経済動向にも目を向けつつ家計管理や将来の資金を確保するために長期的な生活設計を行う習慣・能力を身につけること、保険商品、ローン商品、資産形成商品といった金融商品の適切な利用選択に必要な知識・行動についての着眼点等習得、事前にアドバイス等の外部の知見を求めることの必要性を理解することなどの生活スキルとしての金融リテラシーを身につけること。

「金融力」

金融庁金融研究センター「研究会報告書『金融経済教育研究会』」（2013, pp. 1-8）によると、OECD/INFE（2012b）は「金融教育のための国家戦略に

関するハイレベル原則」（2012年6月）にて、「金融リテラシー」とは「金融に関する健全な意思決定を行い、究極的には金融面での個人の良い暮らし（well-being）を達成するために必要な金融に関する意識、知識、技術、態度及び行動の総体」と定義している。一方、米国のジャンプスタート個人金融連盟は、「National Standards in K-12 Personal Finance Education, 3rd ed.」（Jump$tart Coalition for Personal Financial Literacy 2007, p. 25）で、「金融リテラシー」を「個人が生涯の金融の健全性を目指すために効果的に金融資源を管理するための知識と技術を活用する能力」と定義している。

　また、OECDによれば、英米では、「金融ケイパビリティ」という用語を同様の内容で使用している。金融庁金融研究センター（2013, pp. 1-8）、伊藤（2012, pp. 22-30）によれば、米国の「金融ケイパビリティに関する大統領諮問委員会」に関する大統領令（2010年1月29日）において、「金融ケイパビリティ」とは、「知識とスキルとアクセスに基づいて金融資源を効果的に管理する能力」であり、この能力を発揮するために「個人は、金融商品や金融サービス・金融コンセプトに適切にアクセスし、それらを理解しなければならない」とし、金融ケイパビリティは、「個人に、情報を選択し、落とし穴を避け、どこに助けを求めにいったらよいかを知り、現状を改善し長期的な金融面での暮らしを改善するための行動を取る力」とされている。また、伊藤（2012, pp. 26-27）、ルサルディ（Lusardi 2011, p. 2）は、「金融ケイパビリティは人々がいかに収支を一致させ、前もって計画を立て、金融商品を選択・管理し、金融の一決定を行うための知識とスキルを、どれくらい持っているかを測定する用語である」と定義している。また、金融リテラシーは、金融ケイパビリティの下位概念で金融ケイパビリティの一領域として捉えられている。

　一方、金融広報中央委員会（2012）、福原（2012, p. 19）によると、米国の「金融リテラシー教育委員会」（Financial Literacy and Education Commission: FLEC 2010, p. 8）は、国家戦略における「金融力」を「『金融リテラシー』といった場合には、金融取引に関する基礎的な知識や能力（リテラシーの原意は、識字能力）が主な対象とされることが多いのに比べ、『金融力』は、消費者が適切な金融行動をとるために必要とされる能力全般を指す場合が多く、

より広い概念」と定義している。金融広報中央委員会（2012）は、「金融力調査」を18歳以上の10,000人を対象に実施しており、同調査では、「金融力」を「金融知識に加え、金融行動や態度」を含めたものとして定義づけている。すなわち、OECD/INFEおよび英米の政府が使用する「金融ケイパビリティ」の和訳として使用している。

　そのため、本書では、「金融力」を以下のとおり、定義する。

　金融知識に加え、適切な金融行動や態度に必要とされる能力全般。

「社会的価値行動」

　『平成20年版 国民生活白書』（p. 8）によると、「社会的価値とは多くの文脈において用いられているが、多くの場合、『経済』に対する『社会』という位置づけにおいて、『社会活動がもたらす価値』や、『金銭など経済的な価値であらわすことができない価値』を意味している。ある場合は、人間の存在の根源をなす『真』『善』『美』を求める価値観、特に『徳』や『倫理』などと呼ばれるものを表現することもある。また、社会活動をもたらすものは人間の『倫理』であるというような関連付けがなされる。ここでは、これらさまざまな意味を包含したもの」として定義されている。また、具体的には、同白書によると「環境や子どもの権利を守り、改善していこうという行動で、エコ商品やフェアトレード商品などの消費財の購入や、企業に対して、子どもの権利、女性や身障者の雇用、環境や安心・安全への配慮などの社会的責任を充分に果たすよう促すための投資行動『社会的責任投資』」の購入などが挙げられる。

　そのため、本書では、「社会的価値行動」を以下のとおり、定義する。

　環境や子どもの権利を守り、改善していこうという行動で、エコ商品やフェアトレード商品などの消費財の購入や、企業に対して、子どもの権利、女性や身障者の雇用、環境や安心・安全への配慮などの社会的責任を十分に果たすよう促すための投資行動「社会的責任投資」の購入という倫理観に基づく社会活動。

第Ⅰ部

理論編

第1章

パーソナルファイナンス教育の概念

第1節　米国のパーソナルファイナンス教育

1　社会的背景

　米国でPF教育が求められるようになった背景として、葛西ら（2015, pp. 44-45）によると、米国の食肉工場の不衛生な実態の暴露を端緒に消費者保護の第一歩を踏み出す第1次コンシューマリズム（1900年代から1920年代）が挙げられる。第2次コンシューマリズムの時代（1920年代から1950年代）である第1次世界大戦後の米国は、高度大衆消費時代であった。1927年に出版されたチェースとシュリンクの『*Your Money's Worth*（あなたのお金の価値）』では、消費者は、「不思議な国に迷い込んだアリス」にたとえられ、「科学的な目で商品の選択ができれば、消費者はもっと有効なお金の使い方ができる」と言及しており、後の米国の消費者運動に影響を与えた（Chase & Schlink 1927）。1933年には、ニューディール政策の一環で消費者諮問委員会がフランクリン・ルーズベルト大統領により設置される。第3次コンシューマリズム（1960年代から1970年代）は、米国の消費者運動が世界を大きく牽引していく時代である。1962年、ケネディ大統領が、「4つの権利」を提唱し、消費者の権利が主張される時代になる。米国の広大な国土や都市部の分散により、地方の農村部でも利便性を追求した消費行動がとれるよう、カタログ販売に代表される「通信販売」も一般的になる。そのような社会的背景をもとに、決算手段は、現金ではなく小切手が主流であった。そのため、銀行口座（小切手決済用の当座預金）の管理が、生活の存続に直結する経済社会で、先日付での支払いや不渡り防止の資金管理の基礎知識が必要となって

くる。実際に後述のエイムズ中学校の家庭科においても、模擬小切手を使用し、中学生が小切手の書き方を学習していた。そのため、現金ではない、目に見えない資金管理や金銭感覚の習得が米国のPF教育の重要な要素となっていることが背景といえるであろう。また、クレジットカードの発展とともに、月賦払いによる決算方法が一般化し、そのことにより、より一層、資金管理が複雑化していった。このように常に借入や先日付での支払いが一般的な社会でPF教育の必要性は高まっていったといえるであろう。また、教育理論の視点から考察すると、デューイに代表されるプラグマティズムの考え方が、米国の教育思想の基盤となっており、「系統的な知識や伝統的な価値規範を単に所有しているだけの状態では意味がなく、それらを道具として実際に活用して現在の問題解決に役立てるべき」という考え方が根底にある（柳沼 2002, p. 199）。そのため、実用主義で社会を批判的に考察する民主的な公共性を育成することが米国の教育の中心となっていることが推察される。

　大学教育における学問的位置づけと研究の動向としては、アメリカ家政学研究会編著（2006, pp. 6, 30-48）は、1909年から2000年までにアメリカ家政学会誌に掲載された6,799本の論文を『日本家政学文献集』の分類方法に基づき、各領域の年代別特徴を明らかにした。PFの領域である家庭経営学・家庭管理学領域を見てみると、11項目に分類できる。分類構成比で最も高かったのは、「総論」（20.3％）、次いで、「生活福祉・協同組合・地域サービス」（13.4％）、「職業と家族」（11.4％）、「農家生活・農村婦人」（10.2％）であった。一方、最も少なかったのは、「生活設計」（1.7％）であり、全期間の論文数では、わずか9本であったことを明らかにしている。また、論文のキーワードで検索すると、「家庭経営・家庭管理（home management）」は、33本あり、年代で見ると1960年代に10本と最も多く公刊されている。また、家庭経済学領域では、期間全体を通して、568本の論文があり、分類構成比を見ると、約3割が「総論」であり、次いで「消費者問題」（27.6％）、「家計」（15.0％）、「家計管理・生活設計」（12.7％）と続いた。1910年代の家政学生成期は、街や公共の市場が未だ不衛生で人々の暮らしも極めて厳しい状況であった中、家庭経済学では、主たる研究関心は、「公共の市場や施設に関する経済的状況の把握や生活標準の追求」「家計における生活費」「食費の問

題」等に向けられていた。その後、1920年から1940年代にかけて家政学会が拡大していく一方で、米国経済は、1929年10月24日、ニューヨーク証券取引所で起きた株価の大暴落により、20世紀最大の財政危機といわれる世界恐慌が発生した。その後1か月に及ぶ株価暴落は、世界経済の景気後退を誘発する。また、第2次世界大戦なども経験し、激動の時代であった。そのような時代の中、急増したのが、「消費者問題」に関する研究であり、不当な価格や劣悪化した商品から消費者利益を守ることなどを意図した論文が見られる。1940年代に入り、消費者教育的内容を中心に、消費者問題に関する論文が全論文の4割を占めるに至る。しかし、1950年代には、1割程度に減少する。その後、1960年代には、クレジットに関する法律問題やクレジット破産に関するトラブルを論じるものが多くなり、消費者問題の比率は、最も高くなっている。また、1980年代に入り、「家計管理・生活設計」の分野で初めてファイナンシャルプランニングに関する論文が見られるようになる。

　ヒラ（Hira 1987, pp. 183-194）は、家計の資金管理が所有資産にどのように影響を与えるかを分析している。7割以上の家庭は、貯蓄、車、不動産の所有が主であったが、3割以下が、譲渡性定期証書（Certificates of deposits）、投資信託、株、債券、個人年金口座であった。また、約6割の夫婦が共同で資産管理しており、資産額の高い家庭ほど、資産管理の意思決定を夫婦で共有していることが明らかとなった。また、ヒラ（Hira 1997, pp. 271-290）は、無差別抽出したアイオワ在住者215名と大学のPF教育受講生129名の比較により、年齢別の金融態度、信念、行動に関する報告を行っている。その結果、クレジットカードの所有率は、学生および無差別抽出サンプルともに3～5枚が36％と最も高く、年齢別で見ても3～5枚が最も多く、61歳以降になると枚数を減らし1～2枚が42％と最頻値であった。また、金融に関する満足度は、学生、無差別抽出サンプルともに7割を超えて高くなっていたが、不安に関しては、無差別抽出の方が約8割と高くなっていた。一方、学生は、日々の資金管理に困難を抱えている（46％）傾向が見られた。家庭でお金の話をするかに関しては、学生（57％）、無差別抽出サンプル（85％）と、ともに話さないとする回答が高くなっていた。ムスケとウィンター（Muske & Winter 2004, pp. 79-88）は、PF教育は、長期の資産形成に向けた家計の健全

性を教育する内容が多いが、実際には実生活で有効に教育内容を実践できていないという結果から、PF教育の目的自体を短期的な金銭管理の健全性に移行し、生活満足度の追求を目指すべきだと説いている。チェンとボルプ（Chen & Volpe 1998, pp. 107-128）は、金融リテラシーと学生の性質の関係について全米にわたる様々な大学の大学生924名を対象に調査を行った。金融知識の低層者は非ビジネス学部の学生、女子学生、成績下位学生、30歳以下、就業経験がほとんどないなどの学生に見られた。また同研究では過去30年にわたる米国のPF教育の構造の欠陥についても指摘している。ペンら（Peng *et al*. 2007, pp. 265-284）は、過去の金融経験、現在の金融経験、収入、貯蓄に関するWeb調査を1,039名のミッドウェスタン大学の学生に対して行った。大学でPFの授業を履修した学生は、高校で同様の授業を履修した学生より投資に関する項目の正答率が高かった。大学の講義の方がより投資分野で詳細にわたる項目を取り扱っているため正答率が高かったと考えられる。また、同研究では、今後の課題として、より広範にわたる金融知識に関する高校と大学のカリキュラムの比較が必要であると述べている。アリゾナ大学（2009, pp. 1-32）は、Arizona Pathways to Life Success for University Students（APLUS）という大学生の金融知識の習得過程を調べる長期研究を2009年に開始した。初年度は、同大学の学生2,098名が参加し、第1段階として若年期の社会性が若者の金融行動に与える影響について明らかにしている。また、同大学（The University of Arizona 2010, pp. 1-32）は、金融危機が学生の家計、個人の資金管理に与える影響についても追加調査を行った（回答数748名）。ほとんどすべての学生が金融危機は家族や、自己資金、資金管理に影響を与えたと回答し、中でも女性、アフリカンアメリカン、下位の社会経済的地位、下位のGPA（大学の評定平均）の学生がより影響を受けた。ヘイホーら（Hayhoe *et al*. 2000, pp. 113-133）は、大学生の性別による消費行動やクレジットカードの使用の違いについて調べ、女子学生は定期的な貯蓄、予算を組むこと、請求への支払いに関してより良い金融行動をとれるが、利息の支払い、最少額の返済、資金管理への自信については、特に性差は見られなかったことを明らかにしている。しかし、この研究ではPF教育の効果については言及されていない。ジャンプスタート個人金融連盟調査（Mandell

2008b; 2011, pp. 1-253）およびベナージー（Banerjee 2011, pp. 9-14）は、金融リテラシーと金融行動の違いについて全米の調査を行った。また、マコーミック（McCormick 2009, pp. 70-83）は、若者のPF教育や政策に関して先行文献から教育手法や評価について報告している。ヒューストン（Houston 2010, pp. 296-316）は、主に1996年から2008年に刊行された金融リテラシーと金融知識の測定方法に関して分析を行っている。金融リテラシーには、2面性があり、金融知識（教育や経験を通じて習得する必要不可欠なPFに関する概念や商品の知識の蓄積）と応用面（PFに関する概念や商品を効果的に応用・使用する能力や自信）がある。また、金融知識、教育、リテラシー、行動、経済的な豊かさの関係として、金融リテラシーは、PFに関する人的資本の金融知識と応用面の両方を含む。その金融リテラシーは、消費から人生の効用を増やすため金融行動において使用されるもの（経済的な豊かさを高めるための金融行動）である。金融行動と経済的な豊かさに影響を与えるものは、行動バイアス／認知バイアス、自己統制問題、家族、仲間、経済、コミュニティと組織などがある。そして金融リテラシーの高い人は、このような外部要因には影響を受けにくいとしている。PF教育は、個人の人的資本と特に金融知識や応用面を増やすために知識を与えるものである。それらの定義を述べた後で、金融リテラシーは、適切な金融行動を取る上で必要な人的資本を測定するものであると結論づけている。PF教育の効果に関しては、知識の向上を実証した研究が多数存在する（Fox, Bartholomae, & Lee 2005, pp. 195-214; Lusardi 2003; Willis 2008, pp. 197-285）。しかし、マンデル（Mandell 2004; 2008a, pp. 1-10）は、その教育効果が限定的であったことも同時に報告している。また、マンデル（Mandell 2009, pp. 15-24）は、ジャンプスタート個人金融連盟の調査に参加した高校生に対し、コーホート分析を行っているが、当該PF教育プログラムを受講した高校生の金融行動に必ずしも効果をもたらしていないことを報告している。具体的には、クレジットカードの支払い期日を遵守する比率は受講生に高かったが、完済率は、非受講生の方が高かったため、受講生の方が金利を多く払っていることや、税金の準備金、貯蓄や投資額が非受講生の方が高かったことを実証している。

　米国では、ファイナンシャルプランニングは、もともと富裕層のためのア

ドバイスサービスであったが、1970年代の金融サービスの多様化に伴い、中間層がより積極的に金融アドバイスを求めるようになり、発展していった（Altfest 2007, pp. 4-5［伊ները ら 2013, 上pp. 29-31］）。研究領域としても1990年代半ば以降、多種多様なPF教育が提供されるようになり（Hilgert, Hogarth & Beverly 2003, pp. 1-14）、今日まで、PFを専門領域とする多数の研究者を輩出してきた。全国金融教育基金（National Endowment for Financial Education）は、過去25年間に出版されたPF教育に関する引用件数1,400本に上る研究論文を4テーマ（①学習戦略、②金融行動の動機づけ、③評価と測定基準、④消費者動向）に分類し、研究領域の整理と今後の研究者への示唆を与えた（Hira 2010, pp. 1-49）。

　ルサルディ（Lusardi 2011, pp. 1-26）は、「大多数の米国人は、老後生活や子どもの大学教育資金の準備をしていない」と米国人の金融力に関し警鐘を鳴らしている。特に負債の管理に関して、高金利の商品や高い手数料の支払いで多額の支出を行っている。また、5人に1人以上（20%以上）の米国人は、過去5年以内にローンの借り換えに給料日ローン（payday loan）、税金還付の前借り（advances on tax refund）、質屋（pawn shop）を利用している。より深刻なのは、多くの米国人は、借入の用語を理解しておらず、かなりの人が、抵当証券や、ローン金利について理解していないという事実である。また、大多数の人は、基礎的な数量であるインフレーションやリスク分散、価格と金利の関係という基礎的な経済原則すら理解していないということを報告している。20年前から今日まで、数々の先行研究で、米国人の金融リテラシーの水準の低さが報告されているが、ルサルディ（Lusardi 2011, pp. 4-5）によると、バーンヘイム（Bernheim 1995; 1998）が初めて米国人の金融リテラシーの低さについて報告し、ヒルガー、ホガー、ビバリー（Hilgert, Hogarth & Beverly 2003, pp. 1-14）も米国人の基礎的な金融概念、特に債券、株、投資信託に関するの知識の欠如を明らかにした。学校教育においては、経済教育協議会（当時 National Council on Economic Education: NCEE 2005, pp. 1-82、現在 Council on Economic Education: CEE）および、ジャンプスタート個人金融連盟（Jump$tart Coalition for Personal Financial Literacy）、マンデル（Mandell 2008b, pp. 1-258; 2008c, pp. 257-279）が、高校生の基礎的な経済知識の欠如について

報告している。このような米国人の金融リテラシーの欠如が、不合理な金融行動、つまり適切な金融商品を選択できず、高金利商品の借入への依存度の増加を生み出した。それらの社会的背景を踏まえ、学校教育および社会教育における金融教育の必要性が叫ばれるようになった。

　こうした事態に対応するために、1980年代後半から、民間の全国金融教育基金、ジャンプスタート個人金融連盟および経済教育協議会を中心に様々な対象に対するPF教育プログラムが開発されてきた。1984年に発足しコロラド州デンバーに拠点を置く全国金融教育基金は、米国民の経済的により豊かで幸福な生活（Financial well-being）に貢献することを目的とする非営利団体であり、高校生から高齢者まで様々な対象に対して無料のPF教育プログラムを提供している。また、1995年に設立し、ワシントンD.C.に本部を置く米国のジャンプスタート個人金融連盟は、PF教育の非営利団体の専門組織として全米に約150の連盟を持ち、幼稚園から大学まで、様々な教育段階での学校教育におけるPF教育のガイドラインの策定、教材提供、教員研修、調査研究を行ってきた。一方、ニューヨークに本部を置く経済教育協議会は、経済教育とPF教育の両方の側面から学校教育における教育支援を行ってきた。

　伊藤（2012, pp. 22-30）は、米国のPF教育の推進体制に関し、主に2000年代に入り、民間、政府、大統領諮問委員会により進められてきた経緯を整理している。前述のように民間主導で牽引されてきた米国のPF教育であるが、2003年以降、その民間の個別の活動を全国的に普及されるために、米国政府も国策として米国民の金融リテラシー向上に取り組むこととなった。米国政府は、2003年に制定された「信用取引の公正・適正化に関する法律」（Fair and Accurate Credit Transactions Act of 2003）の第5編に「金融リテラシーおよび金融教育改善法」（Financial Literacy and Education Improvement）を盛り込み、この法律に基づき、2003年に財務省を中心に22の省庁で構成される「金融リテラシー教育委員会」（Financial Literacy and Education Commission: FLEC）を設置した（FLEC 2010, p. 2; 保立 2014, p. 8）。同委員会は、「MyMoney.gov」というWebサイトの運営や国家戦略の策定を行っているが、2011年に策定した「金融リテラシー向上のための国家戦略」（National Strategy for Financial

28　第Ⅰ部　理論編

Literacy 2011）では、米国民の持続的な金融に関するより良い暮らしのための4本柱として、「個人や家族の金融リテラシーの習得に対する重要性の認識や効果的な金融教育へのアクセスの向上」「個人のライフステージにおける金融上の決断に必要な金融知識やスキルの精査と、その基礎力に必要な情報やプログラムの統合」「多様な金融教育提供者による教育内容を整理しガイドラインを策定」「効果的な金融教育プログラムに関する研究や効果測定への支援を通し、より良い教育や実践の提供への支援」を行うこととした。

　2008年のジョージ・W・ブッシュ政権における「金融リテラシーに関するアメリカ大統領諮問委員会」では、「試練の時期におけるマネー管理の秘訣」として7項目の注意喚起（2008年12月）「①あなたの銀行と信用組合の預金口座がどのように保護されているかを理解してください、②あなたの投資がいかに保護されているかを理解してください、③あなたの住宅ローンの貸手とコミュニケーションを維持してください、④あなたのクレジット・スコアを守ってください、⑤月額生活費の3ヵ月から半年分の緊急時資金を確保してください、⑥保険の解約によってコスト削減を守ろうとしないでください、⑦うますぎる儲け話は、疑わしいです。直近の金融市場の大衆化につけこもうとするペテンに警戒してください」を示した。その上で、「中学数学用の金融教育教材（Money Math）」「高校生向け金融理解度テスト（National Financial Literacy Challenge）」「信用力がなく銀行口座を作れない人を含む中低所得者層に対する金融教育や金融サービスの改善を目的としたプロジェクト（Community Financial Access Pilot）」「大学や企業を対象とした優秀な金融教育実践団体の表彰制度（Financial Education Honor Program）」「社会人を対象とした金融の理解度調査（Baseline Survey of Adult Financial Literacy）」を実施した。その後、バラク・オバマ政権に入り、「金融ケイパビリティに関する大統領諮問委員会」（2010年1月29日）が発足し、消費者が金融知識やスキルを活用し、適切な金融商品やサービスへのアクセスを行い、自らの金融資源を効果的に管理する能力を育成するべく、行動面を重視した政策目標へとシフトした。その制度改革に対し、伊藤（2012, p. 24）は、リーマンショック後の金融危機を克服するにあたり、オバマ政権の政策は、「金融制度改革と消費者保護の強化に加えて、金融ケイパビリティの確立」

を目指すものであったと指摘している。すなわち、金融制度改革と消費者保護の両輪の政策に加え、「個人の家計における金融ケイパビリティの獲得があって初めて、国家レベルの金融的安定が担保される」という認識に基づいての改革案であった。

　また、KPMGジャパンのWebサイトによると、米国では、2008年以降の金融危機の原因への対応策として、2010年7月、金融規制改革法としてドッド・フランク法（The Dodd-Frank Wall Street Reform and Consumer Protection Act）が成立した。同法は、金融機関の説明責任と透明性の向上を通じて、米国金融システムの安定性を醸成するために「消費者保護の強化」「金融システムに対するリスクの最小化と、監視システムの構築」「店頭デリバティブ市場の透明性強化」「金融機関の資本やリスクマネジメント態勢への規制の強化」を目的としている。同法は、金融機関のみならず金融システムに影響を及ぼす可能性のある業務を行う企業を規制の対象としており、一定の条件を満たす銀行持株会社やノンバンク金融機関も規制の対象に含まれている。また、福原（2012, p. 13）によると、同法に基づき、消費者金融保護局（Consumer Financial Protection Bureau）が正式に発足した。同局の発足は、米国金融史上で画期的な出来事であり、『ウォールストリートジャーナルジャパン』では、「米消費者金融保護局の設立が決定―攻防の果てに得た勝利―」（2010年7月22日版）として、同局の成立を、米証券取引委員会（SEC）や連邦預金保険公社（FDIC）のような世界恐慌を受けて創設された政府機関の最新版として紹介している。

　このように、米国のPF教育は、1980年代後半から、全国金融教育基金、ジャンプスタート個人金融連盟、経済教育協議会を中心に学校教育と連携し推進されてきたが、同時に政府も2003年以降、金融リテラシー教育委員会を設立し、米国民の金融リテラシーの向上に努めてきている。また政治的にもブッシュ、オバマ政権で国民の金融リテラシーを政策課題として取り上げ、個人や消費者の金融保護、監督システムへの強化を図っている。このような政策転換の背景には、米国民のPF教育の効果が十分に実証されておらず、金融リテラシーの欠如から、支払い能力以上の住宅ローンを抱える、クレジット負債を抱えるという消費行動の非健全性が、2008年のサブプライム

30　第Ⅰ部　理論編

ローンによる金融危機で、全世界的に明らかになったためである。

2　教育プログラム

　民間のPF教育団体の具体的なプログラムとして、橋長（2012, pp. 6-7）は、全国金融教育基金が提供する金融教育プログラムについて明らかにしている。同基金は、高校生向け、大学生向け、一般消費者向け、教員向けの教材開発、教材提供、教育支援を実施している。「NEFE High School Financial Planning Program: HSFPP」という高校生向けプログラムは、同基金の教育支援プログラムの中で、1984年に開発が行われた最も古くからある伝統的なプログラムである。10代の青少年が金銭面の自立や正しいお金の管理ができることを目的にしている。プログラムの内容は、はじめにファイナンシャルプランの意義やゴールを時間軸で設定して計画を立てて行動することの大切さを学び、その後、予算の立て方、貯蓄・投資、良い負債と悪い負債の違い、リスクの回避、夢を達成するために必要なキャリア形成に向けた準備など7つの項目を学んでいく。ゴールの設定では、「SMARTゴール：Specific（特定できる）、Measurable（測定可能な）、Attainable（到達可能な）、Realistic（現実的）、Time bound（時間的限界）」が大切で、より具体的に達成時期や必要額等を含めたゴールを設定するよう指導がされている。教師用指導書には、各項目のワークシートはもとよりそのワークシートの評価基準も提案されている。また、3時間から16時間までの細かい授業プランも掲載され、柔軟に活用できるように工夫されている。教材は、生徒用教材（紙ベースおよび電子媒体）、教師用指導書、授業用プレゼンテーションソフトの4構成である。また、同基金のWebサイトからは、全国および全米50州の金融教育ガイドラインも閲覧が可能になっており、各州におけるこの教材の対応表もダウンロードが可能である。動画による活用解説もあり、また州によっては対面式の活用講習なども行われている。教材の提供開始以来、高校、青少年団体、地域団体等を通して、800万人もの学生に届けられた（2012年4月現在）。全米50州に支援組織を持ち各州の組織の代表者へ問い合わせができるよう推進基盤も確立している。定期的にこの教材の効果測定も行われていて、2012年1月に出された最新版の調査報告書がWebサイトに公開されている。教員212名、高

校生4,794名が回答したこの調査では、この教材を通して学んだ学生の金融知識や金融行動、または金融に対する自信に関する20の項目で改善が見られ、この教材の効果が確認された。

　大学生向けプログラムの「キャッシュコース（CashCourse）」は、もともとウィスコンシン大学で教鞭をとっていたテッド・ベック（NEFE社長兼CEO）の発案で、2006年にすべての大学生が活用できるWeb教材として開発され、翌年2007年夏の完全施行となる。教材は、伝統的な大学やコミュニティカレッジの双方の学生のニーズに対応するよう教材のバリエーションを増やし工夫されている。この教材は、金融の基礎知識、大学への学費の支払い方法、大学生活における出費、職探しの方法、金融危機後の経済などの項目に分かれ、学生が独自にWebサイトから学べるプログラムになっている。また、YouTubeのようなWebinarという動画解説や、各種シミュレーションソフト、知識の確認クイズなどもあり、学生が独自に活用したり授業の教材として活用してもよいように工夫されている。同プログラムは2007年の開始以来、新規利用の大学数が年間100校を超えるスピードで急激に普及が進んでおり、625大学（2012年1月現在）で導入され、前年より69％も利用率は拡大している。活用実態は、大学により様々で大学の財政援助課（Financial Aid Office）のWebサイトに掲載するだけの大学もあれば、同基金のWebサイトよりダウンロード可能な「ワークショップキッズ（Workshop Kids）」というプレゼンテーションソフトを新入生オリエンテーションで活用する大学もある。中には、学内に設置された資産管理センター（Money Management Center）や財政相談センター（Financial Counseling Center）で、直接学生に向けてこの教材を活用しながらカウンセリングを行う大学もあり、各大学の活用実態は、同基金のWebサイトに掲載されている。

　また、指導者向けプログラムの「効果測定キット（Evaluation Toolkit）」は、2007年、同基金が公募した研究助成基金をジョージア大学が獲得し、金融教育を行う教員が気軽に自分の教育の効果測定を行い、より良い金融教育の推進を可能とする教員支援の手段として開発された。効果測定の分類は、教育による学生・生徒の行動変容や生活改善の度合いを測るものである。100以上のサンプル質問から自由に独自の効果測定調査票を作成できるほか、長

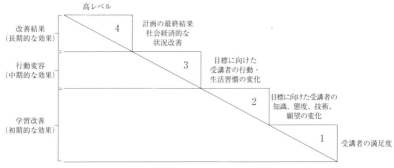

図1-1　教育効果の階層

出典：NEFE（2011, p. 19）より一部抜粋、著者和訳

期の変容測定のために、事前調査、事後調査、追加調査の測定が設定でき、事後調査のみ抽出も可能である。また教育効果の測定水準は、「参加者の講座への満足度」から「参加者の知識、態度、対応力の変化」「参加者のより良い方向への行動変容」「より良い行動の継続や社会経済的状況の改善」まで4段階に分かれている。それぞれの測定レベルに応じたサンプル質問が選択でき、独自の質問と自由に組み合わせることが可能になっている。

3　ガイドラインとカリキュラム

　米国の教育制度は、日本のように文部科学省が全国共通の学習指導要領を置くのではなく、各州の教育機関に教育内容の決定権が与えられ、州ごとに教育内容の相違が生じている。PF教育に関しては、本節の1で述べたように1980年代後半から、全国金融教育基金、ジャンプスタート個人金融連盟および経済教育協議会が牽引してきた経緯がある。

　1995年に設立し、ワシントンD.C.に本部を置く米国のジャンプスタート個人金融連盟は、PF教育の非営利団体の専門組織として全米に約150の支部を持ち、幼稚園から大学まで、様々な教育段階での学校教育におけるPF教育のガイドラインの策定、教材提供、教員研修、調査研究を行ってきた。同連盟は、1998年、2002年、2007年と3度にわたり小学校から高校までのPF教育のガイドラインを策定している。第3版のガイドライン（National Standards in K-12 Personal Finance Education, 3rd ed.）（Jump$tart Coalition for

Personal Financial Literacy 2007, pp. 1-52）では、6分野に分けた教育内容を、小学校4年（K-4）、中学校2年（K-8）、高校3年（K-12）における習得内容として提示している。高校3年の習得内容として6分野は、「①金融責任と意思決定」「②収入とキャリア」「③プランニングとマネー管理」「④クレジットと負債」「⑤リスクマネジメントと保険」「⑥貯蓄と投資」が設定されている。第3版では、伊藤（2012, pp. 25-26）が指摘するように、新たに「①金融責任と意思決定」分野が独立しており、高校3年の到達目標としては、個人の金融に関する契約という自己責任の分野に留まらず、「個人の金融に関する意思決定における倫理的考慮」を新たに導入し、企業の社会的責任を問う内容に改定されている。また、「③プランニングとマネー管理」では、「寄付を考慮に入れる」も追記されており、個人の社会的責任という社会的価値行動の視点も盛り込まれた（表1-1）。

　一方、ニューヨークに本部を置く経済教育協議会は、経済教育とPF教育の両方の側面から学校教育における教育支援を行ってきた。同協議会が、1998年より隔年で実施している全米50州の経済教育とPF教育の調査では、各州の教育システムにどのように両教育が導入されているかを報告している。2011年の報告では、州の教育基準にPFが盛り込まれた数は、1998年に21州だったのに対し、2011年には46州に増加している。中でも飛躍的に増加した時期が2000年であり、この期を境に急速にPF教育の普及が進んだことが示唆される。また、教育基準の実施を義務化している州は、1998年には14州であったのが、2011年は36州に増加し、全米の約7割の州でPF教育が義務化されたことが窺える（CEE 2011, p. 7）。そこで、ランドグラント大学（Land-Grant University）の一大学であり、農家の女性への生活経済を指導する学問領域として家庭科（当時：Home Economics、現在：Family and Consumer Sciences）を米国で最初に設置した大学であるアイオワ州立大学を中心としたエイムズ（Ames）という町のPF教育に関する教育事例から検討する。

34　第Ⅰ部　理論編

表1-1　ジャンプスタート個人金融連盟のPF教育のガイドライン

分野	内容
①金融責任と 意思決定	信用のおける情報を活用し個人の金融に関する決断を組織的に行うこと (1) 個人の金融に対する決断に責任を持つ (2) 多様な情報源から金融に関する情報を選択し、評価する (3) 主な消費者保護法を要約する (4) 金融に関する決断を組織的に代替案やつながりを考慮しながら行う (5) 金融問題に関し議論ができるようコミュニケーションの方法を戦略的に行えるようにする (6) 個人の情報を管理する
②収入と キャリア	個人の収入を増やすためのキャリアプランを作成する (1) キャリアの選択肢を増やす (2) 個人の収入源を理解する (3) 手取りに影響を与える要因を説明する
③プランニング とマネー管理	個人の金融を整理しお金の流れを管理するために予算を立てる (1) 支出と貯蓄計画を立てる (2) 金銭記録をつけて維持する仕組みを作る (3) 異なる支払い方法の利用方法を説明する (4) 購買力を上げる消費者の技術を身につける (5) 寄付を考慮に入れる
④クレジットと 負債	信用維持、好ましい借入、負債の管理 (1) 多様なクレジットの費用と利点を理解する (2) クレジット記録の目的を説明し、債務者のクレジット記録の権利を理解する (3) 負債トラブルと回避する方法や修正する方法を説明する (4) 主な消費者信用の法律を要約する
⑤リスクマネジ メントと保険	適切でコストに見合ったリスク管理法を使用する (1) 一般的なリスクの種類と基礎的なリスク管理法を理解する (2) 財産と損害保険の目的と重要性を説明する (3) 健康保険、医療保険、生命保険の目的と重要性を説明する
⑥貯蓄と投資	個人の目標を達成するための分散投資を活用する (1) 豊かな暮らしを叶えるために貯蓄が役立つかを議論する (2) 投資が豊かさや個人の目標を叶えるための基盤になるかを説明する (3) 様々な投資方法を評価する (4) 税金が投資収益に与える影響を説明する (5) 金融監督機関が行う投資家保護を調査する

出典：Jump$tart Coalition for Personal Financial Literacy（2007, pp. 4-5）より著者和訳

4　アイオワ州のパーソナルファイナンス教育

4-1　中学・高等学校

　米国中西部アイオワ州のエイムズという町には、公立中学校のエイムズ中学校および公立のエイムズ高等学校があり、それぞれPF教育がプログラムに組み込まれている。各学校のWebサイトおよび著者が、2012年1月から5

月に実施した授業の参与観察、教員へのインタビューの結果から、エイムズ中学校は、8年生（中学2年生）の家庭科（Family and Consumer Sciences）の科目の中で、3週間にわたり毎日（15回）のPF教育を必修科目として実施している。実際に教育で活用している教科書は、『Creative Living (7th ed.)』であり、8単元あるうち、第5単元目が、「管理と消費者の決断（Management and Consumer Decisions）」となっており、「第27章　資源管理」「第28章　時間管理」「第29章　情報技術の管理」「第30章　資金管理」「第31章　クレジットの賢い使用法」「第32章　広告」「第33章　消費者のスキル」「第34章　消費者の権利と責任」「第35章　管理と消費者のキャリア」という9章で構成されている（Glosson, Meek & Smock 1997）。学校教育の中で、PF教育を一層指導するようになった背景は、「21世紀型スキル」（第3章第1節参照）の中でPF教育が位置づけられたためであり、またアイオワ州の小中高等学校の教育ガイドラインにも含まれ、教育実践をしなければならないため（CEE 2011, p. 8）であることが推察される。また、エイムズ高等学校は、ビジネス科目という「ビジネスと金融の基礎、市民、キャリア、生涯学習のスキル」を習得することを目的としている科目が設定されている。このビジネス教育の科目（会計、Webデザイン、コンピューター基礎、スポーツとエンターテイメントのマーケティング、マルチメディア、ビジネスの基礎、ビジネス経済、マーケティング基礎、リーダーシップ開発、ビジネスと個人の法律）の1科目として「パーソナルファイナンス（Personal Finance）」が設定されており、1学期間毎日[8]提供されていた。その授業を通して、「全国金融力チャレンジ2012（National Financial Capability Challenge 2012）」という米国政府の実施する金融リテラシーテストを受験していた。

4-2　大学

　アイオワ州の大学教育に関しては、1858年に設立したアイオワ州立大学では、学生数約30,000名（2012年）、6つの学部（農学・生命科学部、ビジネス学部、デザイン学部、工学部、人間科学部、リベラルアーツ学部）があり、そのうちの人間科学部の中に「人間発達・家族研究（Human Development and Family Studies）」という学科がある。同学科では、初年次教育の1単位のオ

ンラインコースで「若年層のパーソナルファイナンス（Personal Finance in Early Adulthood）」という大学生に必要な予算化、クレジット、クレジットカード、奨学金や学生ローン、時間価値等の金融リテラシーを学ぶコースがある。同大学は、3学期制であるが、当該コースは、全学部の学生を対象に毎学期開講され、受講者は、初回の2009年の秋学期は77名であったが、2011年の秋学期には、373名に増加するという人気の教養講座であった。また、次のステップとなる「パーソナルとファミリーファイナンス（Personal and Family Finance）」（3単位）は、全学部の学生を対象に対面式およびオンラインコースの両方で開講されており、PFの基礎概念を学び、基礎的な内容を道具として活用できることを目的としている。このコースは、30年以上開講しているが、2012年の学生比率は、人間科学部43％、他学部57％であり、他学部の学生にも人気のある講義となっている。また、専門科目として「上級パーソナルファイナンスプランニング（Advanced and Personal Financial Planning）」（3単位）は、短期および長期の将来の目標を達成するための資金管理の方法、現在と将来の消費である税金、不動産、定年後の支出に備える多様な投資手段およびリスク管理を学ぶ講義であり、就職先として金融機関を志望する学生を対象としている。大学院教育では、Certified Financial Planner（CFP®）というファイナンシャルプランナーの国際資格を受験するための認定教育として、様々なコースが提供されており、2008年より開講された修士課程のコースでは、7大学（アイオワ州立大学、ネブラスカ大学、カンザス州立大学、ノースダコタ州立大学、モンタナ州立大学、オクラホマ州立大学、サウスダコタ州立大学）による単位互換制度のオンラインコースが開講されており、学位は所属大学より授与される。3単位12科目の科目履修と、6単位の総合演習プログラムの履修により、学位が認定される。オンラインで提供されるため、金融機関に勤務している社会人でキャリアアップやCFP®資格の資格受験のために認定教育を受講している人が多く、中には、同分野の研究者を目指して博士課程に進学する学生もいる（詳細は、実証編、第5章第2節を参照）。

　このように、米国の初等・中等教育においては、ジャンプスタート個人金

融連盟がPF教育のガイドラインを策定し、2007年のガイドラインに消費者市民的資質である社会的価値行動の視点が盛り込まれた。しかし、その内容は、お金の管理の一手段としての寄付であって、市民として消費で世の中を良くしようという消費者市民の視点からの寄付を考えさせる内容には至っていない。また、大学教育においては、学部提供は、経済学部、経営学部、家政学部等を中心に提供されてきたが、その内容は、個人の経済的自立が中心で、社会を構成する一市民としての役割という内容は見受けられない。PF教育を提供する大学の学部構成や教育目的に関しては、実証編の第5章第2節でシラバス調査をした結果にて論じることとする。

第2節　日本のパーソナルファイナンス教育

1　社会的背景と系譜

　日本において、PF教育が求められるようになった背景として、従来の日本型の終身雇用制度が崩壊し、転職が一般的になった雇用環境の変化が挙げられる。そのことにより、多様な働き方が推奨されるという長所がある一方、退職金をもらえない、年金制度が不透明となり個人の将来が予測不可能になった。そのため、現在の若者は、自分たちの親世代、年金世代と同様のライフコースを歩めなくなったという社会的背景がある。また、金融商品の多様化・複雑化が進み、個人の将来設計に必要な貯蓄や運用という金融商品を適切に選択することがより困難になっているという要因もある。そのため、幼少期から高齢者まで、様々な段階において社会で生きる力としての金融を扱うPF教育が求められるようになった。特に若者に焦点を当てると、金融広報中央委員会「金融力調査」の結果から、若年層（18-29歳）は、自身の金融知識や判断能力に対する自己評価が低いほか、お金を使うこと等についての注意の払い方が相対的に他の世代と比較して低い傾向であることが明らかとなった（金融広報中央委員会 2012）。

　これまで、日本のPF教育は、金融教育、金融経済教育、金融消費者教育などと呼ばれ、金融広報中央委員会を中心に推進されてきた（西村 2005）。これらの名称は、各団体の理念に応じて呼称が異なっている。例えば、

38　　第Ⅰ部　理論編

OECDや日本銀行は、「金融教育（Financial Education）」、金融庁や日本証券業協会は「金融経済教育」、消費者庁は「消費者教育」、日本FP協会は「パーソナルファイナンス教育」など多岐にわたっている。学校教育においては、小中高等学校の家庭科や社会科を中心に、金銭教育、金融教育、金融経済教育という形でこれまでも少なからず行われてきている。しかし、金融広報中央委員会（2009）の「金融に関する消費者アンケート調査」の中で、金融教育は「受けた」と思う人が4.0％なのに対し「受けたと思うが覚えてない」20.0％、「ほとんど受けていないと思う」が75.3％に上り、高校卒業までの従来のPF教育が定着していない現状が浮き彫りになった。このように、金融教育を受けてないと思う学生が大多数である背景として、学校教育における金銭教育・金融教育は、儲けのノウハウを指導する内容であり、勤労観や勤勉性を損なうと捉えられてきたことが推察される。その日本人の金銭観について、浅野（1996, pp. 1-5）は、日本人の金銭観には二面性があり、「お金さえあれば何でもできる」「お金は尊いものである」と考える拝金主義と、「お金は汚いもの」「お金のことを口にするのは卑しいこと」と考える排金主義があると指摘する。また、浅野は、その社会的背景として日本では、農業中心の経済社会が続き、自給自足の生活が中心で金銭をさほど必要としてこなかったこと、封建社会により欲望を抑えた生活をしてきたこと、本音と建て前で欲を口外しない文化があったことなどを挙げている。そのため学校教育においては、排金主義の考え方が根強く、十分に教育の中に浸透してこなかった背景がある。しかし、浅野は、健全な金銭観として、「金銭の価値や役割を正しく理解すること。金銭を勤労の正当な報酬として捉えること」が重要であると述べている。金融広報中央委員会は、初等教育から中等教育にかけて「日常身近にある物やお金の価値や役割を理解させ、その物やお金との関わりを通して人間性を育て、望ましい人格の形成をめざす教育」として「金銭教育」を推進してきた（浅野1996, pp. 1-5）。金融広報中央委員会（2016, pp. 15-17）は、金融教育の意義として「自立する力」と「社会とかかわる力」の2点を挙げている。「自立する力」とは、「お金を通して生計を管理する基礎を身に付け、それをもとに、将来を見通しながら、より豊かな生き方を実現するため、主体的に考え、工夫し、努力する態度を身に付けること」

であり、生計を立てるには働いて収入を得ることが基本であるとしている。また、働くことを通してお金の価値の重さを知り、より良く活用できるようになるとしている。他方、「社会とかかわる力」とは、「金融・経済の仕組みを学び、働くことやお金を使うことなどを通して、社会に支えられている自分と社会に働きかける自分とを自覚して、社会に感謝し、貢献する態度を身に付けること」であり、社会の仕組みを理解した上で、社会の構成員としてより良い社会を築くために自分がなすべきことを考え、お金の活用を含めて主体的に取り組む態度を育成することであるとしている。いずれもキャリア形成の視点から社会参画力の育成を目指したものである。要するに同委員会の目指す金融教育は、拝金主義や排金主義のいずれの立場でもなく、健全な金銭観の育成を目指すものである。

　では、高校卒業時までに、十分に金融力を習得できなかった若者を、そのまま社会に送り出してもよいのであろうか。現代社会では、生活を送る中で、健全な資金管理ができることは経済的な自立をする上でも、また夢を実現するためのキャリア形成の基盤として健全な生活設計のスキルを習得する上でも、不可欠な要素である。その資金管理の実行手段として用いる金融商品は多様化、複雑化が進み、消費者が自己の生活設計に必要な金融商品を選択することは、より困難さを増している。そのため、金融に関する知識を社会に出る前に学ぶ必要性は否めないであろう。昨今の大学進学率は58.7%（文部科学省 2013）であるため、残りの約4割は、十分な金融の知識を得ずに、中学もしくは高校卒業後すぐに社会へ出ることとなる。この若者たちは、学校教育において金融の知識を学ぶことができないため、実生活を通じて金融力を養うか、社会教育を通じて学ぶしか選択肢がない。一方、大学が少子化の影響で全入時代を迎えたことにより、進学か就職か迷っている高校生も大学へ挑戦しやすくなる。そのため過半数以上が大学進学する現在、高校までに習得できなかった社会で生きる力を大学でもしっかり教える必要性が高まる。このような社会的要請を受け、現代の大学教育は、「大学等及び社会教育における消費者教育の指針」（文部科学省 2011）の中でも「将来を見通した生活設計を行う能力を育むだけでなく、社会とのつながりや社会に参加することの意義も含めたキャリア教育の推進」を行うことが求められるようになっ

た。また、2014年6月に、金融経済教育推進会議（事務局：金融広報中央委員会）は、金融庁、消費者庁、文部科学省、各種業界団体で構成される会議で、日本人の「最低限身につけるべき金融リテラシー」における項目別・年齢別に教育内容の目標を記した「金融リテラシー・マップ」を発行した。同マップでは、段階別に「小学生」「中学生」「高校生」「大学生」「若手社会人」「一般社会人」「高齢者」と7段階に分類され、学習分野は「家計管理」「生活設計」「金融知識及び金融経済事情の理解と適切な金融商品の利用選択」「外部の知見の適切な活用」の4分野に分かれている。これまで、「大学生」は、「若手社会人」の一部とみなされていたが、同マップで初めて、独立した階層として区分された。大学生は、「社会人として自立するための能力を確立する時期」として位置づけられており、「収支管理の必要性を理解し、必要に応じてアルバイト等で収支改善をしつつ、自分の能力向上のための支出を計画的に行える」「卒業後の職業との両立を前提に夢や希望をライフプランとして具体的に描き、その実現に向けて勉学、訓練等に励んでいる。人生の三大資金等を念頭に置きながら、生活設計のイメージを持つ」時期とされている。その他、金融商品の特性（流動性・安全性・収益性）を理解しながら運用を考えたり、リスク管理をするという視点も盛り込まれている（表1-2）。

　金融広報中央委員会は、これまで、学校教育（小学校、中学校、高等学校）を中心にした金融教育の推進を担ってきた。「金融教育プログラム」（第5版）は、初版の2007年以来、1〜3年ごとに改訂を行い、学習指導要領との適合性を図ってきた。2015年には、新たに「金融教育プログラム『学校における金融教育の年齢別目標』（年齢層別の金融教育内容）改訂版」を策定し、金融教育の4分野・38分類の学習目標を提示した。

　OECD/INFE（2005; 2012b）は、金融教育（Financial Education）とは、「金融の消費者ないし投資家が、金融に関する自らの厚生を高めるために、金融商品、概念およびリスクに関する理解を深め、情報、教育ないし客観的な助言を通じて（金融に関する）リスクと取引・収益機会を認識し、情報に基づく意思決定を行い、どこに支援を求めるべきかを知り、他の効果的な行動をとるための技術と自信を身につけるプロセス」と定義している（OECD/INFE

2012b［金融広報中央委員会訳 2012］)。また、金融広報中央委員会は、金融教育とは、「各学校段階を貫いて求められる『生きる力』（自ら学び、自ら考え、主体的に判断し、行動し、よりよく問題を解決できる教育）であるとし、お金や金融の様々なはたらきを理解し、それを通じて自分の暮らしや社会について深く考え、自分の生き方や価値観を磨きながら、より豊かな生活やよりよい社会づくりに向けて、主体的に行動できる態度を養う教育」と定義している（金融広報中央委員会 2016, p. 10）。すなわち、金融広報中央委員会の考える金融教育とは、「生き方や価値観を練り上げる教育」の基盤となる、現実に即した思考を鍛えるために、金銭を基軸に自分の生活や価値を磨き上げていく基礎教養教育と位置づけている。そして、扱う分野は4分野に分かれ、資金管理と意思決定、貯蓄の意義と資産運用、生活設計等を扱う「生活設計・家計管理に関する分野」、お金や金融の働き、経済把握、経済変動と経済政策、経済社会の諸課題と政府の役割等を扱う「経済や金融のしくみに関する分野」、自立した消費者、金融トラブル・多重債務、健全な金銭観等を扱う「消費生活・金融トラブル防止に関する分野」そして、働く意義と職業選択、生きる意欲と活力、社会への感謝と貢献等を扱う「キャリア教育に関する分野」で構成されている（図1-2）。

　図1-2と図1-3の「金融教育の4分野と重要概念（改訂版）」を比較すると、「消費生活・金融トラブル防止に関する分野」から「金銭感覚」の視点が削除されている。また中心的な役割が、実際に育成したい4つの力「①生きる力・自立する力」「②社会とかかわり、公正で持続可能な社会の形成を意識し行動する力」「③合理的で公正な意思決定をする力、自己責任意識」「④お金と向き合い、管理する力」が具体的に明示され、それらの金融力を習得し目指す方向性が、「よりよい生活と社会づくりへの取り組み」とされた。そのことにより、従来の「生き方や価値観の形成」とした抽象的な目標から、実践力としての金融力を育成すべき目標として掲げ、明確に示したことにより金融教育の方向性が理解しやすくなったと思われる。中でも「②社会とかかわり、公正で持続可能な社会の形成を意識し行動する力」は、消費者市民力のうち社会参画力を示す要素で「消費者教育推進法」の消費者市民社会の理念を踏まえて明記されたものと思われる。また、これらの改定は、金融経

表1-2　金融リテラシー・マップ

分野	分類	小学生 社会の中で生きていく力の素地を形成する時期	中学生 将来の自立に向けた基礎的な力を養う時期	高校生 社会人として自立するための基礎的な能力を養う時期	大学生 社会人として自立するための能力を確立する時期	若年社会人 生活面・経済面で自立する時期	一般社会人 社会人として自立し、本格的な責任を担う時期	高齢者 年金収入や金融資産の取り崩しが主な源となる生活費の主な源となる時期
家計管理	適切な収支管理	必要なもの（ニーズ）と欲しいもの（ウォンツ）を区別し、計画を立てて買い物ができる	家計の収入・支出について理解を深め、学校活動等を通じて収支管理を実践する	家族の一員として家計全体を意識しながら、主体的かつ計画的に支出管理をどができる	収支管理の必要性を理解し、必要に応じて収支改善しつつ、アルバイト等で収入を得て、自分のための支出を計画的に行える	家計の担い手として適切に収支管理を行いつつ、趣味や自己の能力向上のための支出を計画的に行える	家計を主として支え、家計の管理を担い、必要に応じて収支改善を行える	年金収入と支出を計画に沿って管理し、必要に応じて改善し、必要な行動がとれる
生活設計		勤労を通じてお金を得ることおよび将来を考え金銭を計画的に使うことの大切さを理解し、貯蓄する態度を身につける	勤労に関する理解を深めるとともに、生活設計の必要性を理解し、自分の価値観に基づいて生活設計を立ててみる	進路選択を通して自分の将来の姿を現実的に考えるとともに、おおまかな生活設計を立ててみる	卒業後の職業選択や将来の生き方を前提に夢や希望を具体的に描き、その実現に向けて学問の修練に励んでいる人生の三大資金や、生活設計のイメージを持つ	選択した職業との両立を図る形でライフプランの実現に取り組むとともに、ライフプランの実現のためにお金がどの程度必要かを考え、計画的に貯蓄・資産運用を行える	環境変化等を踏まえ、必要に応じてライフプランや資産設計を見直し、有資産の見直しを検討しつつ、自分の老後を見据えてライフプランの実現に着実に取り組んでいる　学校と連携しつつ、家庭内で子の金融教育に取り組む	リタイア後のライフプランについて、余暇の活用、家族や社会への貢献も配慮したより豊かなものに見直しを行っている　年金受給額等をベースにした生活スタイルに切り替え、心豊かに安定的な生活を過ごせるよう、堅実に取り組んでいる
金融知識及び金融経済事情の理解と適切な金融商品の利用選択	金融取引の基本としての素養	小学生が巻き込まれる金融トラブルの実態等を見分け、悪質商法等にだまされないようにすることを学ぶ	契約等の基本を理解するとともに、トラブルの実態、被害にあわないという意識を持つことを学ぶ	契約および自己責任に関する理解を深め、悪質商法等にだまされない、情報を収集し活用できる技能を身につける	収集した情報を比較検討し、様々な契約を結び、トラブルに巻き込まれない情報を収集し活用できる技能を身につける		収集した情報を比較検討し、適切な消費行動をする、適切な消費行動を含む様々な販売・勧誘行為に適用される法令や制度を理解し、慎重な契約締結など、悪質商法等に狙われないよう慎重な契約を心がけることができる	成年後見制度の知識があり、必要に応じて専門家に相談することができる
	金融分野共通	暮らしを通じてお金の様々な役割を理解する　金利計算（単利計算）ができる	お金や金融・経済の基本的な役割を知る　期間と金利計算（複利計算）を理解する	お金や金融・経済の機能・役割を把握するとともに、預貯金、株式、保険等、様々な金融商品の内容を理解する	金融商品の3つの特性（流動性・安全性・収益性）を理解する　お金の価値と時間の関係について理解する（複利、割引現在価値など）		金融商品の3つの特性（流動性・安全性・収益性）を理解する　お金の価値と時間の関係について理解する（複利、割引現在価値など）景気の動向、金利の動き、為替の動きが、金融商品の価格、実質価値、金利等に及ぼす影響について理解している	

第1章　パーソナルファイナンス教育の概念　43

分野	分類	小学生	中学生	高校生	大学生	若年社会人	一般社会人	高齢者
金融知識及び金融経済事情の理解と適切な金融商品の利用選択	保険商品	事故や疾病等が生活に大きな影響を与えることや安全への備えの必要性を認識している 危険から身の安全を確保する方法を身につける	社会生活には様々なリスクがあり、誰にでも起こりうることを理解している リスクを回避したり、損失を防止・軽減したりするための方法を学ぶ 保険はリスクを移転する手段であることを理解する		自分自身が備えるべきリスクの種類や内容を理解し、それに応じた対応を行うことができる 自動車事故を起こした場合、自賠責保険では賄えないことがあるため自動車保険に加入する	備えるべきリスクと必要な金額をカバーするために適切な保険商品を検討・選択し、家族構成や収入等の変化に応じた見直しを行うことができる		高齢期における保険加入の必要性・有効性や保険の種類を理解している リタイア後の生活の安定のために、必要に応じて負担と資産のバランスを見直せる
	ローン、クレジット	子ども同士でお金の貸し借りはしない	ローン等のしくみや留意点について学ぶ	ローンやクレジットカードのしくみを理解し、自己責任で選択する 返済額の高さや金利をもって知り、金利の重さを理解する	奨学金を借りている場合、自力で返済する意思を持ち、返済計画を立てることができる ローンやクレジットを借りる際には、他の金融機関等からの借入等を理解する	住宅ニーズを考慮したライフプランを描いている 現在とリタイア後の住宅ニーズを考慮したライフプランを実行できる 住宅ローンの返済額を適切に履行できる返済能力に応じた借入れを組むことができる	ローンやクレジットは資金を費消してしまいやすいことに留意する ローンやクレジットを適切に履行できる場合には、信用情報機関に記録が残り、他の金融機関等からの借入れ等がしにくくなることを理解している	
	資産形成商品	—	リスクとリターンの基本的な関係について理解する 期間と金利の関係を理解して貯蓄に取り組む態度を身につける	金融商品のリスクとリターンを理解し、自己責任で金融商品を選択する意識をもつ	自らの生活設計の中で、どのように資産形成をしていくかを考えている 様々な金融商品のリスクとリターンを理解し、自己責任で運用することができる 分散投資によりリスクが軽減されることを理解し長期運用には「時間分散」の効果があることを理解している	リスクとリターンの関係を踏まえ、求めるリスクとリターンを許容できるリスクを把握して投資することができる 分散投資・長期投資のメリットを理解し活用している	自ら理解できない商品には投資はしない ノーリスク・ハイリターンをうたう金融商品には疑いをもつこと 商品性の見直しが必要であることを理解している / 分散投資を行っていく対象、定期的に投資できる対象（投資信託が適する商品）の見直しが必要であることを理解している	自ら理解できない商品への投資は行わない ノーリスク・ハイリターンをうたう金融商品には疑いをもつこと 年齢やライフスタイルなどを踏まえ、投資対象の配分比率を見直す必要があることを理解している
外部の知見の適切な活用	外部の知見を適切に活用する必要性の理解	困ったときの対処方法や相談の仕方を身につける	トラブルに遭ったときの相談窓口を知る	トラブルに対処できる具体的な方法を学び、実際に行使できる技能を養う	金融商品を利用する際に相談等ができる適切な機関等を把握している 金融商品の利用の是非を自ら判断するうえでの外部の知見を適切に活用する必要性を認識している	金融商品を利用するに当たり、外部の知見を適切に活用する必要があることを理解し、的確に行動できる		金融商品を自ら判断するうえで必要となる情報の内容や、相談・アドバイスを求められる適切な機関等を把握することができる 相続等が必要があることを認識している

出典：金融経済教育推進会議（2014）

44　第Ⅰ部　理論編

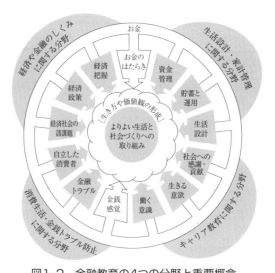

図1-2　金融教育の4つの分野と重要概念

出典：金融広報中央委員会「金融教育ガイドブック―学校における実践事例集―」(2005)

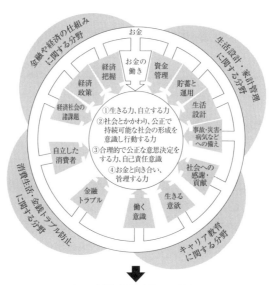

図1-3　金融教育の4つの分野と重要概念（改訂版）

出典：金融広報中央委員会『金融教育プログラム―学校における金融教育の年齢別目標（年齢層別の金融教育内容）―改訂版』(2015)

済教育推進会議（2014）が示した「金融リテラシー・マップ」を踏まえ、学習指導要領との比較において、小学校、中学校、高等学校の対応科目も明示されていることが特徴的である。

2　学問領域
2-1　家政学

家政学は、日本学術会議（2013）によると「人間生活における人と環境との相互作用について、人的・物的両面から研究し、生活の質の向上と人類の福祉に貢献する実践的総合科学」と定義されている。その上で、「全ての人が精神的な充足感のある質の高い生活を維持し、生き甲斐を持って人生を全うするための方策を、生活者の視点に立って考察・提案することを目的」とした学問領域と位置づけている（日本学術会議 2013, pp. 1-32）。また、同報告書によると、「家政学」が学部名称および学術分野の名称として我が国の新制大学の学部教育に採択されたのは、1948年、第2次世界大戦終了後の米国占領下にあった際、米国の家政学者の助言により、当時米国では家政学分野の学部名称として「家政学（Home Economics）」という名称を使用していたことから、日本の学部名称としても採用した経緯がある。

米国の「家政学（Home Economics）」の変遷について、大藪・杉原（1999）によると、リチャードは、1890年代に人間と環境の関係について記述し、人間と環境の相互作用の学問である「人間環境学（Human Ecology）」による人間生活のシステム的把握を考えていた。この思想は、米国家政学の母胎となり、家庭をめぐる物的・社会的環境との相互作用の側面から、生活の改善を図ろうとする「人間環境学（Human Ecology）」が樹立した。その後、環境との共生を理念とした「優境学（Euthenics）」的思想へ発展した。ところが、1993年のスコッツデール会議では、「個人、家族、及びそれらが機能している環境という三者の間の関係に対して、総合的なアプローチをとる」とする「家族と消費者科学（Family and Consumer Sciences）」へと「家政学（Home Economics）」の名称は改称された。その上で、大藪・杉原はこの改称により、「主体を個人・家族におき、消費者という言葉は、商品とサービスの消費者としての側面を持つ個人と家族に限定して用いられ」そのことにより「家族

46　　第Ⅰ部　理論編

と消費者は並列的、静的関係に留まってしまい、人間と環境との相互作用を
ダイナミックに解明しようとする視点は、むしろ弱くなった」と指摘してい
る（大藪・杉原1999, p. 3）。

　家政学には食物、被服、住居、児童の4領域と並び、家庭経営が1領域と
して位置づけられている。家庭経営学は「家庭生活を営み社会の中で生きる
ことに関する領域」であり、「人が生命を維持するために必要な睡眠をとり、
心身ともに休養し、生活のための再生産の場としての機能を有する最小単位
の家庭（複数以上の人で構成されている家庭又は単身者のみの家庭を意味する）
の運営、家族又は近隣の人との関わりや社会における種々の集団に属する人
との関わり等を通して社会の中で生きることに関する領域」を研究教育の対
象としている。学科目としては「家庭経済」「家庭管理」「生活設計」「家族」
「地域社会」「消費者問題」「ジェンダー」等があり、各科目の隣接または基
礎となる学問分野としては、経済学、法学、社会学、心理学、体育学、看護
学、人間関係学等広範にわたっている（日本学術会議2013, pp. 1-32）。

　他方、家政学の分野からPF教育を捉えると、御船美智子論文集刊行委員
会編（2015, pp. 92-93）は、家政学教育における消費者教育の体系化を行って
いる。国民生活審議会（1966）「消費者保護組織および消費者教育に関する
答申」によると、消費者教育を以下のように体系づけている。

① 　生活経営学・家庭経営学では、消費者が家庭を営み生活していく基本
　　的な視点を提示し、生活の原点をみつめた家族関係を考慮した生活設計
　　と家庭管理が主な内容で、生活主体の形成をめざす。
② 　家庭経済学は、主体的家計を営むための基礎となる知識と方法を明ら
　　かにする。国民経済の中で家計を位置づけ、家計主体として収入、税・
　　社会保険料、消費、貯蓄・借金、保険などについて検討し、物価や雇用、
　　景気についての知識もあわせて扱う。また複式家計簿記により、現金以
　　外の取引や資産・負債の把握を可能とする。
③ 　消費経済学は、消費者教育の核心部分であり、消費を取り巻く環境、
　　消費者主体、その相互関係を扱う。

2-2 生活経営学・家庭経営学

　宮崎・伊藤編（1989, pp. 241-275）は、「家庭管理論は、明治期、大正期および戦前、そして、戦後の3期に分類できる。戦後はさらに1970年前後を区切りとし、それ以前と以後および1980年代以降に区分すること」ができるとし、さらに学説的な系譜を4分類し、①日本的本流としての伝統的家庭管理学の流れ、②労働力保全説的家庭管理論、③ 近代主義的家庭経営（管理）論、④新しい流れ、に分類している。①の伝統的家庭管理学は、さらに3系統に分類でき、A. 井上秀子から氏家寿子、B. 常見育男、C. 狭義の家庭管理学と松平家庭経済学に分類される。AおよびBは、家庭管理学を家計・家庭経済を捉え込んだ、いわば広義の領域を対象としているのに対し、Cは家庭経済を含めず労力・エネルギーと生活時間のみを研究対象とする家庭管理学である、と家庭管理論の系譜を整理している。

(1) 日本的本流としての伝統的家庭管理学の流れ

　日本の大学教育における家庭管理学の発祥は、1914年、東京女子師範学校（現：お茶の水女子大学）であり、「技芸科」を「家事科」に改称し、家事経済、家計簿記等を含む「家事科特有の学科目」を置いた。「家事」の「管理」を教育目的としていた関係から、Cの狭義の家庭管理論の流れに至った。これに対し、日本女子大学家政学部（旧制）で開講された「家庭管理」は、A. 井上秀子が日本で初めて命名したもので、「家庭」という共同体の家計や家庭経済を含む内容であったので、広義の家庭管理学を提供していた。Bの常見育男は、『日本家政学成立史』の著者であり、井上を評価していたので広義の家庭管理学支持者であった。

(2) 労働力保全説的家庭管理論

　大河内一男が、戦時国民生活研究として、人的資源の枯渇に対して労働力の再生産を国民経済に位置づけ、篭山京が生活構造をエネルギーの消費、補填として、また生活時間として具体的な実証を試みた。これらは、戦後家政学の一分野として影響を与えることとなる。

48　第Ⅰ部　理論編

（3）近代主義的家庭経営（管理）論

　意志決定理論やシステム概念、生活をエコロジー的に把握するというアメリカ家政学の影響をうけた流れと、伝統的家政学の中で育って近代化を志向する人々との結合により成立している。この派は、当初から「管理」ではなく「経営」という語を使用する。

（4）新しい流れ

　今日の我が国の家族や家庭生活が直面している諸問題を、実践的問題意識で客観的に把握し、解決の方法を合法則的に明らかにして問題解決的家庭管理論を構築しようとするものである（宮崎・伊藤編 1989, pp. 241-275）。

　近代主義的家庭経営（管理）論は、伝統的家庭管理論に批判的視点を持って登場した。松下・今井の『新家政経営論』（1967, pp. 1-308）は、これまでの家庭管理学に本質論的研究の学説を踏襲する姿勢が欠如していたことを指摘している。その上で、家庭管理の本質は、「意思決定」にあることを究明している。すなわち、家庭管理の基本的目標は「『個人の成長と発展の実現』（自己実現）にあり、その管理活動の動機づけとすぐ後に続く管理過程──計画・統制・評価──は意思決定によって成り立ち、家庭管理は能率的な家事技術や作業の行動を重んじるだけではない知的活動である」と捉えられている。また、この派は、「家庭は組織的職能にてらしあわせて最高管理職能である『家政の決意的管理』と、中間管理としての執行的職能をもつ『家庭管理』と、現実的執行職能としての『家事作業』が階層的に結合して存在すると捉え、家庭管理の本質を『意思決定』としておくことから、従来使用されていた『家庭管理（学）』ではなく、『家庭（政）経営（学）』の用語を採用していく」と明示されている（宮崎・伊藤編 1989, pp. 262-263）。その後、近代家庭経営学研究会編『近代家庭経営学』（1975）の中では、「システムズ・アプローチ」が導入され、ホーム・マネジメントは「一つのシステムであって、人的・物的資源をインプットし、プロセスを作動させ、家族および自己実現（アウトプット）を達成していく一連の意思決定活動の体系である」と定義されている。そして家庭経営システムは「インプット、プロセス、アウ

トプット、フィードバックから構成される。すなわち、価値、欲求、目標、家政事象、資源、情報などの活動材料を受け入れ、プロセス（目標設定の計画・履行）を経てフィードバック的に目的を達成（アウトプット）していく活動であり、それを通して私たちは生活環境を醸成し、その新しい生活環境に適応していく」ものであると述べられている（宮崎・伊藤編 1989, pp. 263-264）。

戦後の「家庭管理学」は、大学教育の家政学部では、一般教育科目として「家庭管理概論」、家庭経済学科目として「家庭能率論」が存在した。内容としては、米国の「家庭管理学（Home Management）」を参考とし、フレデリックの「能率的家政法」を始め、ニッケルとドーゼイの『家庭生活の管理 (*Management in Family Living*)』（Nickell & Dorsey [氏家訳 1957]）が影響を与えた。本書における家庭管理学は、①家族生活における家庭管理の占める位置、②家庭経営におけるエネルギーと時間の管理、③家庭の所得に関する管理（家庭経済管理）の3構成であった（大森 1969, p. 41）。しかし、日本が推進した家庭管理学は、広義の意味で米国の家庭管理学を参考にするものであったが、日本の家庭生活における問題を捉え、日本の家族の心身の健康と幸福とを目指して家庭生活を合理的に運営する方法を究明し学問としての確立を目指してきた。そのため、日本における家庭経済学は、①家計論（貯蓄・消費・家計原則・家計簿）、②人間論（労働・時間・育児・教育）、③家事論（食物・衣服・住居）により構成されていた（大森 1969, p. 41）。

宮崎（1979）は、1969年〜78年の10年間の「家庭管理学」の変遷をまとめている。この時期は、「いざなぎ景気」で沸いた大好況期に続く、米国の「金ドル交換廃止宣言」に伴う国際通貨危機による円不況の高度経済終末期であり、「家庭管理学」において「消費は美徳」ともてはやされていた時代は終わり、誰の目にも公害問題、環境汚染問題が明らかとなる時期であった。1956年の「高等学校学習指導要領家庭科編」において、「家庭経営」の内容は物資と金銭の管理を扱う「家庭経済」と時間・労力・エネルギーの管理を扱う「家庭経営」に分かれた。しかし、宮崎は、家庭経営学から排除された「家計」に関する分野を再度導入するべきだと主張している（宮崎 1979, pp. 46-47）。家庭経済学は、松平友子、横山光子、三東純子らが代表的であった。常見育男・籠山京を始め井上秀子、氏家寿子は、家庭管理学の中に、家庭経

50 第Ⅰ部 理論編

済・家計を包摂した論者であり、『家政学』（有斐閣）、『生活管理と生活政策』（ドメス出版）、『家庭管理論』（有斐閣）にその論調は収められている（宮崎 1979, p. 47）。一方、「家庭経済」に関しては、明治初期には、「家事経済」の用語で幾種類もの書籍が出版されていた（三東 1979, p. 52）。三東によると、家計の問題を中心に論じられ始めたのは『実用家事経済学』（1900 [明治33] 年初版発行）以降であり、『家政要鑑』（1907 [明治40] 年初版発行）の「家事経済」編にて、生産、交換、分配、消費が体系化され、別立ての節で論じられたのは当時としては新たな取り組みであった（三東 1979, p. 52）。また、三東は、「家庭経済学は、家政学のなかでは、経済学や経営学と最も近接した分野」であり、その理由として「家族の経済行為は社会的背景との相互関係において営まれる」ものだからと説明している。しかしながら、『家政学雑誌』第20巻第1号から第29巻第5号までの73冊における掲載論文764編のうち、家庭経済学に関する論文は、報文15編、資料・ノートが5編に留まり、全論文に対しわずか2％弱であった。それらの研究対象領域は「食生活・食物費」に関する研究が報文7編と最も多く、次いで「家庭会計」が報文4編・資料・ノート1編であった。そのため、家政学会会員の中でも、家庭経済学分野の研究者は、少数に留まっていた（三東 1979, p. 53）。

2-3 家庭経済学

　伊藤（1969, p. 38）は、「家政学20年の回顧と展望　家庭経済学」の中で、これまで専門学校において調理、裁縫、手芸、育児に関する家事的技術の習得や主婦としての心構えを育成していた「家政学科」「家事科」が、1948年に日本において女子大学が発足し、「家政学部」「家政学科」が設置されたことにより、学問としての体系整備が開始されたことがこの時代の特色であったと述べている。また、伊藤は、「家庭経済学は経済学体系における各論の1つ」であり、戦前は、家計簿のつけ方、買い物の方法、節約の方法などの技術面に偏している中で、東京女子高等師範学校（現：お茶の水女子大学）では、「松平友子教授が“家事経済”を担当し、大正時代に既に『家事経済学』『家事経済綱要』『家事経済読本』、昭和に入ってからは、『高等教育家事経済教科書』を著わされ、講義をしておられた」。また、日本女子大学では、

「井上秀子教授が大正後期から昭和初年にかけて、アメリカから『家庭管理学（Home Management）』を導入され、その中に家計の管理を含めて扱われた」。両者に続き、「氏家寿子教授が大正後期に『家庭管理』、終戦直前に『家の生活設計』を著わされた」が、氏家の家庭管理の概念は、「時間、家計、エネルギーの管理」の三本柱であった。「しかし、多くの大学では、家庭経済学専攻の教授が得られず、経済学部の教官が兼任されていた」時代であった（伊藤 1969, p. 38）。家政学会発足当初は、家政学が自然科学系列の一部と捉えられており、家庭経済学の研究者は微々たるものであった。しかし戦後に入り、家庭生活を重視する傾向が生まれ、逼迫した家計、国民経済における家庭経済の役割が再認識されるようになり、経済学者の中にも家庭経済へ目を向ける人が増え始め、「家庭経済学」の著書が見られるようになった。しかし、伊藤は、これらの著書は「巨視的な立場からのものであり、家庭経済本来の立場に立っていないものが多い」と指摘している（伊藤 1969, p. 38）。『家政学雑誌』第 1 巻（1951）から第 19 巻（1968）における家庭経済に関する論文は、わずか48編であり、1960 年に 9 編、1962 年に 8 編をピークに減少している。このことから伊藤は、家庭経済学研究は食物栄養・被服繊維研究に比べ著しく遅れていると指摘している。その原因として、家庭経済学専攻の研究者が少ないことと家政学の中で家庭経済学が重要視されていなかったため時間数が少なく専任教員を配置できなかったこと、研究のための資料が中央に集まっているので、地方では研究活動が制限されていることの 3 点を挙げている（伊藤 1969, p. 38）。また、家庭経済学の研究では、「家計分析」領域が全体の半数と最も多く、次いで「家計簿」「消費行動」「農家家計分析」が続いた。これらの研究は、大多数が実態調査ないし、計量的分析であり、思弁的な研究は少なかった（伊藤 1969, p. 38）。

2-4　消費経済学

　消費経済学の視点から PF 教育を捉えると、暉峻（2011）は、現代の消費社会に関し、「分裂した『格差社会』」であるとし、「その背景には、『おカネさえあれば』という戦後長い間私たちを支配してきた日本人の価値観がある」と主張する。それは、日本の敗戦後、貧しくて何もなかった日本人の多

くが、「もう精神論はこりごり、私たちは精神論にだまされてきた」「哲学だの、大和魂だの、天皇陛下だの、お国のためだの、そんな話はもう結構」「頼りになるのはおカネだけ」という意識に至ったためである。しかし、生活の実態を見ると、貧困が原因になり犯罪や親による虐待、離婚や家族の崩壊が起こったりする。また、裕福な家庭でも激しい教育競争に巻き込まれ、子どもが負担に耐えられず親を殺害したり、自殺したりという事件も起こっており、おカネもあり教育熱心な親であることが子どもにとっては負担で、経済的豊かさが逆に人間を破壊することもある（暉峻 2011, pp. 63-64）。そして、地域によって、またその人の生きている環境によって、問題は異なるだろうが、みんなで力を合わせて問題を解決し、世の中を動かす体験をすると「ああ、社会は変えられるのだ」という自信が生まれてくる。いま個人がバラバラになり、プライバシーが強調される世の中で「人間関係がある」ということは大きな財産であり、おカネよりも大きな財産であると、おカネ以上の価値を説いている（暉峻 2011, pp. 114-115）。

　また、角田（2010）は、「経済学は、貨幣所得や貨幣的資産といった家計を構成する要因だけで貧困や格差、不平等を語りすぎる」ところがあるが、本来「人間の生存権や『生命、自由および幸福追求の権利』を基礎に生活経済の諸問題を理解するためには、貨幣所得や貨幣的資産にとどまらず、個々人の幸福（individual well-being）を決定する多くの要因」を考慮すべきだとしている。人間の幸福を決定する要因としては、米国のラディカル派経済学者ボウルズ、エドワード、ルーズベルトの『資本主義を理解する（*Understanding Capitalism*）』の中でも用いられている「個人の所得や公共的支給によって『生活必需品（食べ物、衣類、住居、保険医療、教育）』と『ぜいたく品、娯楽など（人の社会的地位を示すもの）』が得られるが、人の幸福を決定する要因としては、それ以外に、『自由な時間』『愛情』『コミュニティへの帰属』『自然環境』『安全性』『自分の生活をコントロールできる度合い』『自己の尊厳』などがある」としている。その上で「貧困や不幸とはこうした要因の何かがかけている状態」と指摘している（角田 2010, pp. 187-188; Bowles, Edwards & Roosevelt 2005, p. 347）。

　三浦（2012, pp. 14-33）は、消費社会の4段階と特徴を示した。「第一の消

費社会」（1912-1941）は、日露戦争勝利後から日中戦争までの時代を指し、東京、大阪などの大都市中心の中流階級の誕生した時代であった。消費の傾向として私有主義であるが、国家を重視していた時代である。その後の「第二の消費社会」（1945-1974）は、第2次世界大戦の敗戦後からの復興、高度経済成長期からオイルショックまでの時代で、大量生産、大量消費を行う全国的な一億総中流化した時代であった。この時代の消費傾向は、引き続き私有主義であるものの家族や会社を重視した時代であった。そして「第三の消費社会」（1975-2004）は、オイルショックから低成長、バブル崩壊、金融破綻、小泉改革までの時代で格差が拡大していった時代である。ここでは、私有主義であり個人重視が進んだ時代で、個別化、多様化、差別化、ブランド志向の傾向が見られた。そして現代の「第四の消費社会」（2005-2034）は、リーマンショックや2つの大震災、不況の長期化、雇用の不安定化などによる所得の減少、人口減少による消費市場が縮小していく時代であり、国民の価値観は、社会重視のシェア志向を目指している。この時代の消費志向は、ノンブランド志向、シンプル志向、カジュアル志向、日本志向、地方志向を表し、物質的な消費よりも人とのつながりやシェアを求めるようになった。

2-5　社会的価値の育成

　宮崎・伊藤編（1989, pp. 135-137）は、貯蓄や負債の持つ社会的意味を3つ挙げている。1つ目は、荒又（1968）の言葉を用い「貯蓄の役割を生活者の側からみれば『個別的な生活過程の中で、生活の起伏に対処しつつ個別的生活過程の自立性を保持する役割を果たすべきもの』である」とし、「個別的貯蓄にしろ、私的各種保険にしろ、もともと個々の生活者の、生活の起伏に対処するための零細な準備金としての基金であるが、それらは国家と資本のもとに集められていく」ものである。2つ目は、「私たちは、貯蓄や保険の利点をうまく利用しつつも、巨大な国家と資本の手もとに集中された私たちの基金は、今日の社会では、もはや私たちの意思のとどかぬ世界で、資本蓄積運動の過程にはめ込まれ、国家独占資本主義の法則にのっとり、その意志にそって動きはじめて」おり、すなわち「国家と資本のもとに集中した私たちの基金は、国家財政基金として支出され、あるいは銀行や生命保険会社の

54　第Ⅰ部　理論編

運用にあずかるわけであるが、その使途は、私たちの意志とはなれた所できめられる」ものである。3つ目は、「政府の金融政策、財政政策は、平常の家計からも、貯蓄からも収奪する。インフレによる貯金の目減り、利率と物価上昇率との乖離は、常に今日の家計が経験するところ」のものである。その上で、「私たちの貯蓄の有効な利用とは、けっしてあれこれの貯蓄の銘柄を選ぶにとどまらず、政府の金融政策、財政政策に対して国民として監視の目をそそぎ、行政に対する発信権を強め、規制を加えていくような姿勢を伴わなければ、十分なものとはいえないのである」そのことを「貯蓄に関しても家計管理の外堀り領域の重要な課題がある」と言及している。

　また、宮崎・伊藤編（1989, pp. 233-239）は、生活設計に関して、「人間的自由を実現していく主体性の確立をまず何よりも重視しなければならない」としている。しかし、「今日、家庭管理主体にむけて、生活設計情報を積極的に提供する企業や国家は、むしろ、その主体的生活形成ということには無関心で、一方的な利潤追求計画の遂行や、ゆきとどかない政治や社会保障を自助的にカバーする方策として生活を侵害してくる場合が多い」。これに対し「新しい家庭管理論は、家庭管理主体に対して侵害され、歪められた規制の社会的現実、生活の実態を改善し、変革する可能性をもつ生活者としての主体性の確保を根底とし、独自性、自主性、弾力性、社会性をもった生活設計を強調してきたのである」と述べている。また、生活設計の意義は「家庭生活の内面に深く降りてゆく一方、同時に他方では家庭生活を守るための社会的条件を獲得する広い視野をもつところの、美しい人類の歴史をつくる歴史的主体を育むために、現在のコマのベース作りが要求され、よりよいコマのベースを、つぎの世代に伝えるかけはし」にあるとしている。それに対し、生活設計の社会性や連帯性については、「主体的生活設計であればこそ、それは、全く、その設計者の主観主義的な願望や恣意にもとづくのではなく、私たちをとりまく今日の生活の客観的諸条件によって、究極的には、客観的必然性・法則性にそって設定され、その実現の方向が追求されなければならない」。そして「生活をとりまく客観的必然性について必要な知識をもっているときにのみ、内的願望の実現を阻止する諸条件をとりのぞき、現状を変革し、願望の実現にむかって新たな状況を創造していくことが可能になるか

らである」。さらには「環境を醸成的に調整し、変革していく主体的生活設計にあっては、社会の合法則性を洞察し、新たな歴史的社会的条件を創造する姿勢が問われるのであり、その場合、家庭のもつ内的願望は、一家庭内の私事という性格だけではなく、社会や歴史にたいしても責任を負うという、社会的にひらかれた性格のものでなければならなくなる。『美しい人類の歴史をつくる主体』を育む、またそれへのかけはしとしての生活設計はその意味で、社会的責任と一体となったものである。主体的生活設計実現をめざして、社会的責任にもとづき、社会的条件を獲得する視野が、生活設計の社会性・連帯性として要求されてくるのである」と捉えている。さらに、高度に発達した資本主義国では、生産力が発展し、生活手段を、画一化・類型化した工業生産物として生産し、商品化して生活のすみずみに浸透させている。しかしこの過程は、利潤追求のために歪められ、生活をむしろ相対的に退歩させるという側面をもっている。そのことにより一切の生活手段に「手づくり」の志向を示す人も見られるが、この段階に留まるだけでは、真に生活水準を向上させ人間性を回復し、かつ人間的自由のさらなる発展という歴史の高い次元へ一歩を歩み出すものとはならないと指摘している。このことにより、「消費生活の主体である家庭が、同時に『社会的生産者の地位を取り返す』ことによって、ゆがめられた消費生活を改善し、それを真の意味で進歩の方向にむけるという、生産と消費の統一的・社会的編成をめざす運動の主体となりうるような外堀り領域の家庭管理こそ、今日の家庭生活の現実が提起する課題に答えうる家庭管理方式といえる」とまとめている（宮崎・伊藤編 1989, pp. 233-239）。

御船美智子論文集刊行委員会編（2015, pp. 84-85）は、これまでの御船の論文を体系化し、一冊の論文集にまとめているが、その中で、家政学部における消費者教育の意義を次のように述べている。「大学生時代は、エリクソンのいうモラトリアム期（真理─社会的な義務免除の時期）であり、経済的援助を与えられながら、社会的生産に直接携わること無しに、真正のアイデンティティを追求するために誠実な努力を払うという課題を持っている」。その上で、大学女子学生においては、「中学・高校時代に比べ『情緒的安定と自他への肯定的感情』や『現実的に自己をとらえたうえで、自己を成長させ、

充実させる知識や経験を積極的に求める気持ち』が見られる」時期である。そのため「ものの見方、考え方を練磨し、感性を豊かにし、教養を身につけ、確かな価値を形成するための受け皿ができ、価値教育の格好の時期である」としている。このように大学生期は、価値の核が形成される時期であるため、消費者教育も価値形成との関わりで捉えられる必要があると指摘している。また、同論文集（2015, p. 86）では、「家政教育を通じて創設家庭における家庭経営の担い手として必要な資質を身につけることも期待され」るとともに、「社会的生産がどうあるのか、社会的消費がどうあるのか」を検討し、「社会的な差異的生産─消費を関連したものとして把握し、かつ、あるべき方向をめざす条件は何かを生活者視点、消費者的視点の相互から考究を可能とする」時期であるとしている。

これらの家庭経営学・家庭経済学の系譜とPF教育との関係を見ると、米国のPF教育は、「自己実現」のための経済基盤を確立することが根底にあるので、将来の目標に対する「意思決定」を重要視すると考える。そのため、松下・今井（1967, pp. 1-308）が指摘するように単なる能率的な家事技術や作業の行動を学ぶものではなく、キャッシュフロー表や損益計算書を基盤に、家庭の財務諸表を作り、将来の目標に達成するために最適である資産形成の方法や、資産保全の方法を習得する学問であるので、家庭経済学の領域に近いものであると考える。そこには、景気動向や、運用成績等も影響を与え、自己の資産を最大化するとともに、個人の価値観を反映した資産配分を重視するものである。さらに、消費者市民としての視点を含めたPF教育とは、社会的価値を認識し、持続可能な社会の構築へ寄与できる資質を育成することを目的としている。すなわち、個人の資産の最大化のみを追求するのではなく、自分を取り巻く共同体への配慮を伴うよう生活スタイルを見直し、利他主義の視点を持った倫理観を大切にする資質を育てることが本書の目的であるので、従来の家庭経営学や家庭経済学また、米国のPF教育の視点とも異なると考える。

すなわち、個人の幸福や生活の質、社会の公平性および持続性を考える題材として金融があるのであり、PF教育は、そのような社会の不平等や不合

理性を個人の消費という視点から考察していく学問だと認識する。

3　消費者教育におけるパーソナルファイナンス教育

　消費者教育に関する第1次答申である国民生活審議会（1966）の答申によると、学校における消費者教育は、「高等学校および中学校における『社会』『家庭』および『商業』の各教科の中に、消費者教育的な内容が一部とり入れられている」。その具体的な内容は、「①経済社会の理解に関するもの」として高等学校の社会科「政治・経済」（必修）および中学校の社会科（必修）の中で経済機構の理解に関するものが含まれている。「②商品知識に関するもの」として高等学校の「家庭」（選択）で被服、食品などについて、また、「商業」（選択）の中で、商品一般について扱う。「③家庭生活に関するもの」として、高等学校の「家庭」（選択、ただし女子は一部必修）で家庭経営、衣・食・住生活について、中学校の「技術・家庭」（必修・女子向き）では、調理、被服製作、家庭工作、家庭機械などを扱うとしている。しかし、同答申では、「商業」や「家庭」の受講者数は、限定的であり、市民教育としての消費者教育を当時の両科目によって行うことはあまり期待できないとも指摘している。

　消費者教育の発展史に照らして、PF教育の変遷を見ていくと、呉（1984）によれば、日本における最初のPFの書は、平均的なサラリーマン家庭のライフサイクルを前提に、住宅・教育・定年後の生活設計を3本柱にした資金計画と、その計画実行を可能とする家庭財務管理を主な内容を紹介した青木茂編『家庭の経済相談―住宅・教育計画から財産管理まで―』（1970年）である。

　西村（2009, p. 53; 2012a, p. 37）によると、1980年代は、若者の訪問販売による消費者被害や、サラ金被害が深刻化し、豊田商事事件に代表される消費者被害が社会問題化した時代であった。そのように消費者問題が多発した時代背景を受け、経済企画庁（旧：内閣府）は『学校における消費者教育の新しい視点―市民社会における消費者教育へ―』（1987年）を発刊し、契約問題を高校の学習に組み込むことの必要性を説いた。このような動向を受けた1989年の学習指導要領の改定では、中学校技術・家庭（家庭分野）では、消費者の権利と責任や、多様な販売方法、契約について扱われ、高等学校家庭

では、消費者教育が広く意識されるようになり、クレジット契約やクーリング・オフ、環境にやさしい消費について扱うようになった。しかし教育現場の実態としては、家庭科の年間授業時間数のうち消費者問題に当てられる時間数は、数時間に留まり、消費者としての実践力の育成には、十分な教育内容とはいえなかった。そしてその後も家庭科の単位数は、減少する傾向にあり学校教育において消費者教育が進展していかない傾向が続いた（西村2012a, p. 37）。

　現行の学習指導要領では、中学校技術・家庭（家庭分野）では、「消費者の基本的な権利と責任について理解すること」、高等学校家庭では、「生活における経済計画や多重債務問題など具体的な問題を扱い、将来リスクの想定なども持ちうる判断能力の育成」が新たに加えられた（西村2011, p. 60）。

　また、文部科学省の新学習指導要領（2009年3月告示、2013年施行）では高等学校の家庭科に、「人の一生を時間軸としてとらえるとともに、生活の営みに必要な金銭、生活時間、人間関係などの生活資源や、衣食住、保育、消費などの生活活動にかかわる事柄を空間軸としてとらえ、各ライフステージの課題と関連付けて理解させることが重要であること」と内容が改定され、生涯設計の視点が盛り込まれた。さらに2011年3月には、文部科学省は「大学等及び社会教育における消費者教育の指針」を取りまとめており、その指針では、消費者教育の目的として以下の3点を挙げている。

① 　消費者の権利を実現し、消費生活の安定と向上を図るため、消費に関する基礎的・基本的な知識および技能を習得し、これらを活用して消費者被害等の危機を自ら回避する能力、将来を見通した生活設計を行う能力、及び、課題を解決する実践的な問題解決能力をはぐくむ。
② 　自己の利益だけを求めるのではなく、他者や社会とのかかわりにおいて意思決定し、よりよい社会を形成する主体として、経済活動に関して倫理観を持って責任ある行動をとれるようにする。
③ 　消費を、持続可能な社会を実現するための重要な要素として認識し、持続可能な社会を目指してライフスタイルを工夫し、主体的に行動できるようにする。

このように、同指針では、「将来を見通した生活設計を行う能力」を育む
だけでなく、社会とのつながりや社会に参加することの意義も含めたキャリ
ア教育を行うことを盛り込んでいる。この点は、後述の第3章第2節で詳細
を論ずることとする。

　日本の学校教育は、米国の州政府制と異なり、文部科学省主導による統一
色が強く、学習指導要領や指針に記載された内容の強制力がある。そして一
度指導要領に盛り込まれると、全国規模の推進につながる。このような政府
の動きからも、今日の日本の大学教育におけるPF教育の推進は喫緊の課題
であるといえる。

第3節　日米のパーソナルファイナンス教育の検討

　パーソナルファイナンス（PF）とは、アルトフェストによると、「日常の
生活を支え、良い暮らしを追求するためにキャッシュフローを開発していく
学問」とされ、「学問領域として、ファイナンスは、パーソナルファイナン
スとビジネスファイナンスに分類され、さらに投資分析とポートフォリオ管
理、資本市場、資本の予算化に細分される」と定義づけられている（Altfest
2007, pp. 4-5［伊藤ら訳 2013, 上 pp. 29-31］）。また、ガーマンとフォージ
（Garman & Forgue 2010, pp. 4-5）は、PFを「個人や家庭資産に関し、消費、
貯蓄、保障、金融商品への投資を通じて、経済的な成功を得ることの重要性
を学ぶ学問」と定義している。ここで述べられている「経済的成功」とは、
「個人が、熱望し、計画を立て、実行に移すという経済的な願望を達成する
こと」である。またケオン（Keown 2013, p. 27）は、PFを計画立てることの
重要性を「不測の事態に備え、特別支出のための準備や、老後の資金の貯蓄、
資産の保全、賢明な投資の方法を学び、節税の手法を学ぶため」としている。
古徳（2006）では、PF教育において、①個人の資産管理領域、②経済環境の
理解、③金融制度の理解、④社会制度の理解の4領域すべてを含む科目を
「パーソナルファイナンス講義」と定義している。すなわち、これらの定義
を踏まえると、著者は、PF教育とは「個人の人生設計を通じて人生の目標
を実現するための教育であり、生活資源としての収入を再配分し、有効にそ

の資源を活用し自己実現していくための理論、知識、技能を学ぶ教育である。その学びを通じ、個人の人生および社会的共有資産の豊かさを追求することが可能で、個人の金融資産および人的資産、個人を取り巻く社会や地球全体への配慮を含めた社会的価値行動を醸成する教育」であると考える。他方、OECDや金融広報中央委員会の定義する金融教育は、個人のリテラシーの向上を目指して全世代に対して実施する教養教育であり、学問としての確立を目指しているものではない。そのため、広範に市民の教養を養う教育としての金融教育であり、本書が議論する大学における学問としてのPF教育とは、内容を異にする。

　以上の日米のPF教育を比較すると、米国においては、全国金融教育基金、ジャンプスタート個人金融連盟、経済教育協議会が中心となり、PF教育のガイドラインの策定や教材作成等の提供を行い、教員支援を実施してきた。その民間の動きに牽引される形で、米国政府も消費者保護と国民の金融力の向上に向けた政策の転換を図る。一方、日本においては、日本銀行に事務局を置く金融広報中央委員会が中心となり、PF教育を推進してきた。同じく同委員会が政府や民間と連携する形で、国民の金融力の向上に向け多岐にわたる支援を行っている。また、米国では、ジャンプスタート個人金融連盟が1997年を皮切りに2年ごとの高校生および大学生の金融知識調査を実施し、経済教育協議会が1998年よりPF教育の実態調査を実施している。日本においては、金融広報中央委員会が「金融力調査」を実施しているが、対象が、18歳以上の国民であり、特に高校生・大学生に特化した調査ではない。そのため、中等教育・高等教育の実態やニーズは把握できていないものと思われる。このような視点から、本調査では、大学生に焦点を当て、金融力および消費者市民力の実態調査やPF教育の効果を検証することとする。

　学校教育においては、米国は、小学校から大学まで各段階に応じたPF教育カリキュラムが存在し、州の教育ガイドラインに義務づけられているなど、広範にわたりすべての学生に提供されている。、また、学校教育においても、米国には、「パーソナルファイナンス（Personal Finance）」という独立科目が存在するなど全米国民の金融力向上に向け基盤が確立しているといえよう。

一方、日本においては、これまで金融広報中央委員会を中心に、小学校から高等学校まで広く段階的にPF教育を提供してきており、教員支援は充実している。その上、学習指導要領の中学校および高等学校の家庭科・社会科にその必要性は明記されたものの、PF教育の提供は、教員の裁量に任されており、未だ限定的であるといわざるをえない。

第2章

消費者市民教育の概念

第1節　英国の消費者市民教育

1　社会的背景とナショナルカリキュラム

　米国のPF教育は、個人の経済的自立を目的とした金融リテラシーの向上が目的であったが、英国は、金融包摂という社会的弱者の救済を目的に公共政策の視点からPF教育の推進が図られてきた。ローリングソンとマッケイ（Rowlingson & McKay 2013, pp. 10-21）によると、新労働党により、1997年に金融包摂課題は、政策課題として取り上げられた。金融包摂[9]とは、社会的弱者で金融機関にアクセスできない人に対し、支援を行い金融機関へのアクセスを促す取り組みのことである。1999年に、社会的排除部門が金融排除問題を扱う政策実行チームを設立し、2003年には、基本銀行口座を紹介し、2004年には、財務省が「金融包摂の推進」に関する報告書を出版した。その翌年、財務省内に設置された「金融包摂タスクフォース」では、「銀行へのアクセス数の増加」「クレジット、貯蓄、保険の適切な商品へのアクセス改善」「適切な金銭的助言へのアクセス改善」を政策目標とした。金融包摂の根幹は、基本的なニーズを満たすために十分な収入を得るということである。就業者が失業者よりも一般的により良い適切な金融商品、適切なクレジットなどへのアクセスを可能にしているという意味で、収入源も重要である。しかし、ローリングソンとマッケイは、今世紀最長で最悪の経済危機状況にあることを明らかにし、特に若年層の失業が、2008年の金融危機以降高止まりしていることを問題視した。また、近年の景気後退は、失業率に打撃を与え、2007年の初めには約150万人であった失業者数が、2008年には、

さらに100万人増加している。それ以来、250万人の失業者数が続いている。中でも、若年層の雇用が特に影響を受け、2007年の終わりには18-24歳の失業率は65％であった。2009年の中盤には58％まで減少し、それ以来、停滞している。もちろん若者の中には教育や訓練を受けている者もいるが、2013年第1四半期の失業率は、16歳から24歳までの年代で21％であった。この数値は5人に1人（100万人）は、就職活動をしているということを意味する。経済不況に伴い失業率が上昇する一方、不完全雇用者（短時間労働者のことで、さらなる仕事を探しており、2週間以内に追加の仕事を始めなければいけない人）の割合も上昇している。2013年には、その不完全雇用者が、労働者の10人に1人を占めている。

　そのような若年層の雇用が不安定な中、英国では、PF教育が2000年に改定されたナショナルカリキュラムの初等・中等教育に組み込まれた。英国の教育システムは、日本同様、全国で統一されたナショナルカリキュラムがあり、教育省の中の資格とカリキュラム当局（Qualifications and Curriculum Authority）にて、学習内容が決定される。また、就学年数は、日本と異なり、日本の幼稚園児である5歳から6歳までが、小学1年生から2年生に相当し「Key Stage 1」に分類される。その後、7歳から10歳までを小学3年生から6年生の「Key Stage 2」、11歳から13歳までを小学7年生から9年生の「Key Stage 3」とし、この「Key Statge 1」から「Key Stage 3」までを初等教育と位置づけている。また、14歳から15歳までを中学10年生、11年生の「Key Stage 4」の中等教育とする。その後、16歳から17歳までの「6th Form」と呼ばれる高等教育が2年間あり、18歳から21歳までの3年間の大学学部教育がある。

　英国におけるPF教育は、「数学」「シティズンシップ」「個人の社会経済および健康教育を行う教科」に位置づけられている。「個人の社会経済および健康教育を行う教科」においては2007年のナショナルカリキュラムよりKey Stage 3（初等教育：KS3）、Key Stage 4（中等教育：KS4）において組み込まれた。この2007年のナショナルカリキュラム（Qualifications and Curriculm Authority 2007）では、副題が「経済的豊かさと金融力（Economic wellbeing and financial capability）」と付けられ、経済的な豊かさと金融力の向上を目指

第2章　消費者市民教育の概念　　65

表2-1　PSHEのKey Stage 3と4における学習内容

分野	学習内容
キャリア	すべての人にとって「キャリア」があることを理解すること キャリア開発において個人のアイデンティティを開発すること 雇用の際には、資格、態度、スキルが必要なことを理解すること
能力	企業家精神を探求すること お金の管理とパーソナルファイナンスを学ぶこと 人生の選択において創造的で現実的な計画の立て方を理解すること 財とサービスに対し、批判的な消費者になること
リスク	リスクに関し、長所と短所を理解すること 金融やキャリア選択においてリスク管理が必要なことを理解すること リスクを取り、過ちから学ぶこと
経済への理解	経済とビジネス環境について理解すること お金の機能と使用方法を学ぶこと

出典：資格とカリキュラム当局「PSHE economic wellbeing and financial capability 2007 non statutory programme of study for Key Stage 3 & 4」より一部抜粋、著者和訳

した内容となっている。実際には、KS4では、先行して「経済的豊かさと金融力（Economic wellbeing and financial capability）」を導入している学校もあったが、KS3においては、2007年の学習指導要領（2008年施行）からが初めてとなる（The Office for Standards in Education, Children's Services and Skills: Ofsted 2010, p. 35）。しかしカリキュラムの位置づけは、非必修課目（non-statutory subject）での導入であるので、教育現場での普及は、学校により差が生じることが予想される。表2-1は2007年のナショナルカリキュラムにおけるKS3とKS4のPSHE（個人の社会経済および健康教育：Personal Social Health & Economic Education）の学習内容を示すものである。

　「数学」においては、2013年のナショナルカリキュラムの改定において、KS3の学習の目的に、「数学は、日々の生活に必須で、科学的、技術的な批判的思考、金融リテラシーと多くの雇用環境において必要である」と初めて明記された。さらには、教科内容においても「数（Number）」「代数（Algebra）」に続く「比、割合、変化率（Ratio, proportion and rates of change）」の中で、「金融における利率」や「単位価格」という経済・金融用語が盛り込まれたのもこの改定からである（栗原 2014, p. 3）。また、「シティズンシップ」においては、学習の目的に「社会を構成する責任ある市民として、お金

66 第Ⅰ部 理論編

をうまく管理し、適切な金融上の決断を下せるよう準備する」と明記されている。教科内容としてはKS3では、「貨幣の役割と使用、予算を立てることの重要性と実践、リスク管理」を扱うとし、KS4では、「所得と支出、クレジットと借金、貯蓄と年金、金融商品と金融サービス、そして税金」がどのように支払われ、使用されるかを扱うとしている。しかし、その位置づけは、「政治、法律、ボランティア、市民としての責任」の後に「経済・金融」が位置づけられており、その比重はあまり高いとはいえない（栗原 2014, p. 4）。

Ofsted（2013）は、2012年1月から2012年7月までに24校の初等教育学校、24校の中等教育学校、2校の特別支援学校で実施されたPSHE教育の強みと弱みを評価した。本調査は、2012年10月から11月にオンライン調査で実施され、50校の11歳から18歳までの学生178名の回答があった。その結果、6割の学校では、PSHE教育を学習することは、「良い」「より良い」との回答で、残りの4割は、「改善が必要」「不適切である」との回答であった。「経済的豊かさと金融力（Economic wellbeing and financial capability）」に関しては、経済活動と予算化に関する理解は、少なくとも初等教育の半数以上、および中等教育の3分の2において、経済的豊かさと金融力の開発に役立ったと回答しており、また、中等教育の半数では、キャリア教育として効果的であったと回答している。この結果は、前回のOfsted（2010）の報告では、「2008年の経済的豊かさと金融力（Economic wellbeing and financial capability）教育では、導入校が十分に存在しなかった」が、本調査結果では、改善が見られたとしている（Ofsted 2013, pp. 1-16）。

2 大学教育

大学教育におけるPF教育は、米国のように学問領域として確立しておらず、英国では、ほんの一部の大学で教えられているに留まる。バーミンガム大学（University of Birmingham）は、英国中央部、ロンドンより約200km北西部に位置する公立大学であるが、同大学では、社会学部ビジネス学科の中で、出口教育として学部4年生を対象とした「あなたのお金と生活—社会保障からパーソナルファイナンスへ—（Your Money and Your Life: From welfare state to personal finance）」という科目が設置されている（バーミンガム大学

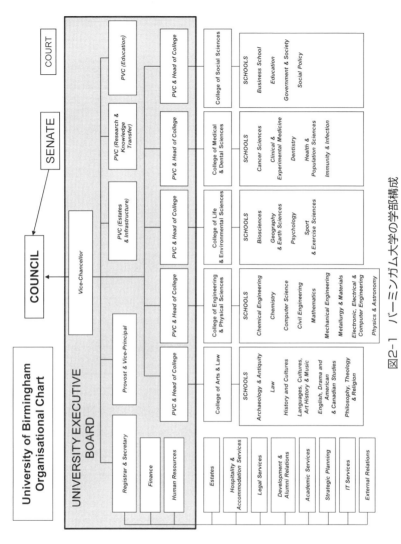

図2-1 バーミンガム大学の学部構成

出典：バーミンガム大学Webサイト

Webサイト）。この科目は、個人の金融を通して社会保障制度を考えさせる内容になっており、半期の18回の講座となっている（図2-1、表2-2）。

また、ロンドンの約100km北西部に位置するオープン大学（The Open University）では、生涯学習としてオンライン教育を提供している。同大学

68   第Ⅰ部　理論編

表2-2　バーミンガム大学のパーソナルファイナンスの科目シラバス

授業回数	学習内容
第1回	ガイダンス／責任とリスクの移転
第2回	社会保障制度
第3回	個人財産の金融資産化
第4回	家族での維持
第5回	子どもと学校における金融教育
第6回	学生の負債
第7回	資産形成期：住宅の豊かさ
第8回	高齢期：年金、介護、遺産相続
第9回	貧困と豊かさ
春期休暇	
第10回	金融の健全性と金融包摂
第11回	収支を合わせること
第12回	貯蓄
第13回	クレジットと負債
第14回	税金
第15回	中間試験
第16回	お金と幸福
第17回	社会保障とパーソナルファイナンスの方向性
第18回	試験と解説

出典：バーミンガム大学Webサイトより著者和訳

では、社会科学部経済数学学科の中に、学部教育の必修基礎科目として、
「あなたとあなたのお金―人生の節目におけるパーソナルファイナンス―
（You and Your Money: Personal finance in context）」を設置している。この科目
は、変化し続ける経済社会環境において、金融に関する知識やスキルを身に
つけ金融力を養うことを目的とし、次の4つをテーマとしている。具体的に
は、①変化し続ける経済社会環境における個人の金融の重要性（借入と負債、
貯蓄と投資、住宅市場、年金など）、②金融を扱う個人と家計（夫婦が実生活で
行う資金管理、育児期、介護期、家族政策など）、③人生の転期、経済社会環境
の変化に対応する収支の変化（政府や企業の年金制度の削減など）、④ファイ
ナンシャルプランニング（家計分析、フィナンシャルプランの決定、実行手段、
プランの振り返り、個人のバランスシート、予算とキャッシュフロー表）である。

最終的には、実生活で生かせるスキルの習得とその後の社会科学、経済、ビジネスの専門科目の基礎として役立つ学際的知識の修得を目標とする（オープン大学 Web サイト 2015）。

このように英国では、初等・中等教育における PF 教育は、ナショナルカリキュラムをもとに国全体で推進されているが、大学教育においては、一部の社会科学部（ビジネス学科、経済・数学学科）で行われており、学問としての PF 教育が定着しているとはいえない。換言すると、実効性のある金融知識の習得を表す金融力（financial capability）の育成として、国策で初等・中等教育では提供されているが、大学においては公共政策を考える上での1つの切り口として個人の金融が用いられており、学問体系の一領域としては、確立していないといえるであろう。

3　日米英のパーソナルファイナンス教育の検討

第1章、第2章第1節で、日米英の3か国の PF 教育の形成およびカリキュラムについて検討してきたが、これらを整理すると、日本においては、金融広報中央委員会が主導する形で消費者教育の一分野として中学、高等学校の家庭科、社会科の中で展開されてきており、大学教育においては、家庭経営学を中心とした展開が図られてきた。また米国においては、民間主導で、全国金融教育基金、ジャンプスタート個人金融連盟、経済教育協議会を中心に同じく中学においては家庭科、高等学校においてはビジネス学科を中心に展開してきた。また、大学教育においても、金融機関へ就職する専門家育成として CFP® 認定科目と関連づける形で全国的な展開およびビジネス学部、経済学部、家庭経営学の一分野として確立している状況が明らかとなった。そして英国においては、初等教育、中等教育における数学、市民教育、個人の社会経済および健康教育（PSHE）という科目のナショナルカリキュラムに位置づけられ全国的に展開されてきた。しかし大学教育での PF 教育の展開は公共政策を考える上での切り口として捉えられており、全国的な展開には至っていないことが明らかとなった。

日本の政府の動きとして、金融庁は、有識者で構成された「金融経済教育懇談会」を2005年3月から2006年5月まで計8回開催し、民間主導の米国、

70　　第Ⅰ部　理論編

政府主導の英国の実態を踏まえ、日本における金融経済教育の方向性と推進
方法に関し、議論を重ねてきた。同懇談会第4回会合では、金融経済教育の
日米英3ヵ国における主要な推進団体や、1995年から2005年までの系譜を
一覧にしている。表2-3-1では、「政府等」「NPO」「学校」の3つの視点か
ら3ヵ国の比較を行っている。2005年時点の政府の取り組みとして、米国に
は金融教育提供に関する設置法案がないこと、日本においてはNPOへの財
政支援がないことなどが特徴的である。また、NPOの取り組みとしては、
米国が日英に先駆けて全国規模の実態調査を行っている。具体的には、ジャ
ンプスタート個人金融連盟が高校生を対象とした金融リテラシー調査を、経
済教育協議会が金融教育に関する実態調査を行っている。また、学校の取り
組みとしては、英国と日本では、社会、公民科、家庭科などの関連科目で金
融に関する知識を学習するが、米国では「パーソナルファイナンス
（Personal Finance）」という個別科目があることが特徴的である。

　また、表2-3-2では、金融教育の推移が示され、米国では、ジャンプス
タート金融連盟が1995年に発足し、1997年には高校生の実態調査を開始し
たこと、翌年の1998年には経済教育協議会が金融教育に関する調査を始め、
2年ごとに追跡調査を実施していることなどが整理されている。これらの民
間の金融教育の推進に牽引される形で、2003年には、連邦政府の20省庁で
構成された「金融リテラシー教育会議」が発足したことが明記されている。
一方、英国では、まず、金融庁（Financial Service Agency: FSA）という政府
機関が1997年に発足し、翌年に消費者教育の提言を公表したこと、その後、
2000年に個人金融教育グループ（Personal Financial Education Group: PFEG）
というNPOが設立されたことがまとめられており、金融教育推進の経緯は、
米国とは異なる。また、日本においては、金融広報中央委員会が、金融経済
情報の提供や、生活設計の推奨、金銭教育の提供を行う中核団体として日本
のPF教育を牽引してきた。同団体は、1952年に「貯蓄増強中央委員会」と
して設立され、国民の貯蓄増強のための支援を行っていたが、1963年に「貯
蓄広報中央委員会」として金融全般に関する知識や情報提供を行うようにな
り、さらには、同委員会の活動の実態が金融全般および金融に関する消費者
教育という広範にわたるものであるため、2001年に現在の「金融広報中央

第2章　消費者市民教育の概念　　71

委員会」に改称した（金融広報中央委員会2016）（表2-3-1、表2-3-2）。

第2節　北欧の消費者市民教育

1　社会的背景と系譜

　米国では、個人の経済的自立、英国では、社会的弱者の救済としての社会問題という視点からPF教育は推進されてきたが、北欧では、倫理的、社会的、経済的、環境的配慮に基づいて選択を行う個人の責任としての視点からPF教育が捉えられてきた。大原（2001, p. 61）、価値総合研究所（2009, p. 9）によると、北欧諸国は、1960年代から各国の消費者教育関連機関（行政機関、消費者機関）が学校教育に関する協力関係を開始し、1965年[10]には、北欧消費者問題委員会が北欧各国の教育関係者や消費者問題の専門家から構成される北欧作業部会を設置した。1970年代には、スウェーデンのマルメ市のルーレルフォグスコーラン教員養成大学を拠点に、北欧の消費者教育の基本計画を「マルメプロジェクト」として策定し、1972年より推進を開始した。マルメプロジェクトでは、各国の教師・生徒を対象としたアンケート調査の結果や、パイロット授業による検証を行い消費者教育の教材を作成し配布をした（価値総合研究所2009, p. 9）。

　1980年代に入ると、北欧諸国の連携は、教員研修、養成へと発展し、さらに1990年代に入り北欧の消費者教育関連機関の情報交換は活発になっていった。1993年9月、ストックホルムにてヨーロッパ18ヵ国の参加による「消費者教育に関するヨーロッパ会議（European Conference on Consumer Education in Schools）」が開催され、消費者問題への学校での対処方法や、消費者教育に関する教員研修・養成の問題が議論された。その議論を経て、1994年には、北欧閣僚評議会（Nordic Council of Ministers）[11]の財政支援により、「ヨーロッパ消費者ネットワーク（European Network of Consumer Educators）」が発足した。同ネットワークは、消費者教育の情報誌『Nice-Mail (News and Information about Consumer Education)』を年2回発行し、情報交換を促進した。1992年には、同評議会は、学校における消費者教育に関する北欧共通の目標と内容について定義し、1995年には「北欧諸国におけ

表2-3-1　金融教育の国際比較（1）

		アメリカ	イギリス	日本
政府等	教育基準・カリキュラム作成に係る中央政府の権限	・州政府に教育基準作成の権限／・各学校に教育カリキュラム作成の権限	・教育技能省に教育基準・カリキュラム作成の権限	・文部科学省に教育課程の基準である「学習指導要領作成の権限
	設置法上の責務	—	・「金融サービス市場法」にFSAの責務として「金融システムに対する公衆の理解の向上」と明記	・「金融庁設置法」に所掌事務として「金融に関する知識の普及に関すること」と明記
	省庁等、政府関連機関同士の連携（省庁横断的な戦略の策定等）	・財務省を議長とし、20の連邦省庁をメンバーとする「金融リテラシー教育会議」を設置／・上記「金融リテラシー教育会議」が新たな国家戦略を策定予定	・FSA、教育技能省、内国歳入庁の連携の下、金融教育施策を実施／・FSA、教育技能省、内国歳入庁、大蔵省が連携し、「子供信託基金」を実施	・金融庁・金融広報中央委員会（日銀内に事務局、文部科学省が連携し、「金融経済教育懇談会」を立ち上げ／・金融広報中央委員会の参加に金融庁・文部科学省等関係省庁が就任
	NPO等への財政支援	・金融教育を推進するNPOに、年間150万ドルの補助金を付与を可能とする「経済教育法」（Excellence in Economic Education）が成立	・FSA、教育技能省によるNPOへの出資等財政支援／・「子供信託基金（Child Trust Fund）」の実施	—
	NPOとの連携	・ミネアポリス連銀がNCEEと共同で金融教育サミットを開催	・PFEGのアドバイザリー・グループに教育技能省、内国歳入庁、大蔵省、労働年金省等政府機関が多数参加／・FSAがPFEGの理事として幹部を派遣	・「金融経済教育に関するシンポジウム」を金融庁が実施する際、金融知力普及協会に協力を依頼／・各種シンポジウム等金融広報中央委員会が実施する際、NPOに協力を依頼
	個別省庁等の具体的な取組み — 教材の作成	・関連省庁及びFRBが多数作成	・FSA・大蔵省、内国歳入庁が各々作成	・金融広報中央委員会がライフプランニング等の教材を作成
	「事例集」の作成	・FRBがホームページで関係団体作成の「事例集」へのリンクを掲載	・教育技能省が全教科の「事例集」をティーンエージ毎に掲載	・金融広報中央委員会が「金融教育ガイドブック一学校における実践事例集一」を作成
	実態調査の実施	—	・FSAが金融知識に関する消費者の実態調査を全国的に実施	・金融庁が教員へのアンケート調査を実施／・金融広報中央委員会が「自己診断：身近にひそむお金の知識」を実施
	教員向け研修の実施	・各地域連銀が独自に教員研修プログラムを提供	—	・金融広報中央委員会および都道府県金融広報委員会が、教師向け研修等を実施

	ホームページの整備	・財務省「金融教育室」、FRBが専用のウェブサイトを運営し、各省庁作成の教材等関連資料を掲載	・FSA、教育技能省、内国歳入庁、大蔵省それぞれが金融教育専用のウェブサイトを運営	・金融広報中央委員会のウェブサイトに当委員会作成の教材を掲載するとともに関係団体の副教材を掲載
	その他の取組み	・財務省が「金融教育室」を立上げ・FRBによる高校生向け全国金融経済コンテスト（Fed Challenge）の実施	・FSAが「金融能力向上のための国家戦略」を策定し、7つのワーキンググループを立上げ	・金融広報中央委員会作成の教材を紹介・金融庁が「金融改革プログラム」に金融経済教育の拡充を明記
	数及び影響力	・NCEE・JumpStart連盟等、多数	・PFEG他多数	・エイプロシス、金融知力普及協会、日本ファイナンシャル・プランナーズ協会が高校生・社会人向けの活動を実施
N P O 〔具体的取組み〕	教材の作成	・多くのNPOが教材を作成	・多くのNPOが教材を作成	・エイプロシス・日本ファイナンシャルプランナーズ協会が高校・大学・社会人向け教材を作成
	「事例集」の作成	・NCEE及びJumpStartが作成	・PFEGが作成	―
	実態調査の実施	・JumpStartが2年に一度、全米33州、(215の高校) 約4,000人の高校生3年生を対象に実施・NCEEが2年に一度、全米の金融教育に関する実態調査を実施	―	―
	教員向け研修の実施	・NCEE及びJumpStartが教員向けセミナーを実施	・PFEGが実施	・エイプロシスがカウンセラーを学校に派遣
	ホームページの整備	・JumpStartは、NPO、政府等によって作成された事例集を掲載した情報センターをウェブ上で運営	・PFEGが「事例集」をウェブサイトに掲載する・「Excellence and Access」プロジェクトを推進するとともに、教材に関する情報センターをウェブ上で運営	・各団体が個別に運営
学校	必修教科・科目	・7州で金融教育関連の授業が必修（"Personal Finance" という個別科目あり）	・14歳～16歳の学生は金融システムのあり方を含む、経済の授業が必修	・学校段階に応じ、社会や公民科、家庭科などとの関係教科等で金融の働きや市場経済の考え方、家庭の経済生活や消費、金銭の大切さなどを指導する授業が必須。
	選択教科・科目	・全米の高校生のうち、20%が個人金融の授業を履修（内 必修クラスは10%）（NCEEの調査より）・小中学校ではほとんど未実施	・教育技能省作成のカリキュラム、スタンダードを受けて、他の授業の中で実施	・生徒や学校の実体に応じ、金融や経済の内容について、より発展的な内容の授業を実施。

注1：NCEE: National Council on Ecnomic Education／PFEG: Personal Financial Education Group
注2：上記のほか、金融業界団体が教材作成、講師派遣、セミナー開催等を行っている。
出典：金融庁 (2005)

表2-3-2　金融教育の国際比較（2）
各国の金融教育普及に関する取組みの推移

	アメリカ	イギリス	日本	その他
1995	・Jump$tart連盟発足			「貯蓄広報中央委員会」（1952年設立、現在の金融広報中央委員会）を中心とした金融経済情報のサービス、生活設計の勧め、金銭教育の普及。
1997	・Jump$tartが個人金融知識に関する高校生向け全国調査を初めて実施（基準点突破率：57.3%）	・FSA（金融サービス機構）発足		
1998	・Jump$tart基準を初めて作成 ・NCEEが金融教育に関する実態調査（第1回）を実施	・FSAが初めて消費者教育に関する提言を公表 ・教育技能省が全教科の教材へのリンクが可能な情報センターをウェブ上に掲載		
1999				
2000	・Jump$tart第2回全国調査（基準点突破率：51.9%） ・NCEEが金融教育に関する実態調査（第2回）を実施	・PFEG（Personal Financial Education Group: NPO）が発足 ・教育技能省が金融教育に係る指針とカリキュラムを公表	・金融審議会の答申（「21世紀を支える金融の新しい仕組みについて」）において、金融分野における「消費者教育」の必要性について言及（6月）	
2001		・教育技能省の14歳～16歳向け教育カリキュラムで経済科が必修科目に ・FSAが金融能力向上グループ「Financial Capability Steering Group」が発足（メンバー：閣僚・民間企業経営者・NPO代表）	・「貯蓄広報中央委員会」が「金融に関する消費者教育」に一段と注力	
2002	・Jump$tartの第3回全国調査（基準点突破率：50.3%） ・NCEEが第1回「金融教育サミット」を開催 ・財務省が金融教育等に係る国家戦略の調整部署として「金融教育法」（Excellence in Economic Education）の施行（NPOへ年間150万ドルの補助金交付が可能に） ・Jump$tartが個人金融に関するガイドライン及び基準を改訂 ・NCEEが金融教育に関する実態調査（第3回）を実施		・金融広報中央委員会が全国の「貯蓄生活設計推進員」を「金融広報アドバイザー」、「貯蓄広報グループ」を「金融広報委員会」に名称変更 ・金融広報中央委員会が金融に関する消費者教育の推進に当たっての指針（2002）を公表。その中で「金融教育カリキュラム（表案）」を掲載 ・「証券市場の改革促進プログラム」の具体的施策において、「投資知識の普及・情報の提供」について言及（8月） ・上記を受けて、金融広報中央委員会のホームページに「金融サービス利用者コーナー」を掲載 ・上記を受け、金融庁が文部科学省に対し、学校における金融教育促進に向けた要請文を発出	・OECDがメンバー国の金融教育の取組みに係る調査を実施

2003	・連邦政府の20省庁で構成される「金融リテラシー教育会議」(議長：財務長官) が発足	・「子供信託基金 (Child Trust Fund)」制度が成立 ・上記「金融知識向上グループ」が金融能力に係る国家戦略に基づき7つのワーキンググループを立上げ (1. Schools, 2. Young Adult 3. Work 4. Families 5. Retirement 6. Borrowing 7. Advice)	・金融審議会第一部会報告において「投資教育のあり方」について言及 ・上記を受け、金融庁が財務局を通じ都道府県教育委員会に教員研修プログラムに金融教育カリキュラムを盛り込むよう要請 ・上記を受け、金融庁が中高生向け副教材をホームページに掲載	・OECDが上記調査を踏まえた「事例集」を策定
2004	・NCEEが上記「経済教育法」により補助金を初めて受給 ・JumpStart 第4回全国調査 (基準点突破率が初めて改善：52.3%) ・NCEEが金融教育に関する実態調査 (第4回) を実施	・上記ワーキンググループのうち、「学校ワーキング」が教員向けセミナーを開催 (2回) (現場教師からの意見を踏まえた提言とその実施のための計画を策定)	・金融広報中央委員会が「全国キャラバン金融講座」を全国21箇所で実施 ・金融庁主催の「金融経済教育シンポジウム」を初めて開催 ・金融庁が教師との懇談会を実施 ・教育について初め学年中等教育における金融経済教育に関するアンケートを実施 ・金融庁が小学生・高校生向けパンフレットを作成し、ホームページに掲載 ・金融庁が「金融改革プログラム」を策定・公表 (金融経済教育の拡充を明記)	
2005	・NCEEが第2回「金融教育サミット」を開催 ・議会下院に金融経済リテラシー小委員会設置 (2005年2月) ・「金融リテラシー教育会議」が新たな国家戦略を策定・公表予定 (2005年5月予定)	・上記「子供信託基金」制度が施行予定 (2005年4月より)	・金融庁が教員向けに上記教材に対するアンケートを実施 ・金融庁が「金融経済教育懇談会」を設置・開催 ・金融広報中央委員会が「金融教育元年」と位置付け、活動を拡大予定 ・金融広報中央委員会が「金融教育ガイドブック」を策定 ・金融広報中央委員会が実践事例集一」を作成 ・金融広報中央委員会が社会人向け金融知識調査を初めて実施	

注：日本については、金融行政を所管する省庁を中心とした取組み。
出典：金融庁 (2005)

76 　第Ⅰ部　理論編

る消費者教育―学校での消費者教育の目標―（Consumer Education in the Nordic Countries – Objectives for Consumer Education in Schools）」を公表した（価値総合研究所 2009, pp. 9-10）。

　消費者市民教育が高等教育で求められるようになった要因は、歴史的な要因と社会状況や格差の要因がある。歴史的な要因としては、グローバリゼーション、相互依存、技術革新、情報の入手しやすさ、コミュニケーションの改善、地球全体のガバナンス、貿易商業の新勢力、計画経済から自由市場経済への転換、雇用・サービス・法整備の加速化、社会構造の複雑化、市場変化に対するアクセスや統制の向上、環境の悪化等が挙げられる。中でも「グローバリゼーション」は、世界を縮小化し、帯同性やコミュニケーションを上昇させた。その結果単一地球市場を創出し、多国籍企業の利益を増殖し、発展途上国の人々への責任を増大させた。また社会状況と格差に関しては、富の不均衡、自然資源の不当使用や配分、政治経済の不安定さ、持続不可能な消費、個人やグループの細分化、広範囲で行き過ぎた商業説得、過度な金融拡大や依存、生活習慣の身体的・精神的問題、貪欲・詐欺・暴飲暴食・犯罪・暴力の優位性の増大、商品やサービスに関する理解や解釈の困難さ、行動の結果に対する認識の欠如、伝統的な市民活動への参加の減少をもたらした（Thoresen 2005a, pp. 14-15）。

　これらの数々の要因が消費者市民教育の必要性を創出し、1985年の初頭、国連でも消費者教育、市民教育、環境への配慮が叫ばれるようになり、国連環境と開発に関する世界大会報告書「我らが共通の未来（Our Common Future）」（1987）では、「持続可能な発展」の概念が規定された。1992年の国連環境開発会議（United Nations Conference on Environment and Development: UNCED, リオデジャネイロサミット）では、「アジェンダ21（持続可能な開発のあらゆる領域における包括的な地球規模の行動計画）」が採択され、その第4章「消費形態の変更」の中に「持続可能な消費と生産」の必要性が明記された（松葉口 2011, p. 172）。その後、国連持続可能な開発委員会（CSD）においてユネスコが中心となり「持続可能な開発」のための教育の在り方について検討が進められ（外務省Webサイト 2015）、1999年、国連消費者保護ガイドラインが14年ぶりに改定され「持続可能な消費生活の促進」という項目が設

第2章　消費者市民教育の概念　　77

けられた（松葉口 2011, p. 172）。

　2002年に南アフリカのヨハネスブルクで開催された「持続可能な開発に関する世界首脳会議（World Summit on Sustainable Development）」にて「アジェンダ21」の進捗状況について検証が行われた。その後、第57回国連総会に「国連持続可能な開発のための教育（Education for Sustainable Development: ESD、2005年から2014年）」に関する決議案が提出され、先進国と途上国（47ヵ国）が共同提案国となり採択された。持続可能な開発のための教育とは、世界の環境、貧困、人権、平和、開発という現代社会の様々な課題を自らの問題と捉え、身近なところから取り組むことにより、それらの課題解決につながる新たな価値観や行動を生み出すこと、そのことにより持続可能な社会を創造していくことを目指す学習や活動のことである。つまり、ESDは、持続可能な社会づくりの担い手を育む教育である（日本ユネスコ国内委員会2015）。2009年、ドイツのボンにて、「持続可能な開発のための教育（ESD）世界会議」が開催され、各国の中間報告がされ、2014年11月の最終年には、ユネスコと日本の共催により、愛知県名古屋市および岡山市において「持続可能な開発のための教育（ESD）に関するユネスコ世界会議」が開催された（外務省Webサイト 2015）。

　カナダの学者であるマクレガー（McGregor 1999b, pp. 207-211; 2002, p. 5）は、消費者教育と市民教育の融合により「消費者市民」を育成するには、まず市民資質を育て、次に消費者としての資質を育てるべきだと説いている。その上で、消費者市民教育は、「消費者という役割において地域社会への帰属意識や世界を変えているという自信を育成できるようにし、学生の無力感や疎外感を排除できるような教育デザインがなされるべきである。また、生涯学習の視点から責任ある市民として、公益のために適切な判断と犠牲を喜んで行う市民」の育成が重要であると指摘している。すなわちマクレガーの指摘する「消費者市民」とは「社会的価値行動を喜んで行うことができる市民」と捉えることができるとした。また、マクレガー（McGregor 2001, pp. 1-7）は、「参画型消費者主義」（participatory consumerism）という新概念を提唱している。「参画型消費者主義」とは「自分自身を市民として認識し、次に消費者とみなす人であり、今日の消費文化の必要な挑戦に適応できる人である。そ

して民主主義、市民権と反映の精神で、新しい形態の消費者主義は、苛立ちに対する好ましい疑念と忍耐を持ち、脆弱性、リスクテイキング、信用、協力、市民との対話と談話、開放性を含むものである」と提唱している。すなわち、「固定の市場観念を開放し、社会を変革していくことができる市民であり消費者である」とも言い換えることができるであろう。

その後、「消費者市民」という概念は、オーストラリア、米国、ヨーロッパにおいて過去10数年間において発展してきた（Thoresen 2005b, p. 9; 価値総合研究所 2009, p. 25）。北欧では、2002年4月、ノルウェーにて、消費者教育、環境教育、市民教育を融合した消費者市民教育（Consumer Citizenship Education）の発展をテーマとした最初の国際会議「消費者教育と教員養成─消費者市民教育の発展─（Consumer Education and Teacher Training: Developing consumer citizenship）」が開催され、2003年10月には、ノルウェーのヘッドマーク大学（Hedmark University College）を拠点としたコンシューマー・シティズンシップ・ネットワーク（Consumer Citizenship Network: CCN）が発足した。CCNは、世界37ヵ国、123機関（2007年8月現在）が加盟する学際的ネットワークであり、消費者市民教育の調査研究、推進、ネットワークの構築、消費者市民教育のガイドラインの策定、国際会議の開催、教員養成セミナーの開催、消費者市民教育の教材開発等を行っている。活動は「責任ある生活に関する教育と研究のパートナーシップ（Partnership for Education and Research about Responsible Living: PERL）」に引き継がれている。CCNが、2005年に策定した消費者市民教育のガイドラインでは、消費者市民は、以下のとおり定義されている。

消費者市民とは、倫理的、社会的、経済的、環境的配慮に基づいて選択を行う個人である。消費者市民は、家族、国家、地球規模で思いやりと責任を持った行動を通じて、公正で持続可能な発展の維持に積極的に貢献する。（The Consumer Citizenship Network（2005）. "Consumer citizenship education Guidelines, Vol.1 Higher Education" を著者和訳）

このような消費者市民を育成する教育が消費者市民教育であり、トーレセ

ンは、消費者市民教育とは「自分自身の消費態度と消費行動の結果に対する知識と洞察力を発展させること、生徒が自分自身の生活を管理する能力を育てるのみならず、地球社会の集団生活の管理に参加することに貢献することを目的としている」つまり「消費者教育、市民教育、環境教育を合わせた学際的な教育である」と述べている（Thoresen 2005a, p. 7; 2005b, p. 9; 価値総合研究所 2009, p. 25）。言い換えると、消費者市民教育は、「生活の質を向上させるために公平性や平等性、正義観が国家憲法や人権、宗教、文化的な伝統においてすべての世代の人にどのように現代社会構造の中で表現されているかについて議論をするという高等教育における教養教育の不可欠な要素である」。その上で、「批判的思考や科学的な調査の実践としても役立ち」「学生の金融リテラシーや情報リテラシー、安全と健康な生活に関する理解を深め、個人の機会を最適化し、多重債務や詐欺、誇大広告、病的な生活から身を守ることに寄与する」教育であるとしている（Thoresen 2005a, p. 11）。また、「自分の生活と他者との共存を考えた際、貧困と地球資源の配分の関係は消費者市民教育の中心的課題」であり「そのことから地球規模の人類の発達過程や構造についても考えることができる」ようになる。さらには、「未来や平和についての学習に不可欠な要素であり、そのことにより他者、社会全体、地球全体への責任感を醸成するものである」と言及している（Thoresen 2005a, pp. 12-13）。

　また、北欧閣僚評議会の「北欧の消費者教育―『共生』の思想を育む学校でのアプローチ―」の翻訳者である大原（2001）は、消費者教育の視点は「『個々の消費スキルの発達』から『社会共通の関心、即ち社会的・環境的に配慮した倫理的消費スキルの発達』へとより重心を移しつつある」とした上で「限られた地球上での"共生"を可能にするための消費者としての能力（Consumer Competency）が育成されなければならない」と指摘している（大原 2001, p. 61）。

2　北欧閣僚評議会の消費者教育ガイドライン

　北欧閣僚評議会は、消費者教育のガイドラインを1995年に第1版、2000年に第2版として策定した。北欧閣僚評議会は、消費者教育の定義と目的を

80　第Ⅰ部　理論編

次のように定めている（価値総合研究所 2009, p. 13; 西村 2013, p. 15）。

　　学校における消費者教育の目的は、自立した、識別力のある、知識のある
　消費者を育てることである。それは、消費者法、家計、経済、広告と影響
　力、消費と環境、地球上の資源、住まい、衣類、価格と品質、食と健康の
　ような領域に関する基礎的な知識を提供することによって、複雑で多面的
　な社会において消費者として存在するために必要な知識と洞察力を身に付
　けさせることである。学校は、ライフスタイル、消費習慣、価値と態度に
　ついて、生徒がさらされている影響力に気づかせるよう貢献すべきである。
　（価値総合研究所（2009）; Nordic Council of Ministers（1992）; 大原訳（2005）より）

　　北欧閣僚委員会の消費者教育のガイドラインは、6歳から18歳の初等・中
等教育を対象とした内容である。学習領域は、6つに区分され、「家計」「消
費者の権利と責任」「広告と影響力」「消費と環境、倫理」「食育」「製品安全
と生活上の安全」で構成されている。消費者教育は、学校教育において横断
的に指導される科目で独立科目としては存在しない。また、学習方法は、
「様々な事柄に関する生徒自身の経験や学習が重要な役割を果たす生徒主体
のアプローチ、そして様々な学習方法と個人による自立的な学習との組み合
わせといった多くの協働的な方法」が重視されている。特に「協働学習」に
おいては、以下の方法が紹介されている（価値総合研究所 2009, pp. 15-16）（表
2-4）。

3　北欧諸国の消費者教育ガイドラインの改定

　2009年、北欧諸国—エストニアグループが中心となり、北欧諸国共通の
消費者教育ガイドラインを改定した（Nordic Council of Ministers 2009, pp.
1-48）。この改定では、学習テーマが再編され、「持続可能な消費に関する能
力（Sustainable Consumption）」「メディアとテクノロジーに関する能力（Media
and Technology Literacy）」を中心テーマとし、そのテーマと関連する領域として
「家庭の管理と参加（Home Management and Participation）」「消費者の権利と義
務（Consumer Rights and Responsibilities）」「個人の金融（Personal Finances）」

表2-4　北欧諸国の消費者教育の学習方法（協働的な学習方法の例）

学習方法の分類	学習方法の内容
テーマ学習	・定められたテーマに沿って、3-4人の生徒のグループが新聞、雑誌、研究報告書、訪問調査等を通じて可能な限りあらゆる資料を集める。 ・生徒たちは、収集した資料を、教師の指導のもと、分析・評価・精査し、そのテーマをさらに追究する。 ・学習グループは、日誌に活動経過を書き留め、ドラマやディベートなどによる口頭発表、写真を含めたレポート、グループからの問題提起によるディスカッション、壁新聞、展示等の方法により学習成果を発表する。
課題研究	・生徒はテーマ学習と同様に、テーマに基づいて、課題に関する一般的情報、収集資料、自分自身の考えや意見、最終的に自分自身の活動や学習に対する評価などを含む経過を記述した日誌をつける。 ・最終的には、学習成果が1冊の冊子として編集され、行動計画の発表、意見発表、手引書・日誌の展示などによって発表され、クラス、学年、学校全体で学習成果が共有される。
レポート、小規模調査、チームワーク	・学校外の専門家へのインタビュー、商店、営業所などへの訪問によって、生徒は消費者、そして社会の一員としての能力や知識を身につける。
他の人々への研究 成果の伝達	・成功したといえる課題研究や他の学習経験の成果を、メディア（雑誌、ラジオ、TVなど）を利用して社会に伝える。 ・社会に対して成果を伝えることで、生徒の学習に対する動機や喜びが増大する。

出典：価値総合研究所（2009）; Nordic Council of Ministers（1992）; 大原訳（2003; 2005）

「マーケティングとコマーシャルメディア（Marketing and Commercial Media）」の4分野が挙げられている（Nordic Council of Ministers 2009, p. 30; 西村 2009, p. 58; 価値総合研究所 2009, p. 18）（図2-2）。

　また、北欧閣僚評議会（Nordic Council of Ministers 2009, p. 47）によると、主要テーマの1つである「パーソナルファイナンス（Personal Finance）」の具体的な学習内容は、「金融管理の原則」「家計の資金移動」「個人金融を規制する規則」「経済的困難」の4分野で構成されている。その中の「金融管理の原則」では、「国家財政における個人と家庭の役割」「責任ある家計管理と個人の幸福」「持続的なライフスタイル」「環境に優しい思考と製品循環への認識」など、個人の経済的成長を追求することを目的とするのではなく、社会を構成する個人生活という視点から責任ある生き方としての「家計管理」、環境へ配慮した生き方という社会的価値行動を促す市民資質を養う内容になっていることが特徴的である。特にこのような社会や環境への配慮という

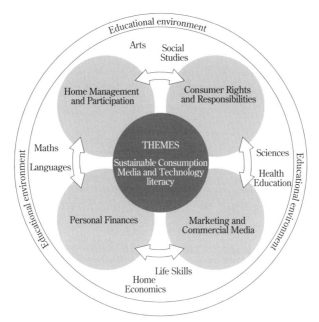

図2-2　北欧諸国の消費者教育の学習テーマ

出典：Nordic-Estonian Consumer Education Group（2013）

視点が、金融管理の「原則」として位置づけられているのは、これらの社会への配慮を重要視するとともに、PFを通じて消費者市民力を育成できるという認識からだと推察される。さらに、同評議会は、PFの学習内容は、社会科学、数学、家庭科、情報通信技術、市民教育、メディア教育や、他の消費者教育を扱う科目でも展開可能であると説明しており、応用力のある領域であると捉えている（表2-5）。

　これまで北欧の消費者市民教育の形成について、検討を行ったが、トーレセンが述べたように、高等学校で消費者市民教育が求められるようになった経緯として、歴史的要因は、グローバリゼーションや情報等の技術革新に基づく自由市場経済への転換により、社会構造が複雑化するとともに環境が悪化していったことであり、社会的な要因としては、金融市場の発展に伴い、個人や企業の資産は、金融に依存することになり、格差の拡大や自然資源の不当使用や配分がもたらされ、政治経済の不安定さを増したこと、また消費

表2-5　PF領域の学習内容

分野	内容
金融管理の原則	国家財政における個人と家庭の役割 消費習慣 消費者の情勢に影響を与える機会 責任ある家計管理と個人の幸福 個人の支払い能力 収入と支出 長期的な経済計画と管理 税金、税金の還付、申告 保険の種類と保険料 持続可能なライフスタイル 購入計画 修理と点検 環境に優しい思考と製品循環への認識 物流と人の移動の最適化 空間の利用率と多目的の活用法
家計の資金移動	安全な資金移動 銀行口座と明細 支払い手段と費用（デビットカード、クレジットカード、オンラインサービス等） 貯蓄と借入の形態 債務者の責任 予算、請求書、長期費用
個人金融を規制する規則	オンライン市場の活用 スポット購入（ロゴ、壁紙等） 定期購入（週刊星占いの登録等） データ転送（インターネットや携帯からのゲームや動画のダウンロード） 残高制限、利用限度サービス、個別請求、プリペイドカード、定期購読やサービス利用のキャンセル 端末の追加サービス、無料サービス、損害補償サービス、利用停止サービス、安全への配慮 オンライン情報技術の活用 データの安全性、個人情報の保護
経済的困難	利率と延滞金 債務回収 法的な債務回収 差し押さえ 罰金 信用情報、良くない信用記録 金融助言サービスとクレジットカウンセリング 情報収集力と金融困難に陥った際の支援

出典：Nordic Council of Ministers（2009）p. 47 より、一部抜粋、著者和訳。

84　第Ⅰ部　理論編

の個人化が進み、物質主義から地球資源を使い尽くし、未来に向けて持続可能性が危ぶまれたこと、それらの功利主義な価値観から、人間の欲求はさらに貪欲になり、暴飲暴食や詐欺、犯罪等の発生により、社会構造の秩序が失われていった現状がある。個人主義は、行動の結果に対する認識の欠如をもたらし、伝統的な市民活動への参加も減少させた。このように経済が発展するにつれて、人々の倫理観も失われていくことを危惧して消費者市民教育が高等教育で求められるようになる。このように北欧が牽引する形で、消費者市民教育は世界的に広がりを見せ、国連でも消費者教育、市民教育、環境への配慮がESD教育の推進とともに進められていく。それらの消費者市民教育の学習テーマの4本柱の中には、「個人の金融」が含まれており、北欧の消費者市民教育とPFの関係性は非常に高く、消費者市民力を育成するには、不可欠な分野であると捉えられていると推察できる。

　また、トーレセンが言及する高等教育における消費者市民教育は、自己の消費態度と消費行動を振り返り、生活設計能力の向上を目指すことであり、さらには地球全体の共同体への貢献を通して、現代社会の矛盾や不平等性に関し批判的に考察し責任感のある市民を育成する教育であると捉えると、まさに本書で育成したい消費者市民力と一致する。

第3節　日本の消費者市民教育の形成

　日本においても、これまで消費者の被害救済および被害防止を主目的としてきた消費者教育から、北欧の消費者市民教育の概念を取り入れ、消費者市民教育の育成が社会的に求められるようになってきた。そして、日本における消費者教育の推進は、消費者行政が牽引してきた（西村 2009, p. 53）。

　西村（2017, pp. 19-20）によると日本における消費者教育は、1879年に設立された東京の共立商社や大阪の共立商社の協同組合運動に遡り、英国の協同組合の原型とされる「ロッチデール公正先駆者組合」の原則に従い、様々な購買組合、消費組合が勃興していったのが始まりである。その後1948年に消費生活協同組合法が制定され、同年、現在も消費者団体として代表の地位を確立している主婦連合会が、不良マッチ退治主婦大会を開催し、主婦連合

会として結成された。同連合会は主婦の店選定運動、物価引き下げ運動、主婦大学の開講など消費者への適切な買い物行動の啓蒙に尽力した。1957年には、全国消費者大会が開催され、消費者は、労働者としてだけでなく企業によるごまかし表示や粗悪品の高価格での販売などで消費者としても搾取されているという「消費者宣言」を表明した。このような流れを受けて政財界も消費者教育の推進に乗り出し、1955年生産者・労働者・消費者への公正な分配により生産性を向上させることを目的とした日本生産性本部を設置し、米国へ視察団を送り、1958年に消費者教育委員会を設置させる。こうして消費者運動の前に学習が必要であるとして消費者教育が提供されるようになる。

1965年に経済企画庁に国民生活局が設置され、翌年の国民生活審議会（1966）答申では、消費者保護組織および消費者教育に関する現状と問題点が示された。この第1次答申によると、消費者教育の目的は、「自主性をもった賢い消費者を育てることにある」とし、「①消費者として商品、サービスの合理的な価値判断をする能力を養うこと」「②消費生活を向上させる合理的な方途を体得させること」「③経済社会全体のうちにおける消費および消費者の意義を自覚させること」であるとしている。また、消費者教育は商品知識の普及と並び、道理的な生活設計を行うための啓蒙が大きな意義であるとし、生活経営学としての学問体系の確立を前提とするものであると明示されている。具体的な内容としては、「静的な家事技術に関する知識」のみではなく、「経済構造全般の変化とそれが消費生活に及ぼす諸影響を的確にとらえたうえで、それらに動的に対応する必要性に迫られている」としている。そのため、扱う分野としては、「消費経済学」「生活設計」「家庭管理」「食生活、住生活、衣生活、育児等の知識と技術」「商品」「消費者信用」「消費者保護の法律制度、苦情処理手続」を挙げている。1968年に制定された「消費者保護基本法」では、「消費者の利益の擁護及び増進に関する総合的な施策の推進を図り、もって国民の消費生活の安定及び向上を確保すること」を目的とし、消費者は保護されるべき主体であった。そして、1968年に改定された学習指導要領（中・高等学校社会科）には「消費者保護」の理念が導入された（田中 2014, p. 1）。また、田中（2014, p. 2）によると1981年に日本消費者教育学会が発足し、1980年代の契約取引被害の拡大を背景に、1986

86 第I部 理論編

年の文部省教育課程審議会にて国民生活審議会が消費者被害の未然防止や被害への対応が必要であるとして学校における消費者教育の充実を求め、1989年の学習指導要領改定では「契約の重要性」などが明確に盛り込まれるようになった。このようにして、日本の消費者教育は、消費者行政主導により消費者被害防止を主軸に始まった。その後、1990年に消費者教育の専門研究機関である財団法人消費者教育支援センターが経済企画庁と文部省の共管法人として発足することとなる。1998年に改定された学習指導要領（中・高等学校家庭科）では、「消費生活と環境」の関わりが盛り込まれ、消費者教育が拡大していった。

　21世紀に入り、グローバル化や様々な規制緩和により、消費者を取り巻く環境は変化し、消費者教育の位置づけも再考を余儀なくされた。国民生活審議会消費者政策部会の報告書「21世紀型の消費者政策の在り方について」（2003, p. 9）では、消費者を保護する対象ではなく、自立した主体として能動的に行動するための消費者教育の役割を強調している。2004年、「消費者保護基本法」は「消費者基本法」へ改定され、「消費者の権利の尊重」と「消費者の自立支援」を消費者政策の基本と位置づけ、消費者の権利として消費者教育を受ける権利を明示し、国や地方公共団体に対して、そのための教育の機会を提供することを求めた（田中 2014, p. 2）。

　2007年の福田康夫政権時代、食品偽装や耐震偽装、古紙割合偽装事件等、国民の安全・安心社会の実現が脅かされる中、政治は消費者の目線に立って転換されていくことになる。『平成20年版 国民生活白書　消費者市民社会への展望―ゆとりと成熟した社会構築に向けて―』の中で、内閣府国民生活局が初めて欧米で生まれた「消費者市民社会」を「個人が、消費者・生活者としての役割において、社会問題、多様性、世界情勢、将来世代の状況などを考慮することによって、社会の発展と改善に積極的に参加する社会」と定義づけ、その概念を日本に導入した。同白書では、欧州の消費者市民教育を紹介するとともに日本における消費者教育がほとんど成果を収めていないことを指摘し、日本においても消費者市民教育が必要であることを記した（内閣府 2008, p. 2）。西村（2012a, p. 38; 2013, p. 14）によると2008年3月、自民党消費者問題調査会（野田聖子会長）で消費者教育が取り上げられ、同年10月に

は、同党消費者問題ワーキングチーム（島尻安伊子座長）が発足し、消費者教育の定着のための法整備が図られることとなった。2009年4月までに同ワーキングチームは、10数回の検討委員会を重ね、「消費者教育の推進に関する法律」（以下、推進法）（2012年8月公布：2012年12月施行）を議員立法として成立に尽力した。推進法では、初めて消費者市民社会の概念が明文化された。同法第2条2項では、消費者市民社会とは、「消費者が、個々の消費者の特性及び消費生活の多様性を相互に尊重しつつ、自らの消費生活に関する行動が現在及び将来の世代にわたって内外の社会経済情勢及び地球環境に影響を及ぼし得るものであることを自覚して、公正かつ持続可能な社会の形成に積極的に参画する社会」と定義づけた。さらに同法第2条1項では、消費者教育の定義を「消費者の自立を支援するために行われる消費生活に関する教育（消費者が主体的に消費者市民社会の形成に参画することの重要性について理解及び関心を深めるための教育を含む。）及びこれに準ずる啓発活動」と明示した。消費者教育の基礎理念は、「消費生活に関する知識を修得し、これを適切な行動に結び付けることができる実践的な能力」を育成すること（同法第3条1項）。また、「消費者が消費者市民社会を構成する一員として主体的に消費者市民社会の形成に参画し、その発展に寄与することができるよう、その育成を積極的に支援すること」を理念として行わなければならない（同法第3条2項）。その上で、「消費者教育は、幼児期から高齢期までの各段階に応じて体系的に行われるとともに、年齢、障害の有無その他の消費者の特性に配慮した適切な方法で」行われるべきであり（同法第3条3項）、「学校、地域、家庭、職域その他の様々な場の特性に応じた適切な方法」で「多様な主体の連携及び他の消費者政策（中略）との有機的な連携を確保しつつ、効果的に行われなければならない」ものとしている（同法第3条4項）。さらには、「消費者の消費生活に関する行動が現在及び将来の世代にわたって内外の社会経済情勢及び地球環境に与える影響に関する情報その他の多角的な視点に立った情報を提供すること」としている（同法第3条5項）。また、「災害その他非常の事態においても消費者が合理的に行動することができるよう、非常の事態における消費生活に関する知識と理解を深めること」（同法第3条6項）、そして、消費者教育の施策を構ずるに当たり、「環境教育、食育、国

際理解教育その他の消費生活に関連する教育に関する施策との有機的な連携が図られるよう、必要な配慮がなされなければならない」としている（同法第3条7項）。

　このように推進法は、「消費者教育を総合的かつ一体的に推進すること」を目的として制定され、国・地方自治体は、消費者教育を推進することが義務化された。推進法の成立と並行する形で進められていた「消費者教育推進のための体系的プログラム研究会」（2012年9月〜2012年12月）では、幼児期、小学生期、中学生期、高校生期、成人期に区分した成長の段階に応じた消費者教育の4つの重点領域「消費者市民社会の構築」「商品等の安全」「生活の管理と契約」「情報とメディア」の学習目標を一覧として記した「消費者教育の体系イメージマップ」（2013年1月）を成果物として公表した。2013年6月28日には、消費者庁・文部科学省が作成した「消費者教育の推進に関する基本的な方針」が閣議で決定された。2013年3月には、「消費者教育推進会議」（2013年3月〜2015年2月：全9回）が設置され、消費者教育の総合的、体系的かつ効果的な推進に関して、委員相互の情報交換がされた。基本方針は、「消費者教育推進会議取りまとめ」（2015年3月5日）として公表された。

　消費者庁は、2015年5月に、「倫理的消費」調査研究会を開催し、より良い社会に向けて、人や社会・環境に配慮した消費行動（倫理的消費）を推進するべく、社会的な整備を行うために実態を把握する調査研究を行うこととした。研究会では、「倫理的消費の必要性とその効果」「定義と範囲」「倫理的消費の度合い（エシカル度）を図る基準、指標」「国内外の倫理的消費の実態調査」「普及に向けた課題、対応、啓発活動の具体化」等を議論する。

　以上の経緯からすれば、日本における消費者教育から消費者市民教育の発展に大きく寄与したのは、内閣府が発行した『平成20年版 国民生活白書』の中で、北欧の消費者市民教育や消費者市民社会の概念が紹介されたことを機に、日本においても消費者市民教育という用語が散見されるようになったことによる。同白書は、日本消費者協会の「消費者力検定」の設問を引用し、日本人の消費者としての知識を測定している。実際にこの消費者力としての理解度は、「金利」「食品価格」「生命保険料」「環境に優しい消費」「電気料金」「電話料金」「フェアトレード製品」「自然食品」に関して「1. とてもよ

く知っている」「2. よく知っている」「3. 普通である」「4. よく知らない」「5. まったく知らない」の5件法で訊ね、因子分析を行い、「経済・金融に関する消費者力」「価格に敏感な消費者力」「環境・倫理的消費者力」の下位尺度を生成した上で、日本とノルウェーの消費者力を比較している。ノルウェーでは、「環境・倫理的消費者力」は「自然食品」「環境に優しい消費」「フェアトレード製品」が強く関係し、「経済・金融に関する消費者力」は「金利」「電気料金」「生命保険料」、「価格に敏感な消費者力」は「電話料金」「食品価格」が強く関係し、それぞれの寄与率は24％、23％、17％となっている。一方、日本の場合は、同じく3つの下位尺度が生成されたが、構成要素は異なり、「経済・金融に関する消費者力」は「金利」「生命保険料」、「環境・倫理的消費者力」は「自然食品」「フェアトレード製品」「環境に優しい消費」、「価格に敏感な消費者力」は「電気料金」「電話料金」「食品価格」が強く関係し、「電気料金」の与える影響がノルウェーとは異なる。寄与率は、「価格に敏感な消費者力」が46％と突出し、その他2つ、「環境・倫理的消費者力」は13％、「経済・金融に関する消費者力」は11％と低く、消費者市民社会を形成する消費者として、これらの2点の関心と知識を高めることの重要性を指摘している。同報告書で定義される「消費者力」とは、「消費者が消費者として生きる力であり、消費者がまさにその消費者市民社会においてそうした役割を果たすための実践能力」と明示されている（内閣府『平成20年版 国民生活白書』p. 141）しかし、その指標は、あくまでも自己評価による消費者としての知識水準の分析で、実際に消費者としての行動にどのように影響を与えているか、もしくは社会参画への主体性に関する行動分析は行われていない。2012年に制定された推進法では、消費者が消費者市民社会の構成一員として、主体的に消費者市民社会の形成に参画することの重要性を認識し、実際の行動に移すという「実践力」が求められており、その実践力の測定および検証が求められていると考える。そのような視点から、本研究で行う分析は、あくまでも「実践力」としての消費者力を測定するものであり、知識水準を測定する「消費者力」とは、分析視点を異にする。その目的を遂行するために、本書では、これまで使用されてきていない「消費者市民力」として尺度を作成し、検証する。

第4節　消費者市民教育と消費者教育の関係性

　バニスターとモンスマ（Bannister & Monsma 1982）は、消費者教育を次のように定義している。①個人の価値、資源の有効利用、代替資源の活用、生態学的な考慮、経済状況の変化といった観点から、商品・サービスの購入において見識のある決定を行う技能を開発すること、②市場において積極的に参加し、自信を持って実行できるように、法律、権利、様々な資源の有効活用に関する知識を持つようになるとともに、消費者被害を受けた場合には、適切な行動をとって救済を受けることができるようにすること、③経済的、社会的、政治的なシステムにおける消費者市民の役割を理解し、いかにしてこれらのシステムを消費者ニーズに適応させるかを考慮できること。これらを統合し「個人や集団が消費者の意思決定を左右する諸要素に影響を与える目的で、消費者資源を管理し、市民として行動するために必要な知識とスキルを学ぶことである」と定義した。また、今井・中原編（1994）、渡邊（1996, pp. 71-83）、山口（2000, pp. 21-30）は、「消費者教育の対象領域が、資金計画、購入、資金保全を含む『資産管理』および、消費者保護、消費者の主張を含む『市民参加』である」とし、消費者教育で想定される意思決定は、これらの領域に関わると述べられている。すなわち、バニスターとモンスマの定義する消費者教育の目的には、消費者市民としての判断や行動力の育成が含まれている（西村 2012a, p40）。

　また、今村・松葉口（2001）は、日本消費者教育学会の学会誌『消費者教育』の第1冊（1983）から第20冊（2000）までの全20冊に投稿された316本の論文の分析をし、消費者教育研究の動向を明らかにした。消費者教育は、学校・企業・家庭・行政などで実践されているが、学校教育における教育実践として、「家庭科」「社会科」「商業科」「その他の学校教育」、学校教育以外の教育実践として「生涯学習」「家庭教育」「企業」「その他の学校外教育」に8分類したところ、学校教育実践では、「家庭科」（11%）、「社会科」（4%）、「商業科」（1%）、学校教育外実践としては、「生涯学習」（14%）、「家庭教育」（3%）、「企業」（9%）となった。そのことから、この時代の学校教育は、「家庭科」での展開が最も多いことを明らかにしている。また、研究方法の

変遷としては、「調査研究」（42％）が最頻値で、次いで「教育実践」（26％）であった。研究目的としては、「実態把握」（49％）が約半数を占め、「本質論」（18％）、「教育方法・評価」（17％）と続いた。これらの変遷から、第15冊（1995）より、「持続可能性に向けての教育（Education for Sustainability）」に触発され、消費者教育の本質論に関する論文が増加傾向にあることを明らかにしている（今村・松葉口2001, pp. 227-234）。

　尾張（1999）は、「科学的な消費者教育研究の確立のために、科学的な分析手法と厳密な用語の使用、体系的で操作可能なモデルの構築への努力が必要」であり、「消費者教育の目標の一つは、消費者問題の本質を正確に理解することであるので、消費者（人間）の行動を予測するために用いることのできるモデルを作り出さなければならない」として、意思決定論を再構成している。意思決定論には、どのように意思決定すべきかということを演繹的に説く「規範的アプローチ」と意思決定が実際にどのように行われているかの実証を通して記述する「記述的アプローチ」があり、尾張は、「規範的アプローチ」が消費者行動の分析には適していると述べている。その上で、人々の消費行動は、自己の効用を最大化する行動を合理的に選択する意思に基づいており、自己の利益の最大化行動が同時に相手の利益最大化を満足させることになる関係が望ましく、自己の意思決定は相手の行動を考慮しながら実行されるというゲーム理論の視点を取り入れる必要があると主張している（尾張1999, pp. 125-128）。

　長濱（2002, pp. 9-16）は、一般教養科目として学部学科に関係なく、全大学生に提供されるべき教育であると定義づけ、日本消費者教育学会会員を対象に調査を実施し101名から得られた回答をもとに、分析を行っている。その結果、「全学部学科に必修で行うべきである」（58.4％）が最頻値で、次いで「全学部学科に選択で行うべきである」（25.7％）と合わせると、84.1％の学者が、大学教育で「学部学科に関係なく消費者教育を指導すべきである」と考えていた。しかし、実際に指導されているのは、ほとんどの場合、「消費者教育の専門の学部学科、あるいは関連する学部学科だけである」ことを明らかにしている。また、長濱は、領域1：「消費者の権利と責任」（7項目）、領域2：「消費者の活動」（27項目）、領域3：「企業・行政の消費者への対応」

92 第Ⅰ部 理論編

(20項目)、領域4：「消費生活と環境・福祉」（11項目）の4分野に関し、約25％の回答者は、すべての項目において大学一般教育での提供は適切と回答しているが、高校教育が主軸になる項目として、領域1の「消費者の7つの権利を理解している」、領域2の「食品の表示が理解できる」「クーリング・オフ制度を活用できる」「悪徳商法の種類と、その対策を知っている」「クレジットカードの種類と違いを知っている」「合理的な購買習慣を持つことができる」「商店の種類を正しく理解している」「家計収入と支出について理解している」「食生活を改善、向上できる」「合理的な意思決定ができる」「商品選択の条件を正しく理解している」「衣生活を改善、向上できる」「インターネットで生活情報を収集できる」「家庭用品品質表示法の内容を理解している」「合成繊維や半合成繊維の種類と性能を知っている」、領域3の「表示やマークを見て正しい活用ができる」「消費生活センターを活用できる」、領域4の「家庭のごみを減少させることができる」「自然の資源を大切に使うことができる」「リサイクル表示マークを知っている」「資源リサイクルの重要性を理解している」「環境汚染問題を知っている」「ボランティア活動に参加できる」を挙げている。さらに長濱は、大学専門教育に移行すべきとした項目は、領域3の「損益分岐点の売上高の計算ができる」「需要の価格弾力性、限界消費性向、限界貯蓄性向の概念を知っている」「収益性、固定比率、自己資本比率、経常利益の言葉を知っている」に関する内容であることを明らかにしている。

　日本において消費者市民が議論され始めたのは、松葉口（1998）、大藪・杉原（1999）の「持続可能な社会」についての議論が皮切りである。松葉口（1999; 2011）は、「持続可能な開発（Sustainable Development）」という用語が国際公的文書で登場したのは、「国際自然保護連合（IUCN）」「国連環境計画（UNEP）」「世界自然保護基金（WWF）」が1980年に作成した「世界環境保全戦略（World Conservation Strategy）」であり、その用語を一般的に広めたのは、国連の「環境と開発に関する世界委員会」（ブルントラント委員会）の報告書『地球の未来を守るために（*Our Common Future*）』（1987）であることを明らかにしている。持続可能な開発とは、「世界の貧困大衆に基本的必要を保障するとともに、現世代の欲求（ニーズ）のみならず、将来世代の欲求（ニー

ズ）をも充足させ得るような開発のあり方」を求めるものである。この解釈は「持続可能な開発は、『環境・社会・経済のバランスのとれた開発』であるといわれるとおり、これまでの経済至上主義から脱却し、自然システムを保全できる範囲内で、社会システムを維持・充実させる3つの"E"（環境：Ecology、社会的公正：Equity、経済：Economy）のバランスのとれた開発の必要性が示された」としている。つまり「先進国を中心とした過剰消費の問題に光を当て、日々の消費を持続可能なものにすることが『社会的責任』として求められている」ということである（松葉口 2011, pp. 171-172）。大藪・杉原（1999）は、「持続可能な社会のために主体的に行動する消費者を育成することがまず必要」であるとし「消費者教育は、この場合、極めて重要な役割を持つ」と考察している。また、「これまで家政学を始めとする生活世界の成り立ちの解明を対象とする学問では、社会が持続可能であるための視点については十分な議論はなされてこなかった」と指摘している。その上で、「持続可能な社会の実現のための条件」として、「人間社会システム」について以下のように述べている。①システムは、組織として維持、発展するために、必ずシステムの外の世界である「環境」と、エネルギーやモノのやりとり（取得、排出）を行っている。このモノやエネルギーの転換の速度と方向性を決定しているのが消費者である。②システムは、相互作用しながら存在し、その関係性により作られた多様性の存在を前提としている。③システムは、自律性を持っており、その自己調節機能により、環境の小さな変化に対応して恒常的に自己維持を行っているものである。そしてこれらの3つの条件が満たされ、連関をもって結実するときに初めて成立するものであると指摘している（大藪・杉浦 1999, pp. 2-3）。一方、松葉口（1999, pp. 37-38）は、「『持続可能な消費』のための消費者教育は、生活者・市民・消費者として単に個人的消費のみならず、生産的消費も含めて、地球上のすべての人々が、真に生きる歓びを実感するような消費ができるよう、その中身を検討し、地球市民として実践していこうとする主体を形成するもの」とであるとし、「家族・世帯」「公的セクター（行政）」「私的セクター（民間営利企業）」の三者を対話させる役割として「非営利セクター」の重要性を説いている。また、学校教育における消費者教育の位置づけとして、2002年の学習指導要領の

改正に伴い、生活科の「生活と消費」が消える中、小・中・高等学校の家庭科では、一貫して「消費」「消費生活と環境」が明確に位置づけられていることからも消費者教育の提供の場としての家庭科の適合性を提示している（松葉口 1999, pp. 39-41）。また、国立国会図書館調査及び立法考査局（2010, pp. 41-44）は「持続可能性の実現とは、世界レベルから個人レベルまで、多様な主体が自己の役割の中で実現すべき目標であるが、その到達点は、「①自然及び環境をその負荷許容量の範囲内で利活用できる環境保全システム（資源利活用の持続）＝環境的持続性、②公平かつ適性な運営を可能とする経済システム（効率・技術革新の確保）＝経済的な持続性、③人間の基本的権利・ニーズ及び文化的・社会的多様性を確保できる社会システム（生活質・厚生の確保）＝社会的持続性、これら3つの側面の均衡した定常的状態」であるとしており（図2-3）、それらの3つの主体の役割や要素を踏まえ、公正な経済社会がどうあるべきかを考えさせる教育こそ、現代に求められる大学教育の内容と考える。

　21世紀の新しい消費者教育について大原（2001）は、ヨーロッパの消費者教育、特に北欧に焦点を当て、「倫理」的な消費者という視点で多岐にわたる北欧の消費者教育を紹介している。その後、大原（2010）は、ヨーロッパの政策と高等教育における消費者市民教育の関係性を分析した。その中で、1999年のボローニャ・プロセスにより大学教育の学部課程と大学院課程の2サイクル性の確立や、ヨーロッパ内の教育機関間の単位互換制度の導入を定めた動きと、2000年3月の欧州理事会の「成長と雇用のためのリスボン戦略」で政策課題として挙げられた持続的な経済成長、より多くのより良い雇用、社会的結束の強化では、消費者市民教育は、2つの政策と連携し合いながら、その構成市民（ヨーロッパ市民）を育成するための推進役を担っている、と述べている（大原 2010, pp. 3-4）。さらに、消費者市民教育は、現代社会の矛盾を批判的に熟考する消費者として、グローバルな市場で役割を果たす学生を育成しており、変化のための媒介人として行動するよう促すこととしている。また、北欧の消費者教育は、西村（2010b, p. 14; 2011, p. 60）によると、その北欧の「消費者市民教育」の内容を中心とし、OECD消費者政策委員会は、2007年よりOECD加盟国の消費者教育の施策を比較検討し、2008年10

第2章 消費者市民教育の概念

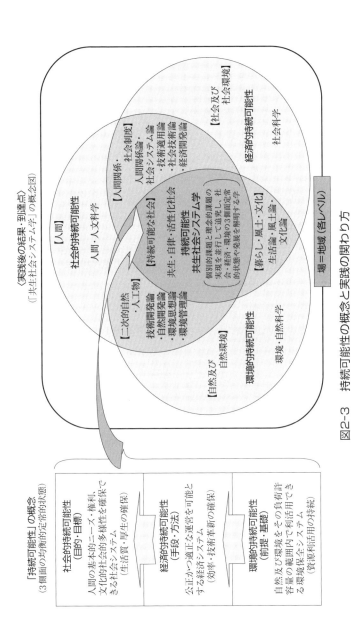

図2-3 持続可能性の概念と実践の関わり方

出典：国立国会図書館調査及び立法考査局（2010）

月に、パリにて消費者教育合同会議を開催した。その会議のテーマは「持続可能な消費」と「デジタル能力」であり、消費者がどのように社会的関与を行えばよいかについて議論された。その上で、2009年10月には、OECD勧告が出され、消費者教育により、学校教育、生涯教育、対象別教育において批判的思考を身につけ、意識の向上を図り積極的な行動へつなげることの重要性が指摘された。中でも対象別教育（Targeting Education）とは、高齢者や障がい者など社会的弱者といわれる対象に対して焦点化した教育を行うということである。その勧告に基づき、加盟国が各国の政策を具体化し、3年間の取り組みを2012年に報告することが求められた（西村 2010b, p. 14; 2011, p. 60）。そのOECDの勧告を受けて、『平成20年度版 国民生活白書』において、欧州の消費者市民教育を紹介するとともに日本における消費者教育がほとんど成果を収めていないことを指摘し、日本においても消費者市民教育への移行を示唆した（内閣府 2008, p. 2）。これまで消費者保護基本法（1968年施行）では、消費者は、高度経済成長の中で顕在化した事業者との間の情報の質や量および交渉力の格差を考慮して、「保護されるべき主体」であったが、2004年に改正された消費者基本法では、消費者の権利の尊重と自立支援を基本理念とし「自立した消費者」として位置づけられた。さらに、同法17条では、「『学校、地域、家庭、職域そのほかの様々な場を通じて』消費者教育を充実させることを国の責務とした」（西村 2012a, p. 37）。その基本法に基づき、消費者政策を計画的・一体的に推進するために「消費者基本計画」（2010）が策定され、2010年から2014年までの消費者政策の方向性が示された。その中で、これまで、各省庁が所管してきた様々な消費者にまつわる法律や規制を消費者庁に移管し、情報の一元化や分析、発信、各種企画立案、法執行の権限を有する消費者行政の司令塔とするために、消費者庁が内閣府の外局として2009年9月1日に発足した。

　前述の『平成20年版 国民生活白書』では、消費者は、「社会の主役」として活躍する人々として定義された。その主役となる消費者は、「豊かな消費生活を送る『消費者』だけでなく、ゆとりのある生活を送る市民としての『生活者』の立場」も担う「消費者市民」として明示された。その消費者は、個人の利益のみではなく、社会の利益へも配慮できる市民であり、実際に同

白書では、国民の意識調査から、「『個人の利益よりも国民全体の利益を大切にすべきだ』という人の割合が2000年を底に近年上昇し続けており2008年にはじめて50％を超えた」ことを報告している（内閣府 2008, pp. 2-3）。つまり、日本の半数以上の国民は、消費者市民として社会の変革者の意識が芽生えているということである。また、消費者市民社会における消費者市民としての役割は2つあり、「経済主体として、企業などから示された情報に基づいて革新的かつ費用に比べて効用や便益の大きい商品・サービス、そして企業を選択すること」である。「そうした行動によって消費者・生活者にとっても望ましい競争と公正な市場が生まれ、個々の企業の競争力、そして国自体の力に結び付く」ことをもたらす。またもう1つは、「社会を変革していく主体としての消費者・生活者」として「社会の問題解決、困窮者への支援、そして人々や社会のつながりの重視など社会的価値行動が高まり、伝播していけば、それが大きなうねりとなり、社会構造自体の変革につながる」ことを牽引することである（内閣府 2008, pp. 4-5）。このような役割を具現化するために、内閣府は、従来の消費者教育の内容が契約取引に偏っていたことを踏まえ、グローバルな時代においては環境負荷やIT技術の影響力を個人の消費行動の視野に含めるところが不可欠であるという問題意識から、2005年より消費者教育の体系化を目指し、幼児期、児童期、少年期、成人期、高齢期というライフステージごとの学習内容および習得すべき能力を示す「消費者教育の体系シート」として「安全」「契約・取引」「情報」「環境」の4領域に分類した学習内容を明示した（西村 2009, p. 54; 2010b, pp. 13-14; 2012a, p. 37）。消費者庁では、消費者教育推進のための体系的プログラム研究会（2012年9月から12月：全4回）が開催され、「消費者教育の体系イメージマップ」とその活用ガイドを公表した（2013年1月）。同イメージマップは、幼児期から高齢者までライフステージと対象領域ごとに習得すべき目標が記されている（図2-4）。

　このように、消費者市民教育と消費者教育の関係性を検討すると、バニスターとモンスマ（Bannister & Monsma 1982）が提唱する「消費者教育」の柱は、「意思決定論」（商品・サービスの購入において見識のある決定を行う技能を開発すること）、「市民参加」（市場において積極的に参加し、自信を持って実行

98　　第Ⅰ部　理論編

		幼児期	小学生期	中学生期
重点領域	各期の特徴	様々な気づきの体験を通じて、家族や身の回りの物事に関心をもち、それを取り入れる時期	主体的な行動、社会や環境への興味を通して、消費者としての素地の形成が望まれる時期	行動の範囲が広がり、権利と責任を理解し、トラブル解決方法の理解が望まれる時期
消費者市民社会の構築	消費がもつ影響力の理解	おつかいや買い物に関心を持とう	消費をめぐる物と金銭の流れを考えよう	消費者の行動が環境や経済に与える影響を考えよう
	持続可能な消費の実践	身の回りのものを大切にしよう	自分の生活と身近な環境とのかかわりに気づき、物の使い方などを工夫しよう	消費生活が環境に与える影響を考え、環境に配慮した生活を実践しよう
	消費者の参画・協働	協力することの大切さを知ろう	身近な消費者問題に目を向けよう	身近な消費者問題及び社会課題の解決や、公正な社会の形成について考えよう
商品等の安全	商品安全の理解と危険を回避する能力	くらしの中の危険や、ものの安全な使い方に気づこう	危険を回避し、物を安全に使う手がかりを知ろう	危険を回避し、物を安全に使う手段を知り、使おう
	トラブル対応能力	困ったことがあったら身近な人に伝えよう	困ったことがあったら身近な人に相談しよう	販売方法の特徴を知り、トラブル解決の法律や制度、相談機関を知ろう
生活の管理と契約	選択し、契約することへの理解と考える態度	約束やきまりを守ろう	物の選び方、買い方を考え適切に購入しよう約束やきまりの大切さを知り、考えよう	商品を適切に選択するとともに、契約とそのルールを知り、よりよい契約の仕方を考えよう
	生活を設計・管理する能力	欲しいものがあったときは、よく考え、時には我慢することをおぼえよう	物や金銭の大切さに気づき、計画的な使い方を考えようお小遣いを考えて使おう	消費に関する生活管理の技能を活用しよう買い物や貯金を計画的にしよう
情報とメディア	情報の収集・処理・発信能力	身の回りのさまざまな情報に気づこう	消費に関する情報の集め方や活用の仕方を知ろう	消費生活に関する情報の収集と発信の技能を身に付けよう
	情報社会のルールや情報モラルの理解	自分や家族を大切にしよう	自分や知人の個人情報を守るなど、情報モラルを知ろう	著作権や発信した情報への責任を知ろう
	消費生活情報に対する批判的思考力	身の回りの情報から「なぜ」「どうして」を考えよう	消費生活情報の目的や特徴、選択の大切さを知ろう	消費生活情報の評価、選択の方法について学び、意思決定の大切さ知ろう

図2-4：消費者庁「消費者教育の体系イメージマップ」（2013）

第2章　消費者市民教育の概念　　99

| 高校生期 | 成人期 | | Ver.1.0 |
	特に若者	成人一般	特に高齢者
生涯を見通した生活の管理や計画の重要性、社会的責任を理解し、主体的な判断が望まれる時期	生活において自立を進め、消費生活のスタイルや価値観を確立し自らの行動を始める時期	精神的、経済的に自立し、消費者市民社会の構築に、様々な人々と協働し取り組む時期	周囲の支援を受けつつも人生での豊富な経験や知識を消費者市民社会構築に活かす時期
生産・流通・消費・廃棄が環境、経済や社会に与える影響を考えよう	生産・流通・消費・廃棄が環境、経済、社会に与える影響を考える習慣を身に付けよう	生産・流通・消費・廃棄が環境、経済、社会に与える影響に配慮して行動しよう	消費者の行動が環境、経済、社会に与える影響に配慮することの大切さを伝え合おう
持続可能な社会を目指して、ライフスタイルを考えよう	持続可能な社会を目指したライフスタイルを探そう	持続可能な社会を目指したライフスタイルを実践しよう	持続可能な社会に役立つライフスタイルについて伝え合おう
身近な消費者問題及び社会課題の解決や、公正な社会の形成に協働して取り組むことの重要性を理解しよう	消費者問題その他の社会課題の解決や、公正な社会の形成に向けた行動の場を広げよう	地域や職場で協働して消費者問題その他の社会課題を解決し、公正な社会をつくろう	支え合いながら協働して消費者問題その他の社会課題を解決し、公正な社会をつくろう
安全で危険の少ないくらしと消費社会を目指すことの大切さを理解しよう	安全で危険の少ないくらし方をする習慣を付けよう	安全で危険の少ないくらしと消費社会をつくろう	安全で危険の少ないくらしの大切さを伝え合おう
トラブル解決の法律や制度、相談機関の利用法を知ろう	トラブル解決の法律や制度、相談機関を利用する習慣を付けよう	トラブル解決の法律や制度、相談機関を利用しやすい社会をつくろう	支え合いながらトラブル解決の法律や制度、相談機関を利用しよう
適切な意思決定に基づいて行動しよう　契約とそのルールの活用について理解しよう	契約の内容・ルールを理解し、よく確認して契約する習慣を付けよう	契約とそのルールを理解し、くらしに活かそう	契約トラブルに遭遇しない暮らしの知恵を伝え合おう
主体的に生活設計を立ててみよう　生涯を見通した生活経済の管理や計画を考えよう	生涯を見通した計画的なくらしを目指して、生活設計・管理を実践しよう	経済社会の変化に対応し、生涯を見通した計画的なくらしをしよう	生活環境の変化に対応し支え合いながら生活を管理しよう
情報と情報技術の適切な利用法や、国内だけでなく国際社会との関係を考えよう	情報と情報技術を適切に利用する習慣を身に付けよう	情報と情報技術を適切に利用するくらしをしよう	支え合いながら情報と情報技術を適切に利用しよう
望ましい情報社会のあり方や、情報モラル、セキュリティについて考えよう	情報社会のルールや情報モラルを守る習慣を付けよう	トラブルが少なく、情報モラルが守られる情報社会をつくろう	支え合いながら、トラブルが少なく、情報モラルが守られる情報社会をつくろう
消費生活情報を評価、選択の方法について学び、社会との関連を理解しよう	消費生活情報を主体的に吟味する習慣を付けよう	消費生活情報を主体的に評価して行動しよう	支え合いながら消費生活情報を上手に取り入れよう

※本イメージマップで示す内容は、学校、家庭、地域における学習内容について体系的に組み立て、理解を進めやすいように整理したものであり、学習指導要領との対応関係を示すものではありません。

100　第Ⅰ部　理論編

できるように、法律、権利、様々な資源の有効活用に関する知識を持つようにな
るとともに、消費者被害を受けた場合には、適切な行動をとって救済を受けるこ
とができるようにすること）、「批判的思考」（経済的、社会的、政治的なシステ
ムにおける消費者市民の役割を理解し、いかにしてこれらのシステムを消費者
ニーズに適応させるかを考慮できること）の3要素であると捉えている。また、
今井・中原編（1994）、渡邊（1996, pp. 71-83）、山口（2000, pp. 21-30）は、
「資産管理」（資金計画、購入、資金保全）および、「市民参加」（消費者保護、
消費者の主張）の領域は、消費者教育で想定される意思決定において関係が
あると指摘している。すなわち、西村（2012a, p. 40）も言及するようにバニ
スターとモンスマが定義する消費者教育の目的には、消費者市民としての判
断や行動力の育成が含まれている。しかし、これらの考え方には、松葉口
（1999）、大藪・杉原（1999）が議論する環境の視点を含めた「持続可能な社
会」への責任に関する視点は含まれていない。それまでに議論されてきたの
は、「経済的、社会的、政治的なシステム」における消費者市民の役割に関
してであり、「地球環境の保全を担う主体」すなわち「地球という公共財を
保全するいう責任」は、育成されてきておらず、消費者自身の成功（利己主
義）が中心であり、共同体への貢献（利他主義）という価値観を育てるもの
ではなかった。その利他主義あるいは社会的価値行動を促す教育が、北欧の
消費者市民教育であり、国連や自然保護団体の推進も後押しし、世界的に広
がりを見せる。そこで初めて、社会的価値行動を促す教育により、環境・社
会・経済のバランスのとれた持続可能性の追求が可能となり、現代社会だけ
なく次世代への配慮も含む恒常的な開発を担う構成員としての消費者の育成
がなされるようになった。すなわち、従前の経済至上主義から脱却し、自然
システムを保全できる範囲内で、社会システムを維持・充実させる3つの
"E"（環境：Ecology、社会的公正：Equity、経済：Economy）のバランスのとれ
た開発をするための消費者としての社会的責任を認識することになったとい
えるであろう。このことは、松葉口（1999, pp. 39-41）が指摘するように
「『持続可能な消費』のための消費者教育は、生活者・市民・消費者として単
に個人的消費のみならず、生産的消費も含めて、地球上のすべての人々が、
真に生きる歓びを実感するような消費ができるよう、その中身を検討し、地

球市民として実践していこうとする主体を形成するもの」であり、消費者市民としての資質の育成がこのときから始められたのである。しかし、大原（2001）が指摘するような北欧の消費者教育における「倫理的消費者」としての視点は含まれていない。北欧の消費者市民教育は、トーレセン（Thoresen 2005a, pp. 12-13）の言及するように自分の生活と他者との共存を考え、貧困と地球資源の配分の関係を中心的課題と捉え、そのことから地球規模の人類の発達過程や構造、未来や平和についても視野を広げ、そのことにより他者、社会全体、地球全体への責任感を醸成することにより、現代社会の矛盾を批判的に熟考することができる消費者市民を育成するものである。2008年10月に、パリにて開催されたOECD消費者教育合同会議では北欧の消費者市民教育をモデルに「持続可能な消費」と「デジタル能力」に関して、消費者がどのように社会的関与を行えばよいかについて議論されたが、その議論を踏まえて出されたOECD勧告（2009年10月）の影響を受け、日本においても、『平成20年版 国民生活白書』に消費者市民社会や消費者市民教育の概念が導入され、日本における消費者教育の方向性は、この北欧の消費者市民教育を評価する形で、ゆとりと成熟社会に向けた社会的価値行動の育成を目指すものとなったといえよう（p. 22）。この歴史的な流れは、消費者保護基本法（1968年施行）に明示された「保護されるべき主体」としての消費者が、第1ステージであるとすると、消費者基本法（2004年施行）における「自立した消費者」を第2ステージと捉えることができるであろう。そして、『平成20年版 国民生活白書』に概念規定された「社会の主役としての消費者市民」は、個人の成功の枠を超え、社会の問題解決、困窮者への支援、そして人々や社会のつながりの重視など「社会的価値行動」への追求へ寄与できる消費者市民としての第3ステージへと移行したといえよう。本研究が定義する「消費者市民」は、この第3ステージの「消費者市民」の「実践力」を検証しようとするものであり、「社会を変革する主体者としての消費者市民」および「倫理的で責任ある消費行動をとれる消費者市民」を育成するための大学教育の教育プログラムを検証するものである。そのための具体的な内容の検討は、前述の「消費者教育の体系イメージマップ」における「消費者市民社会の構築」領域の大学生が習得すべき内容を具現化させる学習内容とす

102　第Ⅰ部　理論編

る。同イメージマップによると、大学生は、生産・流通・消費・廃棄が環境、経済や社会に与える影響を考え、持続可能な社会を目指したライフスタイルを探求し、消費者問題その他の社会問題の解決や、公正な社会の形成に向けた行動の場を広げる時期としている。社会人になり、経済社会を動かす主体者となる準備として、どのような社会を日本は目指していくべきか、世の中の矛盾を見極める力を養い、公正な社会を実現するために賛同する人脈を増やし視野を広げる時期とも捉えることができるであろう。その視点の原点に自らのライフスタイルや消費行動、金融行動があり、その基盤を社会にとってより良い形に整え、長期的に理想的な生き方を探求すること、このことがまさに「消費者市民」として身につけるべき素養であると考える。

第3章

21世紀の能力観

第1節　コンピテンシーと消費者市民力の関係性

1　グローバルスタンダード

　第1章で述べてきたPF教育は、個人の人生設計を通じて人生の目標を実現するための教育であり、生活資源としての収入を再配分し、有効にその資源を活用し自己実現していくための理論、知識、技能を学ぶ教育である。その学びを通じ、個人の人生および社会的共有資産の豊かさを追求することが可能で、個人の金融資産および人的資産、個人を取り巻く社会や地球全体への配慮を含めた社会的価値行動を醸成する教育である。一方、第2章で議論してきた「消費者市民教育」は、消費者教育、市民教育、環境教育を融合した学際的な教育であり、学習者が、自己の消費態度と消費行動を見直し、自らの生活の向上を目指し生活管理を適切に行うとともに、地球社会を構成する人類、自然、環境へ与える最適な消費行動を追求するために、社会が直面している課題に対し批判的に考察し、自らの適切な消費行動を通じて、持続的な社会の発展に寄与することができる力を与える教育である。両者は、ともに自らの消費行動を見直し、賢い消費者として生活を管理することを前提とし、その上で、社会、環境に配慮して倫理的に責任ある消費者市民として行動する資質を育成することを目的としている。この両者の目指す方向性は、コンピテンシーとして育成したい社会スキルとしても関連性があると思われる。

　前述した「21世紀型の市民像」が備えるべき資質は、OECD（経済協力開発機構）で21世紀に必要な能力として提唱されている。「万人のための教育世界

DeSeCo		EU	イギリス	オーストラリア	ニュージーランド	(アメリカほか)	
キーコンピテンシー		キーコンピテンシー	キースキルと思考スキル	汎用的能力	キーコンピテンシー	21世紀スキル	
相互作用的道具活用力	言語、記号の活用	第1言語外国語	コミュニケーション	リテラシー	言語・記号・テキストを使用する能力		基礎的なリテラシー
	知識や情報の活用	数学と科学技術のコンピテンス	数学の応用	ニューメラシー			
	技術の活用	デジタル・コンピテンス	情報テクノロジー	ICT技術		情報リテラシーICTリテラシー	
反省性（考える力）(協働する力)(問題解決力)		学び方の学習	思考スキル（問題解決）（協働する）	批判的・創造的思考力	思考力	創造とイノベーション	認知スキル
						批判的思考と問題解決	
						学び方の学習	
						コミュニケーション	
						協働	
自律的活動力	大きな展望	進取の精神と起業精神		倫理的行動	自己管理力	キャリアと生活	社会スキル
	人生設計と個人的プロジェクト						
	権利・利害・限界や要求の表明	社会的・市民的コンピテンス	問題解決 協働する	個人的・社会的能力	他者との関わり 参加と貢献	個人的・社会的責任	
異質な集団での交流力	人間関係力	文化的気づきと表現		異文化間理解		シティズンシップ	
	協働する力						
	問題解決力						

図3-1　諸外国の教育改革における資質・教育目標

出典：国立教育政策研究所（2013）

会議」(1990) で決議された「万人のための教育宣言」の理念に従い、OECD
は、「コンピテンシーの定義と選択 (Definition and Selection of Competencies
[DeSeCo]) プロジェクト」(1997-2003) を実施した。DeSeCoプロジェクトは、
グローバリゼーションの進む社会で、国際的に共通する鍵となる能力を定義
し、その評価と指標の枠組みを開発することを目的としている。このプロ
ジェクトでは、コンピテンシーは、知識基盤社会の中で今日的に育成すべき
能力として「断片化された知識や技能ではなく、意欲や態度などを含む人間
の全体的な能力」と定義されている (国立教育政策研究所 2013, p. 13; OECD
2013b; Rychen & Salganik (eds.) 2003; 松尾 2015, pp. 14-15)。このOECDの提唱
するコンピテンシーを育成することが世界的な教育目標となり、各国で教育

改革が進められてきた（図3-1）。

2　米国の21世紀型スキル

　米国では、卓越した教育に関する国家委員会（The National Commission on Excellence in Education）の『危機に立つ国家（*A Nation at Risk*）』（1983）を契機に、経済の国際競争力を高める国家戦略として教育改革が注目を集め、1990年代以降、連邦政府のリードのもと、全米でスタンダードに基づく教育システムの構築が進められてきた（松尾 2015, p. 110）。特に、「どの子も置き去りにしない法律（No Child Left Behind Act of 2001）」の成立により、スタンダードを中心とした教育システムの構築が大きく前進した。

　米国では、OECDのコンピテンシーを「21世紀型スキル」の名のもとグローバル社会の教育目標として設定している（国立教育政策研究所 2013）。米国でコンピテンシーが重要視され始めたのは、松尾（2015, p. 25）によると1973年のマクラレンドの職務コンピテンシー評価法の論文に遡る。松尾（2015, p. 25）は、その背景を「従来の知識を問う外交官試験では就職後の就業能力（Employability）を十分に予測することができなかったため、アメリカ国務省から新しいテスト開発の依頼」によるものとしている。そのことにより「『何を知っているか』から知識を活用して『何ができるか』への能力観の転換が始まることになる」。米国で2002年に設立した21世紀型スキルパートナーシップ（Partnership for 21st Century Skills: P21）[12]によると、21世紀型スキルは、中枢として「主要科目（英語、読解と言語、外国語、芸術、数学、経済、科学、地理、歴史、政治と市民）」と「21世紀の学際的テーマ」である「グローバルな視点」「金融、経済、ビジネスと起業家リテラシー」「市民リテラシー」「健康リテラシー」「環境リテラシー」を挙げている。またそれらを補うものとして、「学習と革新的スキル（創造性や革新力、批判的思考と問題解決力、コミュニケーションと協同）」「情報、メディア、情報技術スキル（情報、メディア、情報技術リテラシー）」「生活とキャリアスキル（柔軟性と適応力、主導力と主体性、社会と異文化スキル、生産性と責任能力、リーダーシップと責任感）」の3つのスキルを挙げている（松尾 2015, pp. 26-28）。すなわち、主要科目をより高度な内容に発展させるために必要な要素の1つに

「金融リテラシー」「市民リテラシー」が不可欠であるということである。さらに、(Griffin, Care & McGaw 2011［三宅監訳 2014, p. v］) によると、2003年のP21の報告書で、21世紀型の学び (21st Century Learning) を提案し、21世紀型スキルについての紹介があり、その後、2009年に多様な研究領域の知見とともにP21の概念も取り入れ、世界各国が共同で定義し、評価の姿について検討を行う国際研究プロジェクト (Assessment and Teaching of Twenty-First Century Skills Project: ATC21S) が立ち上がった。本プロジェクトは、テクノロジー企業のシスコシステムズ、インテル、マイクロソフトの3社がスポンサーとして設立し、2010年には、オーストラリア、フィンランド、ポルトガル、シンガポール、英国、米国が参加国となり、メルボルン大学が学際的研究機関として参画した。本プロジェクトの目的は、「デジタルネットワークを使った学習」と「協調的問題解決」の2領域に関し、すべての国々が参加でき、テクノロジーによってあらゆるデータを評価に使うことができるような、大規模評価の方法を調査することであった。本プログラムは、「新しい評価のための戦略を定義し、多くの国の現場で実際にテストされて検証され、その評価戦略を下支えする発達的なラーニングプログレッションズ (development learning progressions) を定義すること」を最終目標とした。初期段階では、「情報と知識が中心となる経済へシフトしていく中で生まれる変化と、その経済のシフトによって人々の生き方や学び方、思考の方法や働き方、仕事の場で使われる道具や手続きがどのように変わっていくのか」が描写されている (Griffin, Care & McGaw 2011［三宅監訳 2014, pp. 1-7］；荒巻 2014, p. 53)。また、グリフィン、ケア、マクゴーでは、21世紀型スキルとは、日本語ではなかなか適切な訳がなく、「能力、能力観念、資質能力」に相応し、「社会生活において人が本来もっている知識をどれだけ実際に行動に移して活用していくことができるかの力」と定義づけている (Griffin, Care & McGaw 2011［三宅監訳 2014, p. vii］)。21世紀型スキルは、KSAVE (knowledge、skill、attitude、value、ethics) フレームワークと呼ばれ、4つのカテゴリー (思考の方法、働く方法、働くためのツール、世界の中で生きる) と10個のスキル (①創造性とイノベーション、②批判的思考、問題解決、意思決定、③学び方の学び、メタ認知、④コミュニケーション、⑤コラボレーション、⑥情報リテラシー、

⑦ICTリテラシー、⑧地域とグローバルでよい市民であること（シティズンシップ）、⑨人生とキャリア発達、⑩個人の責任と社会的責任（異文化理解と異文化適応能力を含む））に分類される（松尾 2015, pp. 31-33）。

　また、21世紀型スキルパートナーシップは、21世紀型スキルの評価に関し、教育評価は過去20年以上も教育政策の中心的課題と位置づけられていたが、「どの子も置き去りにしない法律（No Child Left Behind Act of 2001）」の施行により、一層主要科目の評価項目は拡大した。しかし、昨今では、教育者、ビジネスリーダー、政策決定者らは、学生の思考力や課題解決力等を測定するために、個別の選択課題を設定し、余りにも多くの評価システムを課している。教育関係者以外からは、ある一部の視点を測定する目的で作られた評価項目では、幻影的な学生を作り上げているとの批判すら聞こえる（Ridgeway, McCusker & Pead 2004; Partnership for 21st Century Skills 2007）。しかし、これらの評価設計は、学校で習得した知識とスキルと実社会で求められるスキルの乖離をもたらしただけであった。そこで、21世紀型スキルを測定する評価は、「総括的評価」と「形成的評価」の双方から測定する必要があるとされた（Partnership for 21st Century Skills 2007）（図3-2）。

3　日本の21世紀型能力

　このような世界的動向を受けて、松尾（2015, p. 256）によると、日本においても、変化の激しい社会への対応のため、資質や能力に大きな注目が払われるようになった。21世紀に入り、内閣府の「人間力」（2003）、厚生労働省の「就職基礎能力」（2004）、経済産業省の「社会人基礎力」（2006）、文部科学省の「学士力」（2008）等、諸省庁において必要とされる資質・能力が定義され、政策立案に生かされている。他方、教育課程の基準においても、「自己教育力」（1983）、「新しい学力観」（1989）、「生きる力」（1998, 2008）として、世界的に見ても早い時期に資質・能力目標が導入されてきた（松尾 2015, p. 256）。しかし、「生きる力」という資質・能力の育成を巡り、①育てたい資質・能力の全体像が見えづらい、②教科・領域横断的に育てたい力として示されておらず、学習者である子どもが学びを統合しにくい、③「言語活動を導入すればよし」とする活動主義に陥った実践も見られるとの課題も

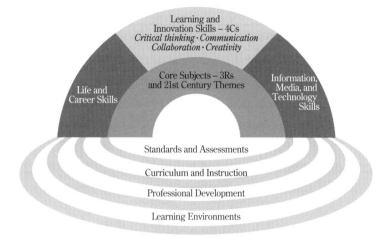

図3-2 米国型21世紀型スキル構造図

出典：Partnership for 21st Century Skills (2005)

指摘されている。このような経緯を経て、変化の激しい現代社会で必要とされる資質・能力を育成するための教育目標・内容、評価の在り方が再検討されることとなった。すなわち、「何を知っているか」という知識の習得のみならず、その知識を活用し、「何ができるか」という人間の全体的能力（知識・スキル・態度）をしての21世紀型スキル、もしくはコンピテンシーの育成を目指す方向へ転換された（松尾 2015, pp. 256-257）（図3-3）。

日本では、OECDの提唱するキー・コンピテンシーを「21世紀型能力」（21世紀を生き抜く力を持った市民）の名のもと、現代の日本人に求められる能力として育成することとなった。松尾（2015, p. 258）は、「21世紀型能力」は、「生きる力を構成する知・徳・体の三要素から、教科領域横断的に育成が求められる資質・能力を取り出した上で、それらを道具や身体を使う『基礎力』、深く考える『思考力』、未来を創る『実践力』の三層構造」で整理している（西野 2015, p. 3）。また、三宅（2010）は、「これまでのスキルは、個人が知識を正確に把握すること、与えられた課題を効率よく解くことが中心であり、ゴールに到達するための教育デザイン、指導を行ってきたが、21

第3章　21世紀の能力観　109

図3-3　日本人の能力をめぐる動向

	人間力 （内閣府　H15）	就職基礎能力 （厚生労働省　H16）	社会人基礎力 （経済産業省　H18）	学士力 （文部科学省　H20）
知的能力的要素	基礎学力（主に学校教育を通じて習得される基礎的な知的能力） 専門的な知識・ノウハウ 「基礎学力」「専門的な知識・ノウハウ」を持ち、それらを継続的に高めていく力 論理的思考力 創造力	コミュニケーション能力　意思疎通／協調性／自己表現力 職業人意識　責任感／向上心・探究心／職業意識・勤労観 基礎学力　読み書き／計算・数学的思考／社会人常識	前に踏み出す力（action）　主体性／働きかけ力／実行力 考え抜く力（thinking）　課題発見力／計画力／創造力	知識・理解　学問分野の知識の体系的な理解 汎用的技能　コミュニケーションスキル／数量的スキル／情報リテラシー／論理的思考力／問題解決力／自己管理力
社会・対人関係的要素	コミュニケーション・スキル 公共心 規範意識 他者を尊重し切磋琢磨しながらお互いを高めあう力	ビジネスマナー　基本的なマナー 資格取得　情報技術関係の資格／経理・財務関係の資格／語学関係の資格	チームで働く力（team-work）　発信力／傾聴力／柔軟性／情況把握力／規律性／ストレスコントロール力	態度・志向性　倫理観／チームワーク／リーダーシップ／市民としての社会的責任／生涯学習力
自己制御的要素	意欲 忍耐力 自分らしい生き方や成功を追求する力			総合的な学習経験と創造的な思考力　これまでに獲得した知識・技能・態度等を総合的に活用し、自らが立てた新たな課題にそれらを適用し、その課題を解決する能力

出典：国立教育政策研究所（2013）p. 45

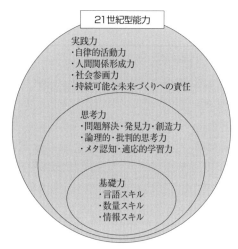

図3-4　21世紀型能力
出典：国立教育政策研究所（2013）p. 83

世紀の時代には、ゴールはむしろ、近づくにつれ、新しく設定し直されるものとして捉えられ、あらゆる状況に対応することが必要になる」と述べている。国立教育政策研究所（2013, p. 83）によると、その3要素の1つの「実践力」とは「日常生活や社会、環境の中に問題を見つけ出し、自分の知識を総動員して、自分やコミュニティ、社会にとって価値ある解を導くことができる力、さらに解を社会に発信し協調的に吟味することを通して他者や社会の重要性を感得できる力」と定義づけられている。より具体化すると、この「実践力」とは、自分の行動を調整し、「生き方を主体的に選択できるキャリア設計力（自立的活動力）」「他者と効果的なコミュニケーションをとる力（人間関係形成力）」「協力して社会づくりに参画する力（社会参画力）」「倫理や市民的責任を自覚して行動する力（持続可能な未来づくりへの責任）」の4つの能力で構成されている（国立教育政策研究所 2013, p. 83）（図3-4）。

第2節　21世紀型能力と消費者市民力との関係性

1　自立的活動力としてのキャリア設計力

　21世紀型能力の実践力の1つである「自立的活動力としてのキャリア設計力」とは、金融教育の分野では「生活設計」の内容と重複している。その「生活設計」の分野で大学生が習得すべき内容は「卒業後の職業との両立を前提に夢や希望をライフプランとして具体的に描き、その実現に向けて勉学、訓練等に励んでいる。人生の三大資金等を念頭に置きながら、生活設計のイメージを持つ」と明示されている（金融経済教育推進会議 2014, pp. 3-4）。

　実際に、金融広報中央委員会（2012）「金融力調査」の結果から、若年層（18-29歳）は、自身の金融知識や判断能力に対する自己評価が低いほか、お金を使うこと等についての注意の払い方が相対的に他の世代と比較して低い傾向であることが明らかとなった（金融広報中央委員会 2012；橋長・西村 2014）。現代社会では、健全な資金管理ができることは経済的な自立のために不可欠な要素であり、また健全な生活設計のスキルを収得しておくことは、理想とするキャリア形成の基盤としても不可欠な要素である。その資金管理の実行手段として用いる金融商品は多様化、複雑化が進み、消費者が自己の生活設計に必要な金融商品の選択は、より困難さを増している。すなわち、金融に関する知識を社会に出る前に学ぶ必要性は否めないであろう（橋長・西村 2014）。

　金融教育とは、OECD/INFE（2012b）では、「金融の消費者ないし投資家が、金融に関する自らの厚生を高めるために、金融商品、概念およびリスクに関する理解を深め、情報、教育ないし客観的な助言を通じて（金融に関する）リスクと取引・収益機会を認識し、情報に基づく意思決定を行い、どこに支援を求めるべきかを知り、他の効果的な行動をとるための技術と自信を身につけるプロセス」と定義されている（OECD/INFE 2012b〔金融広報中央委員会訳2012〕）。

　一方、パーソナルファイナンス（PF）とは、アルトフェスト（2007）によると、「日常の生活を支え、良い暮らしを追求するためにキャッシュフローを開発していく学問」とされ、「学問領域として、ファイナンスは、パーソ

112　第Ⅰ部　理論編

ナルファイナンスとビジネスファイナンスに分類され、さらに投資分析と
ポートフォリオ管理、資本市場、資本の予算化に細分される」と定義づけら
れている（Altfest 2007［伊藤ら訳 2013］）。また、古徳（2006, pp. 23-46）では、
PF教育おいて、①個人の資産管理領域、②経済環境の理解、③金融制度の
理解、④社会制度の理解の4領域すべてを含む科目を「パーソナルファイナ
ンス講義」と定義している。つまり、PF教育とは、これらの学問を追求し、
個人の人生設計を通じて人生の目標を実現するための教育である。要するに、
PF教育とは、生活資源としての収入を再配分し、有効にその資源を活用し
自己実現していくための理論、知識、技能を学ぶ教育である。そこで、重要
な視点は、「自己資産を最大化する」ということである。つまり、個人が教
養を身につけ、自分の価値を高め、社会から高い評価を受け、そのことによ
り人生を豊かにしていくということである。これは、つまり大学生にとって
は、キャリア開発の技能を学ぶ方法であり、大学の教養科目のキャリアデザ
イン科目として価値のある教育と考える。

　実際に、高等学校には、普通科と専門学科があるが、高等学校における職
業教育は、職業に関する専門学科を中心に行われてきており、その学科の割
合は、1975年に36％であったものが2010年には20％まで減少している。同
時に、普通科は63％から72％へと拡大している。このような普通科では、
大学進学対策を中心とした教科教育が主流で、進学を考えている学生に対す
る職業教育は限られたものとなっている。実際に大学への進学率は、2010
年には、51％に上っており、高校卒業者の半数以上は大学へ進学している。
実際に、普通科を卒業した大学1年生の約31％が高校卒業時まで職業を意識
せずに大学へ進学していることが報告がされている。

　また、高校生が進学を希望する理由として、「将来の仕事に役立つ専門的
知識・技術を修得したい」という意見が最も多いにもかかわらず（財団法人
［現：公益財団法人］日本進路指導協会「中学校・高等学校における進路指導に関
する総合的実態調査報告書」（2006年3月））、「将来の職業に関連する知識や技
能」について、約4割の学生は、「これまでの授業経験は役立っていない」、
約8割は「自分の実力は不十分」と回答する調査があるなど、学生のニーズ
に対応した職業に関する教育が十分に提供されていない状況も見られる（全

国大学生調査コンソーシアム・東京大学大学経営・政策研究センター「2007年 全国大学生調査」)。このように、子どもたちが将来就きたい仕事や自分の将来のために学習を行う意識が国際的に見て低く、働くことへの不安を抱えたまま職業に就き、適応に難しさを感じている状況があるなど、学校教育における職業に関する教育に課題が見られる。

　児美川（2011, pp. 139-170）は、高等学校普通科が、偏差値の高い大学へ進学させることを目指している背景に、正社員の「新規学卒一括採用から日本的雇用」制度の影響で、「出身の学校や大学・学部の偏差値ランク」が卒業生の就職後の「訓練可能性」を見極める基準になっていると批判している。そのことにより、高等学校普通科では、職業教育は行われず、進学準備中心の授業内容となり、学校での学習が社会に出てから役立つのかを問われず、実質的に学習の空洞化が起こり職業的なレリバンスも弱めていると指摘している。キャリア教育は、就職の内定を得ることだけではなく「生涯にわたる自己の生き方をしっかり考え（中略）自己理解や職業理解を深めた上で生涯に渡る自己のキャリアプランを設計していくことが大切」であるとされるが、これは、「日本的雇用」としての正社員を勝ち組だと位置づけることであり、たとえ非正規雇用者でも専門性を高めれば十分に自立することもあるという選択肢を示すことが大切であると述べている。また、その場合にどのような環境や条件の職場が、その後のスキルアップやキャリア形成につながるのか、どのような能力形成とキャリアの積み重ねがあれば、正社員へ転換を期待できるのかという方法論を身につけた上で、非正規雇用の道を選択できるよう指導すべきであると主張している。

　そこで、PF教育は、人生設計の中で生活資源となる収入を安定的に得ていくには、自己の職業が大きく影響を与えることを意識させ、生活設計は収入と支出という両輪から成り立っており、価値のある支出・消費行動について考える機会を与えることができる。そして各ライフステージにおける人生選択は、その後の人生を大きく左右する。常に選択には表裏一体である別の選択が存在し、限られた一生を充実したものにするために批判的思考を働かせて自己の納得する決断をすることが求められる。このような、生活に関する技術を近未来の実生活に密着したテーマで大学生に考えさせることによっ

て、より現実の問題として、自分の就職活動、キャリア形成に対する危機意識を持ち大学4年間の過ごし方を価値のある学びの時間と捉えることができるようになる。そのことで学生は、精神的・思想的なキャリアプランを考えるのではなく、現実問題として、生活資源を得ていくためのキャリア形成を自覚することができると考える。

　本田（2009, pp. 118-200）は、「キャリア教育は、いかなる変化や領域にも対応可能な汎用的・一般的スキルを身につければよいという考え方であるが、その能力が過剰に称揚されること」に対し警告している。さらに本田は、現代のキャリア教育は、「理想の人間像を育成する理念が掲げられているが、どうすればそのような人間像が育成されうるのか、特に教育という制度の枠内で具体的にいかなる方法が可能なのかについて現段階では、何も明らかになっていない」と指摘し、「いかなる場所でも生きていける人間とは、その選択の成功・失敗の責任は個人に帰される」と述べている。その問題を解決するためには「論理的に、社会が個人に対して求める人間像の抽象性、汎用性の水準を下げるという方策」が必要で、大学教育において「職業と一定の関連性を持つ専門分野に即した具体的な知識と技能の形成に教育課程の一部を割り当てる」べきであると述べている。その教育は、「過度に狭い範囲の固定的に限定されたものではなく、特定の専門分野の学習を端緒・入り口・足場として、隣接する分野、より広い分野に応用・発展・展開していく可能性を組み込んだ教育課程のデザインが必要である」としている。そしてそれを「柔軟な専門性」と呼んでいる。

　本田のキャリア教育に対する指摘や、大学教育における柔軟な専門性を育成する教育への言及を受け、実証編では、まさにその検証実践を行うものと考える。人生設計の方法は、金融知識、社会保障、税金、不動産、保険、相続等の生活に密着した知識の取得を要しており、その知識を専門レベルにすべて引き上げたものがファイナンシャルプランナーという職業で、その職業を目指さなくとも隣接する弁護士、税理士、社会保険労務士、銀行・証券・保険等の金融機関の職員、不動産会社の職員などの職業選択の基礎知識を本教育は提供することができ、また次世代に伝える役割としては、教員、特に家庭科教員の知識として、基礎的な金融リテラシーを習得させることができ

る（橋長・柿野・伊藤 2014, p. 35）。

　これらの検討から「消費者教育の推進に関する法律」第2条2項に明示された「『消費者市民社会』とは、個々の消費者の特性及び消費生活の多様性を相互に尊重しつつ、自らの消費生活に関する行動が現在及び将来の世代にわたって内外の社会経済情勢及び地球環境に影響を及ぼし得るものであることを自覚して、公正かつ持続可能な社会の形成に積極的に参画する社会」であるとの定義を踏まえ、消費者市民力を「社会参画力」「倫理的・責任ある市民力」として定義づけ、議論することとする。

2　消費者市民力と社会参画力の関係性

　今井（消費者教育支援センター編 1998, p. 27）は、消費者教育は「断片的な知識・情報の事実のインプット教育を超えて、それら知識・情報を合目的的に総合意思決定する知的プロセス教育、消費者としての態度の変革を求めるアセスメント教育で、生涯にわたる人間開発教育」であり「消費者がその置かれた条件の中で、責任が持てる最適解を求めていくだけでなく、その条件が消費者の権利を侵し、消費者として自己実現するにふさわしくないならば、それを変革する市民参加の意思決定行動能力をも養うもの」と定義している。つまり、消費者教育は、今日的な時代の要請に応える教養教育である。「大学等及び社会教育における消費者教育の指針」（文部科学省 2011）の中でも消費者教育は、消費者としての基礎的な知識の習得とともに、その知識を活用し消費者被害からの自己防衛能力や長期的な生活設計能力、問題解決能力を身につけ、倫理観を持って責任ある行動をとれる消費者、また持続可能な社会の実現に向けライフスタイルを工夫しながら主体的に行動できる消費者を育成することを目的としている。また、このような能力を有した消費者は、21世紀型の市民像として「消費者教育の推進に関する法律」の中でも、消費者市民社会の形成に主体的に参画し、その社会の発展に寄与することができる市民として謳われている（橋長・西村 2014, pp. 21-32）。

　また、西村（2010b, p. 16）は、消費者教育の本質として「参加」が鍵であることを指摘している。具体的には、「行政等の消費者講座で学んだ消費者市民が市民講師として地域で活躍をする機会や、パンフレット制作への住民

116 第Ⅰ部 理論編

参加などは、地域において消費者問題への理解を浸透させるインセンティブ」になりうるものであり、そこには「個々人が社会とのかかわりをいかに大切にするか、世の中に何が問題になっていて私たちの生活にどれほどの影響を与えていると考えられるか、常にそうした高い感度を維持し得る土俵を用意する」ことである（西村 2010b, p. 16）。すなわち、21世紀型能力の実践力のうち「協力して社会づくりに参画する力（社会参画力）」「倫理や市民的責任を自覚して行動する力（持続可能な未来づくりへの責任）」という能力は、前述の文部科学省の指針の中での「社会とのつながりや社会に参加することの意義」および推進法の中での「消費者市民社会を構成する一員として主体的に消費者市民社会の形成に参画し、その発展に寄与することができる」（第3条2項）消費者と一致する。

　この21世紀型能力は、かつて今井（消費者教育支援センター編 1998, p. 27）が提唱した消費者教育の定義および「大学等及び社会教育における消費者教育の指針」（文部科学省2011）の中で定義づけられた消費者教育の目的と重複する。要するに、21世紀型能力を有した市民および消費者教育で育成されるべき消費者は、同様の資質を備えた（消費者）市民である。

3 倫理的な消費者としての視点

　ウシタロとオクサネン（Uusitalo & Okasanen 2004, p. 215）は、倫理的消費の概念についてフィンランドの視点から考察している。倫理的消費とは、「グリーンコンシューマー[13]の概念を広げ、商品の生産や流通過程において児童労働や労働組合への抑圧や防止、動物実験等の使用に対する倫理感や道徳観のことであり、倫理的消費者は、社会的責任ある取引が成長するよう行動を起こす人である。中でも日々の購買行動における個人の消費行動が重要な役割を果たし、企業の倫理的活動を推奨する人である。同様に倫理的な取引とはグローバリゼーションがもたらす不当な児童労働や低賃金労働、環境汚染、人権侵害、不平等な開発等の国際取引を防止しようとする取り組みである」と説明している。

　大原（2001, p. 113）は、ハイコ・ステファンが図式化した「消費者教育の変遷」（Hellman-Tuitert 1999, p. 66）を翻訳するとともに、宮坂（1995）がまと

めた日本の消費者教育の変遷を併記し、さらには、石堂が示した「21世紀の新消費者像」（消費者教育支援センター 2000, pp. 59-60）による倫理的な側面を含めた消費者像の推移を整理している。大原によると、1960年代末までは、世界的な「素朴消費者時代」であり、その時代のキー概念は「金銭の価値」であり、「個人の家計」に焦点が当てられ、学校教育においても「家庭科」のカリキュラムで教育が行われた時代であった。一方、日本においては、終戦後、高度経済成長期に入る前の物資不足で、粗悪商品が流通した時代であり、商品の質や機能、価格についての認識を高めることが求められる時代であった。そのため「質素な生活感と一体化した消費」で、倹約を重んじ、物を大切にする時代で、「できる限り消費しないことを価値」としていた。また、1970年代は、世界的に「コンシューマリズムの時代」であり、「消費者の権利と能力」がキー概念であった。「市場の機構」に焦点が当てられ、「消費者組織の組織化」「消費者政策の告発」「法律の制定」など、社会的な視点で消費を考える時代であり、学校教育においては、「社会科」が中心であった。同時代の日本は、高度経済成長期であり、大量生産、大量消費から商品の「安全性の問題」が勃発した時代であった。そのため、「商品の安全性に対する認識、行動力を高める」ことが求められた。その時代の人々の価値観の特質は、「個人・家族の幸せを追求する消費」であり、好景気が牽引する形で消費量が増加した時代であった。その他、消費者個人の権利や、快適さを追求することに価値を置いていた。そして、1980年代に入り、世界は、「社会・グリーンコンシューマリズムの時代」を迎える。「生活の質」がキー概念となり、「社会と環境」への配慮を考慮に入れた消費が重要視される時代であった。この時代から、世界的に持続可能な消費が中心課題となり、1985年の初頭、国連でも消費者教育、市民教育、環境への配慮が叫ばれるようになり、国連環境と開発に関する世界大会報告書「我らが共通の未来（*Our Common Future*）」（1987）では、「持続可能な発展」の概念が規定されるようになる（同報告書、第2章第2節）。学校教育においては、家庭科、社会科両科目での教育内容が含まれ、さらには、「価値教育」として自分の生活の質の向上のみならず、社会全体の持続性を考慮する倫理観が強調されるようになる。宮坂（1995, pp. 13-28）によれば、日本においては世界に10年遅

れ、1990年より「公的市民育成の時代」に突入し、消費が生活環境、地球環境へ与える影響を考え、消費行動をコントロールするようになり「公的市民の自覚」がキー概念となった。そのことにより、責任ある消費行動の在り方が議論されるようになり、今日の「消費者市民」につながっていく。

　2008年10月24日、パリにて、OECD消費者政策委員会主催、国連環境計画（UNEP）、国連マラケシュタスクフォース共催により「持続可能な消費（Sustainable Consumption）」と「デジタル能力（Degital Conpetence）」をテーマとしたOECD消費者教育会議が初めて開催された（西村 2009, p. 56; 2011, p. 60）。西村によると、消費者教育においては「消費やオンライン被害など消費を牽引するネガティブな側面が強調されがちだが、環境保全、フェアトレードなど地球や自らの生活の改善に貢献し、健全な市場を構築する消費の在り方を考える」という積極的なメッセージが重要であるとした上で、消費者市民は「地球環境問題、人権問題、国際的取引における公正さなど、消費者は購入・消費・廃棄のいずれの場面でも、その行動に責任を負わなければならない」と述べた。松葉口（2011）では、エコロジカル・フットプリント（人間の生活がどれほど自然環境に依存しているかを示す指標）で示すと、日本は1人当たり世界平均の生物生産力の2.5倍、米国では5.4倍に達している。すなわち、世界中の人々が日本人や米国の国民と同様の生活をすると、地球がそれぞれ2.5個、5.4個必要になると指摘している。そのための打開策として「社会責任消費」としての「持続可能な消費／生活様式」が国際的に求められていると主張する（松葉口 2011, pp. 169-170）。この考え方は、前述した北欧のCCNが提唱した消費者市民の定義を具現化したものである（第2章第2節参照）。

　大原（2001, pp. 113-114）は、バニスターとモンスマの提唱する消費者の意思決定プロセスは、消費者の欲求に基づき、①目的の確認および問題の明確化を行い、②その欲求を満たすための情報収集を行い、③代替案の検討、④結論を考察し、⑤手段を決定し、行動をとる、さらには、⑥決定内容を評価する、という6段階に分かれていることを紹介した。そして、その各段階には、「価値主体の様々な客体に対する価値判断の総体」（見田 1966, pp. 23-24）

が影響し、その判断に基づいた選択により、次の段階へ移行する。また、「価値意識の中心（核）には倫理観が位置し、倫理観との相互作用によって、それぞれの価値客体に対する価値判断は下される」としている。さらに、大原（2001）は、倫理と価値の関係について、ギリガンが唱える「2つの倫理」である「正義の倫理」と「配慮と責任の倫理」について整理を行った。「正義の倫理」は、「他者から分離・自立した存在と自己を捉え、競合する権利を公平な立場から見極めようとする」ものであり、「配慮と責任の倫理」は、「自己と他者を相互依存関係の中で捉え、他者に配慮を示し、他者を傷つけないことで自己の責任を成就しようとする」もの（日本道徳性心理学研究会編1992, pp. 150-153）。さらに、ギリガンが「人の成熟には『2つの倫理』の統合が必要」と説くように、大原は、「消費者教育においてもネットワークの一員として、社会・環境への影響を配慮した消費行動を取ろうとする『配慮と責任の倫理』と、自立した消費者として、自他の権利を自覚し、公平に行動しようとする『正義の倫理』との統合が、消費者の倫理意識を形成する上においてもねらいとなる」、そして「その統合された倫理観こそが、『社会共通の関心に配慮した消費スキル』を発達させるための核的存在となる」と述べている（大原2001, pp. 114-115）。

　このように、個人の家計を充実させることに主眼が置かれていた1960年代から、1970年代の社会的な視点で消費を考える時代、1980年代の社会と環境への配慮を考慮に入れた消費の時代、1990年代の公民市民育成の時代という変遷を経て、今日、「消費者市民」を育成する時代になった。地球環境資源の保全や、倫理的消費の価値が認められる現代では、持続可能な社会を形成するために、個人が納得する投資先へ直接資金提供をするという、ふるさと納税や市民ファンド、社会責任投資等の応援消費の価値が広がっている。すなわち、倫理観を持った消費行動が価値を増している。1980年代の社会・グリーンコンシューマリズムの時代から始まった「社会と環境」への配慮を考慮に入れた消費に対する考え方が、今日の「倫理的消費」に発展する。消費者庁は、2015年5月に「倫理的消費」調査研究会を開催し、より良い社会に向けて実態を把握する調査研究を行うこととした。研究会では、「倫理的消費の必要性とその効果」「定義と範囲」「倫理的消費の度合い（エ

120　第Ⅰ部　理論編

シカル度）を図る基準、指標」「国内外の倫理的消費の実態調査」「普及に向けた課題、対応、啓発活動の具体化」等を議論する。

4　消費者市民としての能力観

　OECD のコンピテンシーの「断片化された知識や技能ではなく、意欲や態度などを含む人間の全体的な能力」は、今井（消費者教育支援センター編1998）が提唱した、消費者教育の定義である「断片的な知識・情報の事実のインプット教育を超えて、それら知識・情報を合目的的に総合意思決定する知的プロセス教育、消費者としての態度の変革を求めるアセスメント教育で、生涯にわたる人間開発教育（中略）消費者がその置かれた条件の中で、責任が持てる最適解を求めていくだけでなく、その条件が消費者の権利を侵し、消費者として自己実現するにふさわしくないならば、それを変革する市民参加の意思決定行動能力をも養うもの」と同じ人間の総合力を育成する能力観を示しているといえよう。また、米国の21世紀型スキルの柱には、「金融、経済、ビジネスと起業家リテラシー」「市民リテラシー」「生活とキャリアスキル」が主要科目をより高度な内容に発展させるために必要な能力として挙げられていることからも消費者教育の目指す方向性と一致する。日本の21世紀型能力の「実践力」の4要素は、「生き方を主体的に選択できるキャリア設計力（自立的活動力）」「他者と効果的なコミュニケーションをとる力（人間関係形成力）」「協力して社会づくりに参画する力（社会参画力）」「倫理や市民的責任を自覚して行動する力（持続可能な未来づくりへの責任）」であるが、これらの能力は、『平成20年版 国民生活白書』で明示された消費者市民の能力観である社会の主役としての消費者市民（個人の成功の枠を超え、社会の問題解決、困窮者への支援、そして人々や社会のつながりの重視など「社会的価値行動」への追求へ寄与できる消費者市民）と同じ資質を育成するものと捉えることができる。

第Ⅱ部

実証編

第Ⅱ部のサマリー

　実証編では、6つの調査結果より、大学生の消費者市民力がパーソナルファイナンス教育（以下、PF教育と略）によって育成されたかについて検証を行う。

　まず、第4章では、理論編で議論された市民像としての消費者市民力が、大学生の中にどの程度存在するかを、全国6ブロックの大学から抽出した730名を対象にした調査から明らかにするとともに、PF教育を通じて持続可能な社会の構築を目指す意識形成を行うことの可能性を検討する。さらに、第2節では、第1節の日本のサンプルと米国の大学生700名を対象とした調査からの日米の大学生の金融行動の特性について検討を行う。

　第5章第1節では、「金融リテラシー教育推進委員会」（座長：西村隆男横浜国立大学教授（当時）、委員：著者他5名）が実施し、著者が分析を担当した国公立・私立大学・短期大学全1,091校を対象としたWeb調査（金融リテラシー教育のニーズに関する大学調査）の結果から、PF教育の実態とニーズの検討を行う。第2節では、PF教育の発祥の地である米国の大学におけるPF教育の実態をシラバス調査およびWeb調査より明らかにし、当該教育の学問的位置づけおよび教育的意義を解明する。

　第6章第1節では、A国立大学の大学教養教育におけるPF教育の教育実践において授業の事前・事後調査の結果から、履修生の金融行動、幸福度、不安度の変容および当該教育の必要性について検討を行う。第2節では、B私立大学での消費者市民資質を育成する2つの教育実践における消費者市民力の変容を検証する。

　これらの6つの調査結果から、大学生に対するPF教育の教育内容に関し考察を行う。

第4章

大学生の消費者市民力の実態

第1節　日本の大学生（調査①）

　2008年の金融危機以降、世界的に金融リテラシーの向上が喫緊の課題となり、OECD/INFE も金融教育のための国家戦略に関するハイレベル原則として、加盟国の金融教育の推進に向けた実行手段の枠組みを示している（OECD/INFE 2012b）。その世界的な動きを受け、日本においても金融庁が政策立案者や有識者を交えた「金融経済教育研究会」（全7回：2012年11月〜2013年4月）を開催し、我が国の金融教育の枠組みを策定し、報告書として公表した。同報告書によると金融教育の意義・目的は「金融リテラシーの向上を通じて、国民一人一人が、経済的に自立し、より良い暮らしを送っていくことを可能とするとともに、健全で質の高い金融商品の提供の促進や家計金融資産の有効活用を通じ、公正で持続可能な社会の実現にも貢献していくことにある」としている（金融庁金融研究センター 2013）。ここで言及する「公正で持続可能な社会の実現にも貢献」する市民の育成とは、2012年12月に施行された「消費者教育の推進に関する法律」（以下、推進法と略）の理念を受けて、社会に積極的に参画できる21世紀型の市民像を、金融教育を通じて育成しようとするものである。しかし、実際にその枠組みに組み込まれた内容を見ると「適切な収支管理を習慣化する家計管理」「ライフプランをもとにした生活設計」「金融知識および金融事情の理解と適切な金融商品の利用選択」および「外部の知見の適切な活用」の4分野になっており、自己の成功を主目的としており、持続可能な社会の実現に向けた消費者市民的資質の育成は盛り込まれていない。むしろ社会性を養う分野を盛り込むことが、

同報告書が理念として掲げる「公正で持続可能な社会への貢献」を達成する内容ではないかと考える。つまり、PF教育の中でも持続可能性を考えさせる教育においては、現実社会で発生している金融制度や社会保障の仕組みを批判的に分析し、より格差をなくすための金融制度の在り方、貧困層のへの救済策としての社会保障の在り方を、自分ならどのような仕組みを構築し提供していくことが必要だと思うかを考案させるというような内容が必要なのではないだろうか。

　理論編において、PF教育は、個人の問題として完結すると捉えられがちであるが、実は、方法論として社会に視野を広げる教育になりうることが明らかになった。そのため、実証編では、PF教育の提供により金融力の向上とともに消費者市民力や21世紀型能力に含まれる「社会参画力」や「責任ある倫理的な消費者」の資質の向上が可能であるかを検証する。その前提となる大学生の消費者市民力や金融力の水準を踏まえ、米国の学生との比較により日本の学生の金融行動の特徴を把握する。また大学教育でPF教育を提供するニーズや教育的意義を把握するために、日本の大学および米国大学の実態調査を実施した。これらの結果から日本の学生の実態および日本の大学のPF教育のニーズを把握した上で、考案した2つの教育実践の教育効果を検証する。1つ目の教育実践は、大学生への金融リテラシーの育成に取り組んでいる「金融教育リテラシー推進委員会」[14]で開発した大学教養教育における半期のPF教育プログラムであり、その内容は、大学生の金融力の育成とともに消費者市民力の育成を目指したものとなっている。この実践授業の教育効果を分析する。また、2つ目の教育実践は、大学専門教育における消費者市民力を育成することを目的とした2つの異なる教育手法による教育実践である。1つは学生の学びが学内で完結する事例研究を中心としたPF教育、もう1つは産官学連携による事例研究で、学生の学びを社会に発信する事例研究である。両教育実践を比較する形で、学生の消費者市民力に寄与する教育プログラムを検討する。なお、大学教養教育および大学専門教育の双方とも、授業の事前・事後・追加調査を実施し、また、大学教養教育においては、当該プログラムを履修していない学生を非対照群として、同一の調査を実施し、学生の金融行動および消費者市民力に関して分析を行った。

1 研究方法

PF教育において、推進法の理念である公正で持続可能な社会に貢献できる消費者市民を育成できるかを検討するために、次のステップを経て検証することとする。①現在の大学生の金融行動および金融知識の実態を明らかにする。②消費者市民的資質が、大学生の中に存在するかどうかを回答者の属性から傾向を明らかにする。③金融教育の既往歴や金融知識の水準と消費者市民的資質の関係を比較し、どのような知識を有している学生が、高い市民的資質を備えているか、また不足している項目から、教育で補うべき内容を検討する。それらの分析から、大学教養教育で教えられるべき教育内容の提案を行うこととする。

全国的な大学生の水準を測るために全国6ブロック（北海道・東北、関東、中部、関西、中国・四国、九州）から1大学ずつ抽出し、各大学100名程度の学生に対し金融知識や金融行動、生活に対する考え方に関する全47問の自記入式のアンケート調査を実施した（2013年1月）。調査対象となった大学生730名のうち、回答数は684名（回答率93.7%）であり、男子学生254名（37.1%）、女子学生404名（59.1%）、無回答26名（3.8%）のサンプルが得られた。学年別に見ると、新入生164名（23.9%）、学部2年生189名（27.6%）、学部3年生222名（32.4%）、学部4年生71名（10.3%）、その他38名（5.5%）であった。

2 調査結果

2-1 金融行動と金融知識

金融行動に関する10の質問を「全くない」「ほとんどない」「時々行っている」「ほとんど行っている」「いつも行っている」の5件法で尋ねた結果、「キャッシュフロー表を作成する」は、「全くない」もしくは「ほとんど作成していない」学生が86.5%であり、約9割の学生が、長期的な資金計画を立てていない傾向が見られた。また、「緊急予備資金を確保する」についても、半数以上の学生（57.2%）が、「全くない」「ほとんどない」と回答しており、いざというときの備えをできていない現状が浮き彫りになった。一方、より積極的に行っている金融行動として、「期限内に支払う」ことについては、

126　　第Ⅱ部　実証編

「いつも行っている」「ほとんど行っている」学生は、67.6％に上り、約7割の学生は、期限内に支払う習慣が身についていることが明らかとなった。しかし、「支払日を確認する」については、「いつも行っている」「ほとんど行っている」学生が、46.4％に留まり、「期限内に支払う」から21.2％低くなった。また、「支出計画や予算を反映する」ことについても、「いつも行っている」「ほとんど行っている」学生が17.2％と低く留まっていることを見ても、期限は遵守するが、日々の支出管理が計画的に行われていない傾向が見られた（図4-1）。

　また、地域別に見ると、「目標に向けた必要額の試算」に関しては、中部地方が「いつも行っている」（9.4％）、「ほとんど行っている」（17.6％）と合わせて27.0％と最も高かったのに対し、関西地方は、「全くない」（18.3％）、「めったにない」（29.0％）で最も低かった。一方、米国との比較においては、米国の学生は、「いつも行っている」（15.7％）、「ほとんど行っている」（42.3％）と合わせて58.0％の学生が目標に向けた試算を行っている一方、日本の学生は、20.9％に留まった。このことから、地域制でばらつきはあるものの、日米の大学生の目標を意識して必要額を把握しているかどうかに関し、米国の学生の方が、経済的に自立して必要額を把握している傾向が窺える（図4-2）。

　次に、目標に向けて貯蓄を行っているかについて尋ねたところ、中国・四国地方が「いつも行っている」（17.7％）、「ほとんど行っている」（25.9％）と合わせて43.6％と最も高かったのに対し、関西地方は、「全くない」（17.2％）、「めったにない」（18.3％）で最も低かった。一方、米国との比較においては、米国の学生は、「いつも行っている」（17.7％）、「ほとんど行っている」（40.3％）と合わせて58.0％の学生が目標に向けた試算を行っている一方、日本の学生は、31.6％に留まった。このことから、地域別には、関西があまり目標に向けた試算や貯蓄を行っていない状況が窺える。また、日米間の大学生の目標に向けた貯蓄をしているかに関しては、前述同様、米国の5割以上の学生が計画的な貯蓄をしている現状が明らかになった。これらの結果から、日本の学生の目標額の意識が低い傾向が示唆された（図4-3）。

　次に、これらの金融行動の特徴を相関関係から見てみると、「支払日を確認する」学生は、「期限内に支払う」傾向が最も有意に高いということが明

第4章 大学生の消費者市民力の実態　127

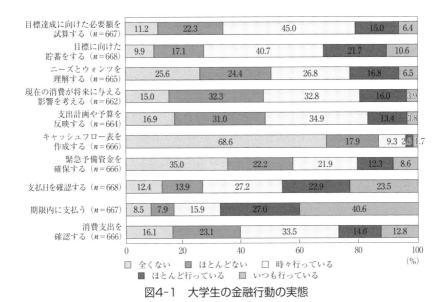

図4-1　大学生の金融行動の実態

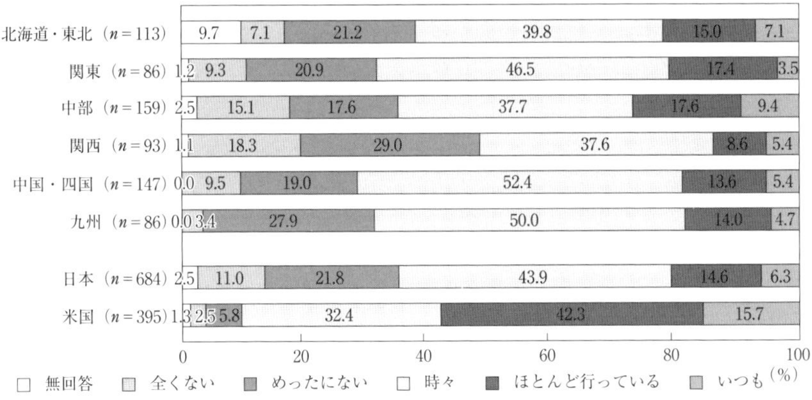

図4-2　大学生の金融行動：目標に向けた必要額の試算

らかとなった（$r = .614$、$p < .01$）。金融知識については、PFの基礎概念である「インフレ」「クレジットカード」「ファイナンシャルプランニング（FP）」「税金」「リスク管理」「信用情報」「複利」に関する7つの質問を行っ

128 第Ⅱ部 実証編

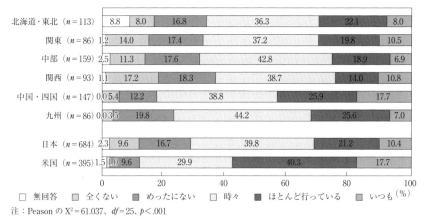

注：PearsonのX² = 61.037, df = 25, p<.001

図4-3 大学生の金融行動：目標に向けた貯蓄

た。各質問の正回答を1点とし、その合計を0〜7点までの得点化した。正答率が最も高かったのは、「ファイナンシャルプランニング（FP）」（$M = .70$）であり、最も低かったのが「インフレ」および「税金」（$M = .30$）であった。その金融知識の総合得点と金融行動の関係を見たところ、「期限内に支払う」と「総合得点」に相関が見られた（$r = .230$、$p<.01$）。それ以外の項目は、わずかな相関が見られるものの、金融知識と金融行動の関係には大きな相関関係は見られなかった。また、金融知識の相関では、各項目と総合得点との関係は、すべての項目においてプラスの相関が見られたが、項目別に見ると「信用情報」と「複利」の相関係数が、最も有意に高かった（$r = .239$、$p<.01$）。これらの結果から、大学生が金利の複利効果を意識しながら借入先を比較検討している傾向が窺える。

2-2 消費者市民的資質の傾向

次に、大学生が消費者市民的資質をどの程度身につけているかを分析した。大学生にとって「消費者市民」という用語や概念は、馴染みがないことが予想されたので、消費者市民的資質を尋ねる際には、「生活に対する考え方」という項目で、「社会貢献に対する意識」と「持続可能な社会の実現に対する意識」について尋ねた。図4-4は、「より良い社会を作るためにどのよう

第4章 大学生の消費者市民力の実態　　129

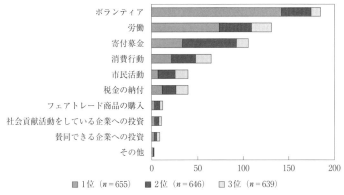

図4-4　社会貢献についての意識

な行動を通して社会へ貢献したいか」という質問に対し1位から3位まで順位をつけて選択する回答において、1位×3点、2位×2点、3位×1点の加重平均（全体：300％＋200％＋100％＝600％）を示したものである。

　その結果、最も多かったのは、「ボランティア」で185％、次いで「労働」（131％）、「寄付募金」（106％）であった。少し比率としては減少するが「消費行動」（65％）が続き、ボランティア等の労働を通じて貢献したいと考えている学生が多数を占める一方、寄付募金や消費行動という経済的な貢献も一定割合存在し、大学生が消費者市民的資質をある程度身につけていることが窺えた。また、「フェアトレード商品の購入」「社会貢献活動をしているもしくは賛同できる企業への投資」による貢献は少数に留まり、倫理的消費を通じた社会貢献の多様な形態を伝えていく必要性が明らかとなった。

　次に、図4-5は、持続可能な社会を構築するための世の中を変える力について尋ね、1位から3位まで順位づけし回答させたものを、前述同様、加重平均で表した結果である。「国の政治力」や「国の経済力」というマクロ的な視点での影響力を挙げる意見が多数を占める中、社会へ参画する主体性を見るための「自分個人の意見や行動」は全体では5位であった。しかし、この選択肢を第1位に選択した学生が「国の政治力」（65％）に続き、48％と2番目に多く、個人の社会参画意識が社会への大きな影響力を持つと考える学

130　第Ⅱ部　実証編

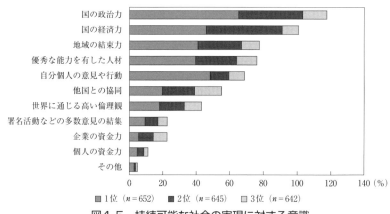

図4-5　持続可能な社会の実現に対する意識

生が多く見られた。

　さらに、これらの2つの視点について、回答者の属性ごとに「社会貢献に対する意識」および「持続可能な社会の実現に対する意識」の第1位についてクロス分析を行った結果が、表4-1、表4-2である。まず、表4-1より、社会貢献に対する意識として、男女別に見ると、女性の方が「ボランティア」（53%）を通して貢献したいと考えており、男性（39%）より14%有意に高かった。一方、「労働」（男性：26%、女性：24%）、「消費行動」（男性：9%、女性：6%）や「市民活動」（男性：4%、女性：1%）は、いずれも男性の方が有意に高かった。また、生活環境別に見ると、「ボランティア」（58%）や「労働」（29%）という働くことを通じた社会貢献を考えている学生は寮生活者に多く、日常生活の団体行動の中で、自主的に働くという意識が醸成されていることが窺える。一方、「寄付募金」（12%）や「消費行動」（8%）という経済的な貢献を意識している学生は、実家（親元）暮らしをしている学生に多く、購入する商品を価格にこだわらず品質や内容で比較検討することができる資金的な余裕と、選択の眼を持ち社会へ貢献できる商品を見極められる消費者としての資質を併せ持っていることが読み取れる。また、就業経験の有無による比較では、就業経験のある学生は「ボランティア」（48%）、「寄付募金」（12%）が高く、有意差が見られた。1ヵ月の収入では、収入が

「16万円以上」と回答した学生が「消費行動」（26%）を通じて貢献したいと考えており、自由になる資金が多い分、支出も多くなっている傾向が窺える。この点については、生活環境により、支出使途に差が出ることが予想されるので、今度の研究でさらに詳細を分析する予定である。次に、奨学金利用の有無による傾向として、奨学金の利用者の方が高かったのは「ボランティア」（51%）や「労働」（26%）で、一方、利用していない学生の方が高かったのは「寄付募金」（13%）、「消費行動」（8%）、「税金の納付」（5%）であったが、有意差は見られなかった。

　また、金融教育の既往経験や既有知識と社会貢献に対する意識とを比較すると、金融教育の受講段階が早い（小学校）ほど「ボランティア」（74%）や「寄付募金」（11%）による貢献を意識している学生が多く、社会性を養う若者の価値形成には、早い段階の導入が効果的であることが推察される。次に、前述の金融知識を尋ねた7つの質問の得点を3分類した得点別および各質問の正答者の傾向を見たところ、得点数の下位層（0〜2点）ほど「ボランティア」（49%）による貢献を意識しており、得点数の上位層（5〜7点）ほど、わずかではあるが「税金の納付」（7%）による貢献を意識していた。また、各質問の種類別に見てみると、最頻値が各々の項目に散見され、特に関連性は見られなかった。

　次に、同じ属性ごとに持続可能な社会の実現に対する意識の傾向を見たところ、表4-2のような結果となった。男女別では、女性の方が「国の政治力」（24%）、「国の経済力」（18%）、「地域の結束力」（16%）、「他国との連携」（8%）に関し有意に高く、マクロ的な視点での影響力を男性より高く意識していた。一方、「優秀な能力を有した人材」（20%）、「自分個人の意見や行動」（18%）、「世界に通じる高い倫理観」（7%）に関しては、男性の方が高く意識しており、主体的に社会へ参画する意識、つまり消費者市民的資質は男性の方が高く持ち合わせていることが明らかとなった。その点、女性は自己という主体より、他の影響力のある要素が世の中を変えると信じる傾向が見られ、依存心が強く、社会参画への意識が低い傾向が見られた。次に、生活環境について見ると、マクロ的な視点とミクロ的な視点が混在し、顕著な傾向は見られなかった。就業経験の有無で比較すると「国の政治力」

132　第Ⅱ部　実証編

表4-1　属性別社会貢献に対する意識

		ボランティア		労働		寄付募金		消費行動		税金の納付		市民活動	
		n	(％)	n	(％)	n	(％)	n	(％)	n	(％)	n	(％)
性別	男子	98	(39)	64	(26)	31	(12)	22	(9)	9	(4)	11	(4)
	女子	208	(53)	94	(24)	42	(11)	23	(6)	16	(4)	4	(1)
	合計	306	(47)	158	(24)	73	(11)	45	(7)	25	(4)	15	(2)
生活環境	実家（親元）	169	(47)	82	(23)	44	(12)	29	(8)	14	(4)	7	(2)
	一人暮らし	94	(45)	58	(27)	22	(10)	15	(7)	9	(4)	6	(3)
	寮生活	14	(58)	7	(29)	1	(4)	0	(0)	0	(0)	0	(0)
	その他	6	(33)	5	(28)	2	(11)	1	(6)	1	(6)	0	(0)
	合計	283	(46)	152	(25)	69	(11)	45	(7)	24	(4)	13	(2)
就業経験	あり	215	(48)	109	(24)	53	(12)	30	(7)	17	(4)	9	(2)
	なし	71	(43)	43	(26)	16	(10)	15	(9)	7	(4)	3	(2)
	合計	286	(47)	152	(25)	69	(11)	45	(7)	24	(4)	12	(2)
1ヵ月の収入	1-3万円	64	(47)	33	(24)	17	(13)	7	(5)	6	(4)	2	(1)
	4-6万円	83	(53)	35	(22)	16	(10)	10	(6)	5	(3)	4	(3)
	7-9万円	84	(46)	49	(27)	22	(12)	16	(9)	5	(3)	3	(2)
	10-12万円	31	(41)	26	(35)	6	(8)	1	(1)	6	(8)	2	(3)
	13-15万円	11	(44)	4	(16)	3	(12)	3	(12)	1	(4)	2	(8)
	16万円以上	8	(30)	5	(19)	3	(11)	7	(26)	1	(4)	0	(0)
	合計	281	(47)	152	(25)	67	(11)	44	(7)	24	(4)	13	(2)
奨学金	利用あり	133	(51)	68	(26)	23	(9)	16	(6)	7	(3)	5	(2)
	利用なし	152	(43)	84	(24)	46	(13)	29	(8)	17	(5)	8	(2)
	合計	285	(47)	152	(25)	69	(11)	45	(7)	24	(4)	13	(2)
金融教育	受講群	110	(53)	45	(22)	18	(9)	11	(5)	7	(3)	8	(4)
	非受講群	197	(44)	116	(26)	54	(12)	36	(8)	18	(4)	7	(2)
	合計	307	(47)	161	(25)	72	(11)	47	(7)	25	(4)	15	(2)
金融教育受講段階	小学校	20	(74)	0	(0)	3	(11)	1	(4)	0	(0)	0	(0)
	中学校	36	(60)	0	(0)	4	(7)	3	(5)	1	(2)	0	(0)
	高等学校	60	(58)	4	(4)	6	(6)	5	(5)	0	(0)	1	(1)
	大学	61	(50)	9	(7)	10	(8)	5	(4)	2	(2)	6	(5)
	合計	177	(57)	13	(4)	23	(7)	14	(4)	3	(1)	7	(2)
金融知識正答者（得点別）	下位（0-2問）	102	(49)	57	(28)	24	(12)	8	(4)	3	(1)	6	(3)
	中位（3-4問）	154	(47)	69	(21)	42	(13)	30	(9)	14	(4)	6	(2)
	上位（5-7問）	54	(45)	35	(29)	7	(6)	9	(8)	8	(7)	3	(3)
	合計	310	(47)	161	(25)	73	(11)	47	(7)	25	(4)	15	(2)
金融知識正答者（分野別）	インフレ	97	(49)	47	(24)	23	(12)	12	(6)	7	(4)	5	(3)
	クレジットカード	130	(45)	65	(22)	38	(13)	28	(10)	9	(3)	9	(3)
	FP	210	(45)	115	(25)	50	(11)	37	(8)	24	(5)	12	(3)
	税金	97	(49)	44	(22)	15	(8)	18	(9)	11	(6)	3	(2)
	リスク管理	149	(48)	72	(23)	32	(10)	25	(8)	15	(5)	6	(2)
	信用情報	124	(46)	74	(27)	22	(8)	21	(8)	14	(5)	5	(2)
	複利	164	(45)	92	(25)	38	(10)	28	(8)	21	(6)	6	(2)
	合計	971	(328)	509	(169)	218	(72)	169	(56)	101	(33)	46	(15)

注：*** $p < .001$、** $p < .01$、* $p < .05$

フェアトレード商品の購入	社会貢献活動をしている企業への投資	賛同できる企業への投資	その他	合計	Pearson X²	df	p値
n （%）	n （%）	n （%）	n （%）	n （%）			
1 （0）	6 （2）	5 （2）	3 （1）	250 （100）			
6 （2）	1 （0）	1 （0）	1 （0）	396 （100）	31.570	9	.000***
7 （1）	7 （1）	6 （1）	4 （1）	646 （100）			
2 （1）	6 （2）	2 （1）	2 （1）	357 （100）			
3 （1）	0 （0）	2 （1）	2 （1）	211 （100）			
0 （0）	1 （4）	1 （4）	0 （0）	24 （100）	93.963	72	.042*
2 （11）	0 （0）	1 （6）	0 （0）	18 （100）			
7 （1）	7 （1）	6 （1）	4 （1）	610 （100）			
3 （1）	5 （1）	5 （1）	2 （0）	448 （100）			
4 （2）	2 （1）	1 （1）	2 （1）	164 （100）	6.975	9	.640
7 （1）	7 （1）	6 （1）	4 （1）	612 （100）			
2 （1）	2 （1）	1 （1）	1 （1）	135 （100）			
2 （1）	2 （1）	1 （1）	0 （0）	158 （100）			
1 （1）	1 （1）	2 （1）	1 （1）	184 （100）			
1 （1）	0 （0）	1 （1）	1 （1）	75 （100）	53.430	54	.496
0 （0）	1 （4）	0 （0）	0 （0）	25 （100）			
1 （4）	0 （0）	1 （4）	1 （4）	27 （100）			
7 （1）	6 （1）	6 （1）	4 （1）	604 （100）			
1 （0）	2 （1）	3 （1）	2 （1）	260 （100）			
6 （2）	5 （1）	3 （1）	2 （1）	352 （100）	10.496	9	.312
7 （1）	7 （1）	6 （1）	4 （1）	612 （100）			
4 （2）	2 （1）	2 （1）	0 （0）	207 （100）			
3 （1）	5 （1）	4 （1）	4 （1）	444 （100）	13.815	9	.129
7 （1）	7 （1）	6 （1）	4 （1）	651 （100）			
0 （0）	0 （0）	0 （0）	3 （11）	27 （100）	10.065	9	.345
1 （2）	0 （0）	1 （2）	14 （23）	60 （100）	11.230	9	.260
1 （1）	0 （0）	0 （0）	27 （26）	104 （100）	12.511	9	.186
3 （2）	0 （0）	1 （1）	25 （20）	122 （100）	11.456	9	.246
5 （2）	0 （0）	2 （1）	69 （22）	313 （100）			
2 （1）	0 （0）	3 （1）	2 （1）	207 （100）			
4 （1）	7 （2）	2 （1）	1 （0）	329 （100）	28.200	18	.059
1 （1）	0 （0）	1 （1）	1 （1）	119 （100）			
7 （1）	7 （1）	6 （1）	4 （1）	655 （100）			
2 （1）	1 （1）	2 （1）	0 （0）	196 （100）	3.528	9	.940
3 （1）	2 （1）	3 （1）	3 （1）	290 （100）	12.444	9	.189
5 （1）	7 （2）	4 （1）	1 （0）	465 （100）	18.398	9	.031*
2 （1）	2 （1）	1 （1）	3 （2）	196 （100）	12.883	9	.168
3 （1）	3 （1）	2 （1）	2 （1）	309 （100）	4.036	9	.909
3 （1）	5 （2）	2 （1）	2 （1）	272 （100）	11.133	9	.267
4 （1）	7 （2）	2 （1）	1 （0）	363 （100）	19.682	9	.020*
22 （7）	27 （8）	16 （5）	12 （4）	2,091 （100）			

134　第Ⅱ部　実証編

表4-2　属性別持続可能な社会の実現に対する意識

		国の政治力		国の経済力		地域の結束力		優秀な能力を有した人材		自分個人の意見や行動		他国との連携	
		n	（%）	n	（%）	n	（%）	n	（%）	n	（%）	n	（%）
性別	男子	45	（18）	27	（11）	26	（10）	51	（20）	45	（18）	12	（5）
	女子	96	（24）	72	（18）	62	（16）	35	（9）	57	（14）	31	（8）
	合計	141	（22）	99	（15）	88	（14）	86	（13）	102	（16）	43	（7）
生活環境	実家（親元）	74	（21）	65	（18）	50	（14）	40	（11）	52	（15）	26	（7）
	一人暮らし	51	（24）	25	（12）	33	（16）	30	（14）	35	（17）	12	（6）
	寮生活	6	（25）	2	（8）	3	（13）	3	（13）	2	（8）	2	（8）
	その他	5	（38）	4	（31）	1	（8）	3	（23）	4	（31）	0	（0）
	合計	136	（22）	96	（16）	87	（14）	76	（12）	93	（15）	40	（7）
就業経験	あり	102	（23）	74	（17）	69	（15）	43	（10）	62	（14）	35	（8）
	なし	34	（21）	22	（13）	19	（12）	32	（19）	32	（19）	5	（3）
	合計	136	（22）	96	（16）	88	（14）	75	（12）	94	（15）	40	（7）
1ヵ月の収入	1-3万円	33	（24）	20	（15）	17	（13）	17	（13）	21	（15）	9	（7）
	4-6万円	43	（27）	24	（15）	20	（13）	17	（11）	27	（17）	10	（6）
	7-9万円	32	（17）	30	（16）	36	（20）	22	（12）	30	（16）	10	（5）
	10-12万円	16	（21）	12	（16）	9	（12）	9	（12）	7	（9）	9	（12）
	13-15万円	5	（20）	2	（8）	5	（20）	6	（24）	2	（8）	1	（4）
	16万円以上	5	（19）	4	（15）	1	（4）	5	（19）	5	（19）	1	（4）
	合計	134	（22）	92	（15）	88	（15）	76	（13）	92	（15）	40	（7）
奨学金	利用あり	73	（21）	57	（16）	49	（14）	42	（12）	53	（15）	26	（7）
	利用なし	63	（24）	39	（15）	39	（15）	34	（13）	40	（15）	14	（5）
	合計	136	（22）	96	（15）	88	（14）	76	（12）	93	（15）	40	（7）
金融教育	受講群	52	（25）	33	（16）	34	（16）	20	（10）	29	（14）	16	（8）
	非受講群	89	（20）	67	（15）	55	（12）	66	（15）	75	（17）	27	（6）
	合計	141	（22）	100	（15）	89	（14）	86	（13）	104	（16）	43	（7）
金融教育受講段階	小学校	5	（19）	2	（7）	5	（19）	2	（7）	10	（37）	2	（7）
	中学校	16	（27）	6	（10）	11	（18）	8	（13）	8	（13）	3	（5）
	高等学校	26	（25）	17	（16）	17	（16）	12	（12）	16	（15）	6	（6）
	大学	36	（30）	22	（18）	20	（16）	9	（7）	12	（10）	10	（8）
	合計	83	（27）	47	（15）	53	（17）	31	（10）	46	（15）	21	（7）
金融知識正答者（得点別）	下位（0-2問）	36	（18）	33	（16）	22	（11）	29	（14）	39	（19）	13	（6）
	中位（3-4問）	77	（23）	48	（15）	49	（15）	43	（13）	51	（16）	24	（7）
	上位（5-7問）	29	（25）	19	（16）	18	（15）	14	（12）	15	（13）	6	（5）
	合計	142	（22）	100	（15）	89	（14）	86	（13）	105	（16）	43	（7）
金融知識正答者（分野別）	インフレ	39	（20）	33	（17）	32	（16）	23	（12）	23	（12）	21	（11）
	クレジットカード	61	（21）	36	（13）	37	（13）	44	（15）	53	（18）	16	（6）
	FP	105	（23）	78	（17）	69	（15）	60	（13）	60	（13）	32	（7）
	税金	47	（24）	22	（11）	27	（14）	21	（11）	41	（21）	9	（5）
	リスク管理	70	（23）	43	（14）	40	（13）	40	（13）	46	（15）	24	（8）
	信用情報	62	（23）	41	（15）	43	（16）	36	（13）	39	（14）	15	（6）
	複利	88	（24）	54	（15）	60	（17）	45	（12）	47	（13）	21	（6）
	合計	472	（23）	307	（15）	308	（15）	269	（13）	309	（15）	138	（7）

注：$^{***}p<.001$、$^{**}p<.01$、$^{*}p<.05$

世界に通じる高い倫理観	署名活動などの多数意見の結集	企業の資金力	個人の資金力	その他	合計	Pearson X²	df	p値
n （ ％ ）	n （ ％ ）	n （ ％ ）	n （ ％ ）	n （ ％ ）	n （ ％ ）			
17 （ 7 ）	8 （ 3 ）	8 （ 3 ）	6 （ 2 ）	5 （ 2 ）	250 （100）			
22 （ 6 ）	12 （ 3 ）	3 （ 1 ）	4 （ 1 ）	1 （ 0 ）	395 （100）	42.757	10	.000***
39 （ 6 ）	20 （ 3 ）	11 （ 2 ）	10 （ 2 ）	6 （ 1 ）	645 （100）			
24 （ 7 ）	13 （ 4 ）	3 （ 1 ）	7 （ 2 ）	3 （ 1 ）	357 （100）			
12 （ 6 ）	4 （ 2 ）	4 （ 2 ）	2 （ 1 ）	2 （ 1 ）	210 （100）			
2 （ 8 ）	1 （ 4 ）	2 （ 8 ）	0 （ 0 ）	1 （ 4 ）	24 （100）	81.816	80	.423
0 （ 0 ）	0 （ 0 ）	1 （ 8 ）	0 （ 0 ）	0 （ 0 ）	13 （100）			
38 （ 6 ）	18 （ 3 ）	10 （ 2 ）	9 （ 1 ）	6 （ 1 ）	609 （100）			
27 （ 6 ）	18 （ 4 ）	5 （ 1 ）	6 （ 1 ）	5 （ 1 ）	446 （100）			
11 （ 7 ）	1 （ 1 ）	5 （ 3 ）	3 （ 2 ）	1 （ 1 ）	165 （100）	26.183	10	.004**
38 （ 6 ）	19 （ 3 ）	10 （ 2 ）	9 （ 1 ）	6 （ 1 ）	611 （100）			
11 （ 8 ）	4 （ 3 ）	2 （ 1 ）	1 （ 1 ）	1 （ 1 ）	136 （100）			
6 （ 4 ）	5 （ 3 ）	1 （ 1 ）	3 （ 2 ）	1 （ 1 ）	157 （100）			
9 （ 5 ）	5 （ 3 ）	6 （ 3 ）	2 （ 1 ）	1 （ 1 ）	183 （100）			
7 （ 9 ）	2 （ 3 ）	1 （ 1 ）	1 （ 1 ）	2 （ 3 ）	75 （100）	55.965	60	.624
3 （12 ）	1 （ 4 ）	0 （ 0 ）	0 （ 0 ）	0 （ 0 ）	25 （100）			
1 （ 4 ）	2 （ 7 ）	0 （ 0 ）	2 （ 7 ）	1 （ 4 ）	27 （100）			
37 （ 6 ）	19 （ 3 ）	10 （ 2 ）	9 （ 1 ）	6 （ 1 ）	603 （100）			
28 （ 8 ）	12 （ 3 ）	2 （ 1 ）	6 （ 2 ）	3 （ 1 ）	351 （100）			
10 （ 4 ）	7 （ 3 ）	8 （ 3 ）	3 （ 1 ）	3 （ 1 ）	260 （100）	12.676	10	.242
38 （ 6 ）	19 （ 3 ）	10 （ 2 ）	9 （ 1 ）	6 （ 1 ）	611 （100）			
9 （ 4 ）	7 （ 3 ）	4 （ 2 ）	1 （ 0 ）	2 （ 1 ）	207 （100）			
30 （ 7 ）	13 （ 3 ）	8 （ 2 ）	9 （ 2 ）	4 （ 1 ）	443 （100）	11.300	10	.335
39 （ 6 ）	20 （ 3 ）	12 （ 2 ）	10 （ 2 ）	6 （ 1 ）	650 （100）			
0 （ 0 ）	0 （ 0 ）	1 （ 4 ）	0 （ 0 ）	0 （ 0 ）	27 （100）	14.093	10	.169
3 （ 5 ）	2 （ 3 ）	3 （ 5 ）	0 （ 0 ）	0 （ 0 ）	60 （100）	8.869	10	.545
3 （ 3 ）	3 （ 3 ）	3 （ 3 ）	1 （ 1 ）	0 （ 0 ）	104 （100）	5.865	10	.826
7 （ 6 ）	4 （ 3 ）	0 （ 0 ）	0 （ 0 ）	2 （ 2 ）	122 （100）	19.523	10	.034*
13 （ 4 ）	9 （ 3 ）	7 （ 2 ）	1 （ 0 ）	2 （ 1 ）	313 （100）			
14 （ 7 ）	8 （ 4 ）	4 （ 2 ）	6 （ 3 ）	1 （ 0 ）	205 （100）			
18 （ 5 ）	6 （ 2 ）	7 （ 2 ）	4 （ 1 ）	2 （ 1 ）	329 （100）	21.226	20	.384
7 （ 6 ）	6 （ 5 ）	1 （ 1 ）	0 （ 0 ）	3 （ 3 ）	118 （100）			
39 （ 6 ）	20 （ 3 ）	12 （ 2 ）	10 （ 2 ）	6 （ 1 ）	652 （100）			
10 （ 5 ）	6 （ 3 ）	3 （ 2 ）	1 （ 1 ）	3 （ 2 ）	194 （100）	16.947	10	.076
17 （ 6 ）	12 （ 4 ）	8 （ 3 ）	3 （ 1 ）	1 （ 0 ）	288 （100）	14.433	10	.154
26 （ 6 ）	16 （ 3 ）	5 （ 1 ）	6 （ 1 ）	5 （ 1 ）	462 （100）	22.038	10	.015*
11 （ 6 ）	7 （ 4 ）	2 （ 1 ）	3 （ 2 ）	4 （ 2 ）	194 （100）	15.966	10	.101
21 （ 7 ）	12 （ 4 ）	5 （ 2 ）	3 （ 1 ）	5 （ 2 ）	309 （100）	9.391	10	.495
16 （ 6 ）	7 （ 3 ）	4 （ 1 ）	5 （ 2 ）	3 （ 1 ）	271 （100）	4.741	10	.908
23 （ 6 ）	7 （ 2 ）	8 （ 2 ）	5 （ 1 ）	4 （ 1 ）	362 （100）	18.269	10	.051
124 （ 6 ）	67 （ 3 ）	35 （ 2 ）	26 （ 1 ）	25 （ 1 ）	2,080 （100）			

136　第Ⅱ部　実証編

（23%）、「国の経済力」（17%）、「地域の結束力」（15%）、「他国との連携」（8%）、「署名活動などの多数意見の結集」（4%）は、就業経験のある学生に高く見られた。それに対し、「優秀な能力を有した人材」（19%）、「自分個人の意見や行動」（19%）、「世界に通じる高い倫理観」（7%）という消費者市民的資質は、就業経験のない学生が有意に高く、就業経験により現実の世界を直視し、より良い社会の形成へ貢献しようという意識が失われたのか、または自分一人では世の中を変えられないという現実を目の当たりにし、自信を喪失したのか、この原因究明は今後の研究課題である。しかし、職業を通じて社会へ貢献している達成感や世の中を変える一翼を担えたというやりがいは、若者の離職率を減少させる上でも、仕事への情熱を継続させる上でも非常に重要な要素である。この点は、大学教育において持続可能性を取り上げる際、仕事を通じた持続可能な社会への貢献を行う成功例を事例として様々な切り口から紹介し、学生の動機づけを行う必要があると考える。また、1ヵ月の収入および奨学金の利用の有無については、顕著な傾向が見られなかった。

　金融教育の受講経験と受講段階から見ると、金融教育の受講群は「国の政治力」（25%）、「国の経済力」（16%）、「地域の結束力」（16%）、「他国との連携」（8%）がともに高く、マクロ的な力が持続可能性を実現すると考えていた。一方、「優秀な能力を有した人材」（15%）、「自分個人の意見や行動」（17%）、「世界に通じる高い倫理観」（7%）という消費者市民的資質は、いずれも非受講群の方が高く、従来の金融教育では、消費者市民的資質の育成にはつながっていないことが窺える。また、受講段階から見ると、受講段階が大学レベルになるとマクロ的な視点が強まる（「国の政治力」30%、「国の経済力」18%）傾向にあり、受講段階が小学生であった早い段階ほど、「自分個人の意見や行動」（37%）が高くなっており、早い段階での教育の提供が、価値形成に影響を与えている可能性がある。さらに、金融知識の量に関しては、高い金融知識を有している上位層（5-7問正答者）は「国の政治力」（25%）、「国の経済力」（16%）、「地域の結束力」（15%）が高く、下位層（0-2問正答者）は「優秀な能力を有した人材」（14%）、「自分個人の意見や行動」（19%）が高くなり、消費者市民的資質は、金融知識の少ない学生に多

く見られた。このことからも社会性を養う消費者市民教育として、金融教育を通じ当該資質の向上を目指すには、従来型の消費者としての自己の成功や被害予防のための金融教育ではなく、社会への還元を組み込んだ資産配分および資産形成の方法を一層充実させることが求められる。「社会貢献に対する意識」および「持続可能な社会の実現に対する意識」の双方とも、学年別、GPA（大学の評定平均）別でも同様の検定を行ったが、特に顕著な傾向は見られなかった。

3　結果と考察

　本章では、現在の大学生の金融行動および金融知識の実態を明らかにするとともに、回答者の属性や金融教育の既往経験と既有知識から見た消費者市民的資質の傾向を明らかにした。大学生の実態として、支払期日は遵守する傾向にあったが、長期的な資金計画をもとに、支出の優先順位をつけて計画的に管理を行う習慣は、身についていないことが明らかとなった。地域別に分析した結果から、関西があまり目標に向けた試算や貯蓄を行っていない状況が窺えたが、サンプル抽出の関係から、大学間の学力水準の違いにより誤差が生じる可能性があることは否めない。また、知識面では、長期的なインフレがもたらす影響および所得税制に関する基礎知識が不足していた。これらの実態から、日々の資金管理のみならず、長期的な資金計画をキャッシュフロー表のような年間計画を作成し管理する習慣をつけさせる必要があろう。そのことにより、時間軸で見た支出の優先順位や、目標達成までに残された時間を踏まえた適切な金融商品の選択も可能となるであろう。また、消費者市民的資質が従来の金融教育では育成されていないという結果から、既存の金融教育の枠組みを見直す必要がある。

　持続可能な社会への貢献を目指す教育に必要な要素として考察すると、本章の社会貢献に対する意識や持続可能な社会の実現に対する意識の調査結果から、消費者市民的資質は、男子学生に比べ女子学生に低く表れていたので、女性が具体的に社会貢献に参画している事例を積極的に取り入れる必要がある。また、消費行動を通じて社会に貢献したいと考える学生が、生活環境の違いにより、有意差が見られたので生活資金に余裕がない学生でも実行可能

な消費行動による社会貢献の方法を伝えていくことも重要であろう。また、就業経験がある学生は、持続可能な社会の実現へ影響力を持つものとして「優秀な能力を有した人材」や「自分個人の意見や行動」「世界に通じる高い倫理観」が有意に低かったので、高い倫理観や優秀な能力を有した人材が活躍でき、正当に評価される社会を構築すべきであるとともに、自己の成功を中心とした功利主義の考え方が、どのような主体（人、物、環境等を含む）へ影響を与え、その行為が持続可能性へ貢献しているのかについて見極められる資質を中立公正な視点で示唆を与えることが、まさに教育に求められる要素であると考える。これらの視点を主眼に、金融リテラシーの向上と現代社会の要請に応える市民像を育成すべきであろう。消費者市民とは「倫理的、社会的、経済的、環境的配慮に基づいて選択を行う個人である。消費者市民は、家族、国および地球レベルで責任を持って行動することによって、正義と持続可能な発展を保つことに能動的に貢献する」市民と定義される（Consumer Citizenship Network 2005）。また、国立国会図書館調査及び立法考査局（2010）は「持続可能性の実現とは、世界レベルから個人レベルまで、多様な主体が自己の役割の中で実現すべき目標であるが、その到達点は『自然及び自然環境の負荷許容量の範囲内で利活用できる環境保全システム』を保障した上で、『公正かつ適正な運営を可能とする経済システム』を考案し、人間の生活の質や厚生を確保できる『人間の基本的ニーズ・権利、文化的社会的多様性を確保できる社会システム』が均衡的定常的状態を維持する社会が、目指すべき方向性」であるとしている。この点に関し、それらの3つの主体の役割や要素を踏まえ、公正な経済社会がどうあるべきかを考えさせる教育こそ、現代に求められる大学教養教育の内容と考える。そのため、PF教育には、自己の資金管理の健全性を持続させるとともに、最適な資金配分により、他者や社会、環境保全、次世代へ豊かさを分け与えられるような方策を具体的に教育内容に組み込み、大学生という立場や自分たちが社会を担う立場になった際に、そのような持続可能性を担保できる視点をより現実的なものとして伝達していくことが重要である。そのような視点から、2013年4月に大学教養教育においてキャッシュフロー表の作成をもとにした自己の人生設計の立案、人生で直面する経済的な局面（収入に伴う税金や社会保障、

固定資産の購入や借入、不慮の事故や病気に伴う失業、投資の手法を用いた長期的な資産形成、持続可能な社会を実現するための市民としての役割等）を切り口とした半期に及ぶPF教育をパイロット授業として展開し、学生の金融力および消費者市民的資質の向上について効果検証した。本件に関しては、第6章第1節で議論することとする。

第2節 日米比較（調査②）

　高校生・大学生の金融力の実態としては、消費者教育支援センター・生活経済テスト研究委員会が、米国の経済教育協議会が実施した米国の高校生と大学生を対象に実施した経済テスト「Test of Economic Literacy」の結果を日本語訳し、1996年から2010年にかけて日本の高校生および大学生を対象に実施した「生活経済テスト」（全10回）があり、様々な金融経済リテラシーの結果が報告されている。その長期研究の中で、阿部ら（2002, pp. 195-202）では、「第3回生活経済テスト―金融ビッグバンテスト―」の内容を報告している。この第3回テストは、金融分野に焦点を当て、高校生（回答者数：6,228名）、大学・短大の学生（回答者数：2,254名）に対し、2000年に実施したテストである。第1回、第2回テストの結果から、金融に関する分野は、全体のテストの正答率の平均よりも下回っていた。その結果を受けて第3回テストは、金融分野に焦点化し、「金融機関・金融制度、金融商品・金融資産、金融ビッグバン・時事、金融政策・マクロ経済、家計管理」に関する5分野（全30問）のテストを実施した。中でも、「ローン」「保険」に関する出題の「家計管理」分野では、正答率が62.3％と最も高く、それに対し、「通貨供給」「金融政策」に関する出題の「金融政策・マクロ経済」分野は、43.9％に留まったと報告している。テスト全体の平均正答率は49.7％であり、やはり「金融分野は生徒と指導する教員にとって不得意分野」であり「日常生活と金融を結び付ける適切な教材が必要である」と示唆している。また、阿部ら（2002, p. 87）では、同上の第4回テスト（2001年に日本の高校生2,631名に実施）を、米国の経済教育協議会が1999年、2000年に米国高校生3,288名に実施した「Test of Economic Literacy: 3rd ed.」と国際比較し、分析を

行っている。同報告によると、経済概念である「希少性」「機会費用」に関しては、米国の学生は、この分野が最も正答率が高くなっているが、日本の学生は、最も低かった。米国の代表的な高等学校用消費者教育・経済教育の教科書では、導入部分に「希少性」「機会費用」に関する意思決定についての記述があり、消費者教育や経済を学習する意義を伝え、学修の動機づけにもつながっていると述べている。「需要と供給」「市場と価格」などのミクロ経済の分野は、日米ともに比較的正答率が高く、他方、マクロ経済の分野である「金融」については、両国ともに低かった。そのため米国では、経済教育協議会が金融を「Personal Finance」の分野から捉えた教材である「Financial Fitness」を様々な対象別に作成し、2001年より出版した。また、国際経済の分野では、日米ともに正答率が低かった。しかし、「分業や特化」の貿易の原理は、米国が比較的正答率が高いのに対し、日本は比較的低かった。「外国為替」に関しては、逆の傾向が見られた（阿部ら2002, pp. 87-94）。このように金融知識の違いは、報告されているが、金融行動の特性に関する日米比較は、存在しない。そのために本節では、金融行動の変容を促す効果的なPF教育プログラムの開発を行うために、日米の大学生の金融行動の違いを明らかにし、日本の学生の金融行動の特性および弱い部分を明らかにする。

1　研究方法

　米国の大学生700名（2012年4月）、日本の大学生730名（2013年1月）に実施した質問紙法によるアンケート調査の結果から次のステップを経て、因子分析を実施し、金融行動志向性を分析した。

① 　金融行動を測定する10の変数の平均値から、日米の金融行動の実態を把握する。

② 　各変数の相関傾向を確認し、日米の金融行動パターンを検討する。

③ 　これらの金融行動の変数がそのような潜在的な因子から影響を受けているかを探るため因子分析を行い、金融行動の志向性を分析する。

④ 　因子分析により抽出した下位尺度の内的整合性を確認するため信頼性

の検討を行う。

⑤　信頼性が確認できた下位尺度を得点化し、性別、学年、金融教育の既
　　往経験との比較を行い、日米の行動の傾向を明らかにする。

　質問項目は、金融行動、金融知識、金融教育、および属性に関する質問が、
米国が50問、日本が47問で、選択式の問題であった。米国調査の問題のう
ち、日本の状況に適さないものは削除した。米国中西部の大規模大学で実施
した調査の回答者は、395名（有効回答率56.4％）であり、日本では、各6つ
の地域（北海道・東北、関東、中部、関西、中国・四国、九州・沖縄）から、1
大学ずつを抽出し、各大学100名程度のサンプルを得た。日本全体の回答者
は、684名（有効回答率93.7％）であった。

2　調査結果

2-1　金融行動

　金融教育の提供により、金融知識の向上には寄与するが、日常の金融行動
の健全性には寄与していないという調査結果から、金融行動の変容を促す効
果的な金融教育の開発は、世界中で喫緊の課題となっている（OECD/INFE
2012b; 金融庁金融研究センター 2013; 金融広報中央委員会 2007, 2009; 福原 2010）。
まず、はじめに日米の大学生の現状の分析結果である。「1.　全くない」「2.
めったにない」「3.　時々行っている」「4.　ほどんど行っている」「5.　いつも
行っている」の5件法で尋ねた10項目の金融行動の平均値を比較した。10
項目の金融行動すべてにおいて米国の学生の方が日本の学生より有意に高
かった。中でも最も差が大きかったのは、「ニーズとウォンツを理解してい
る」（1.12）であり、次いで、「現在の消費が将来に与える影響を考えている」
（1.03）であった（表4-3）。

2-2　金融行動の相関関係

　次に、表4-3で示した10項目の金融行動に関し、各項目の相関関係を示し
たものが表4-4である。縦の軸は、上から米国回答者の相関係数で、横軸は、
左から日本の回答者の相関係数である。色の濃いセルは、相関が高いことを

142　第Ⅱ部　実証編

表4-3　日米の大学生の金融行動の比較

	米国回答者					
	n	M	SD	t	df	p値
1.　目標達成のための必要額を計算している	390	3.64	.907	79.130	389	***
2.　目標のために貯蓄している	389	3.65	.920	78.252	388	***
3.　ニーズとウォンツを理解している	388	3.66	.942	76.564	387	***
4.　現在の消費が将来に与える影響を考えている	388	3.65	.967	74.377	387	***
5.　支出計画や予算を反映している	390	3.26	1.020	63.088	389	***
6.　キャッシュフロー表[1]を作成している	390	1.98	1.113	35.213	389	***
7.　緊急予備資金[2]を確保している	390	2.48	1.243	39.462	389	***
8.　支払日を確認している	390	4.04	1.082	73.761	389	***
9.　期日までに支払いをしている	389	4.59	.646	140.295	388	***
10.　消費支出[3]を確認している	391	3.43	1.155	58.778	390	***

	日本回答者					
	n	M	SD	t	df	p値
1.　目標達成のための必要額を計算している	667	2.83	1.027	71.212	666	***
2.　目標のために貯蓄している	668	3.06	1.098	72.046	667	***
3.　ニーズとウォンツを理解している	665	2.54	1.219	53.784	664	***
4.　現在の消費が将来に与える影響を考えている	662	2.62	1.046	64.385	661	***
5.　支出計画や予算を反映している	664	2.56	1.039	63.545	663	***
6.　キャッシュフロー表[1]を作成している	666	1.51	.888	43.808	665	***
7.　緊急予備資金[2]を確保している	666	2.37	1.302	47.016	665	***
8.　支払日を確認している	668	3.31	1.308	65.429	667	***
9.　期日までに支払いをしている	667	3.83	1.275	77.604	666	***
10.　消費支出[3]を確認している	666	2.85	1.229	59.833	665	***

注1：年間の収支をまとめた予定表
　2：いざというときの損害に備えた金額
　3：毎月のお金の流れを把握すること

示し、段階的に薄くなるにつれて相関が低くなっていることを示している。また、太字の数値は、日米の相関係数を比較して高い方の係数を示す。米国回答者の相関係数で最も有意に高かったのは、「緊急予備資金を確保している」と「キャッシュフロー表を作成している」（$r = .605$、$p < .01$）の相関であり、日本の回答者の同項目の相関は、$r = .278$、$p < .01$とさほど高くはな

表4-4　金融行動の相関関係

日本回答者（n = 684）

米国回答者（n = 395）	1. 目標達成のための必要要額を計算している	2. 目標のために貯蓄に計している	3. ニーズとウォンツを理解している	4. 現在の消費が将来に与える影響を考えている	5. 支出計画や予算を反映している	6. キャッシュフロー表を作成している	7. 緊急予備資金を確保している	8. 支払日を確認している	9. 期日までに支払いをしている	10. 消費支出を確認している
1. 目標達成のための必要要額を計算している	1	.514**	.244**	.214*	.408**	.162**	.274**	.257**	.219**	.299**
2. 目標のために貯蓄に計している	.470**	1	.279**	.270**	.411**	.178**	.384**	.197**	.249**	.343**
3. ニーズとウォンツを理解している	.269**	.335**	1	.287**	.357**	.197**	.258**	.132**	.132**	.251**
4. 現在の消費が将来に与える影響を考えている	.305**	.331**	.444**	1	.393**	.195**	.211**	.170**	.105**	.261**
5. 支出計画や予算を反映している	.313**	.330**	.378**	.483**	1	.286**	.328**	.279**	.219**	.430**
6. キャッシュフロー表を作成している	.281**	.315**	.257**	.289**	.504**	1	.278**	.076**	-.038	.247**
7. 緊急予備資金を確保している	.341**	.431**	.297**	.393**	.436**	.605**	1	.218**	.214**	.290**
8. 支払日を確認している	.253**	.139**	.179**	.168*	.186**	.234**	.256**	1	.614**	.398**
9. 期日までに支払いをしている	.088	.195**	.093	.109*	.096	.020	.064	.393**	1	.322**
10. 消費支出を確認している	.268**	.292**	.327**	.314**	.496**	.414**	.310**	.298**	.385**	1

注1：*p < .05，**p < .01
注2：太字は日米の回答者の相関の高い数値を示す

0.7 < |r| ≦ 1.0　非常に相関が高い
0.4 < |r| ≦ 0.7　まあまあ相関が高い
0.2 < |r| ≦ 0.4　わずかに相関がある
0.0 < |r| ≦ 0.2　相関していない

かった。このことから、キャッシュフロー表を作成している米国の回答者は、緊急予備資金を備える傾向にあることを示す。しかしながら、日本の回答者には、キャッシュフロー表を作成し資金に優先順位をつけて準備するという傾向は見られなかった。また、日本の回答者で「期日までに支払いをしている」学生は「支払日を確認している」($r = .614$, $p < .01$)傾向が有意に高かったが、米国の回答者は、同項目で$r = .393$, $p < .01$とわずかな相関に留まった。このことから、日本の回答者の方が、米国の回答者より、支払期日を遵守する傾向が見られた(表4-4)。

2-3 金融行動志向性の因子分析

　次に、データの特徴を捉えるために各質問項目のヒストグラムを作成の上、得点分布を確認したところ、「キャッシュフロー表を作成している」「支払日を確認している」「期日までに支払いをしている」に偏りが見られた。しかしながら、これらの項目の内容を吟味したところ、いずれの質問項目についても金融行動志向性という概念を測定する上で不可欠な項目と考えられたので、これらの項目を除外せず、すべての10の質問項目を尺度生成の分析対象とした。

　次に10項目に対して主因子法よる因子分析を行った。固有値の変化は、米国：3.77、1.30、0.96、0.91……、日本：3.49、1.40、0.93、0.86、……となり、ともに2因子構造が妥当であると考えられた。そこで、再度2因子を仮定して主因子法・プロマックス回転による因子分析を行った。回転後の10項目の全分散を説明する割合は、米国：40.80％、日本：38.54％であった。プロマックス回転後の因子パターンと因子間相関は、表4-5のとおりである。第1因子は、8項目で構成されており、日米ともに「支出計画や予算を反映している」が最も高く、次いで米国では、「緊急予備資金を確保している」、日本は「目標のために貯蓄している」が続いた。8項目すべての内容を見ると、「将来起こりうる事柄や支出への準備」に関する内容の項目が高い負荷量を示していたので、「先見性」因子と命名した。第2因子は、「期日までに支払いをしている」「支払日を確認している」の2項目で構成されており、項目数は少なかったが、双方に「日常の支出管理」に関する内容の項目が高

第4章　大学生の消費者市民力の実態　145

表4-5　金融行動志向性の因子分析結果

		米国回答者（$n = 380$）				日本回答者（$n = 648$）			
		M	SD	因子負荷量		M	SD	因子負荷量	
				I	II			I	II
5.	支出計画や予算を反映している	3.26	1.02	.719	-.018	2.56	1.04	.702	.023
7.	緊急予備資金を確保している	2.48	1.24	.710	-.065	2.37	1.30	.513	-.055
6.	キャッシュフロー表を作成している	1.98	1.11	.681	-.085	1.51	0.89	.429	.291
4.	現在の消費が将来に与える影響を考えている	3.65	0.97	.596	.001	2.62	1.05	.479	-.172
2.	目標のために貯蓄している	3.65	0.92	.544	.079	3.06	1.10	.606	.057
3.	ニーズとウォンツを理解している	3.66	0.94	.522	.017	2.54	1.22	.500	-.052
1.	目標達成のための必要額を計算している	3.64	0.91	.503	.040	2.83	1.03	.530	.081
10.	消費支出を確認している	3.43	1.15	.496	.273	2.85	1.23	.498	.055
9.	期日までに支払いをしている	4.59	0.65	-.120	.907	3.83	1.28	-.149	.956
8.	支払日を確認している	4.04	1.08	.210	.398	3.31	1.31	.047	.684
因子間相関					.309				.466

注1：因子抽出法：主因子法、回転法：カイザーの正規化に伴うプロマックス回転
注2：太字は、因子として使用した数値（おおむね0.4以上）

い負荷量を示していたので、「近視眼」因子と命名した。生成した下位尺度の相関は、米国.309で、日本.466でありともに有意な生の相関を示した（表4-5）。

2-4　金融行動志向性の下位尺度間の関連

　次に、金融行動志向性の下位尺度に相当する項目の平均値を算出し、「先見性」因子の下位尺度得点の米国回答者は$M = 3.23$、$SD = 0.69$で日本回答者は$M = 2.55$、$SD = 0.69$であり、「近視眼」因子の下位尺度得点の米国回答者は$M = 4.33$、$SD = 0.72$で日本回答者は$M = 3.58$、$SD = 1.16$であった。内的整合性を検討するために各下位尺度の信頼度係数（a係数）を算出したところ「先見性」因子の米国回答者は$a = 0.82$で日本回答者は$a = 0.77$であり、「近視眼」因子の米国回答者は$a = 0.52$で日本回答者は$a = 0.76$であった。このことから米国の「先見性」因子は若干低めではあったが、その他は$a = 0.80$に近い数値であったので、許容範囲と考える。

　また、因子間の相関は、米国は$r = 0.318$で日本は$r = 0.369$であり、とも

146　第Ⅱ部　実証編

表4-6　金融行動志向性の下位尺度間相関

| | 米国回答者（$n = 380$） | | | | | 日本回答者（$n = 648$） | | | | |
	先見性因子	近視眼因子	M	SD	a	先見性因子	近視眼因子	M	SD	a
先見性因子	—	.318**	3.23	0.69	0.82	—	.369**	2.55	0.69	0.77
近視眼因子		—	4.33	0.72	0.52		—	3.58	1.16	0.76

注：**$p < .01$

に有意な生の相関を示した。この値は、当該因子以外への影響を受けないものとして算出されているため、前述（表4-5）の探索的因子分析のすべての因子への負荷量も考慮に入れた相関係数の数値と差が生じている。これらの下位尺度間の関係から、米国は「先見性」因子（$M = 3.23$）と「近視眼」因子（$M = 4.33$）の2因子とも日本より高く、両者の関係は日米ともに正の相関が有意を示していた（表4-6）。

2-5　属性別金融行動志向性の下位尺度間の相関

　次に、性別、学年別、金融教育の既往経験により平均値および相関関係の比較の検討を行った。性別の比較では、米国の男女間の「先見性」因子は、男性（$M = 3.43$）の方が女性（$M = 3.18$）より高く、「近視眼」因子では、差が見られなかった。一方、日本の男女間では「先見性」因子、「近視眼」因子ともに女性の方がわずかではあるが有意に高かった。次に、学年別に見ると日米ともに「先見性」因子は特に目立った傾向は見られなかったが「近視眼」因子は米国（$M = 4.21 \rightarrow M = 4.39$）、日本（$M = 3.52 \rightarrow M = 3.61$）ともに上昇が見られた。このことにより、学年が上がるにつれ長期的な視野が広がるのではなく、短期的な支払いに追われている傾向が窺える。

　金融教育の既往経験においては、米国の受講群（$M = 3.22$）の「先見性」因子は非受講群（$M = 3.24$）よりわずかに低く、受講群（$M = 4.39$）の「近視眼」因子は非受講群（$M = 4.27$）より高かった。一方、日本の場合は、「先見性」因子、「近視眼」因子ともに受講群が非受講群より高かった（「先見性」因子：$M = 2.67$ vs. $M = 2.50$、「近視眼」因子：$M = 3.61$ vs. $M = 3.58$）。このことから、全体の金融行動の水準としては、日本は米国より低かったが、日本の金

第4章　大学生の消費者市民力の実態　　147

表4-7　属性別金融行動志向性の下位尺度相関

性別

	米国回答者				日本回答者			
	男性 ($n=77$)		女性 ($n=303$)		男性 ($n=236$)		女性 ($n=387$)	
	M	SD	M	SD	M	SD	M	SD
先見性因子	3.43	0.66	3.18	0.69	2.50	0.67	2.59	0.70
近視眼因子	4.32	0.75	4.33	0.72	3.57	1.18	3.60	1.15
因子間相関	.372**		.310**		.242**		.428**	

学年

	米国回答者				日本回答者			
	1年生 ($n=69$)		2年生 ($n=99$)		1年生 ($n=151$)		2年生 ($n=178$)	
	M	SD	M	SD	M	SD	M	SD
先見性因子	3.30	0.77	3.16	0.65	2.57	0.69	2.49	0.68
近視眼因子	4.21	0.88	4.27	0.64	3.52	1.22	3.55	1.25
因子間相関	.345**		.268**		.454**		.311**	
	3年生 ($n=110$)		4年生 ($n=96$)		3年生 ($n=215$)		4年生 ($n=66$)	
	M	SD	M	SD	M	SD	M	SD
先見性因子	3.21	0.68	3.24	0.70	2.56	0.71	2.52	0.65
近視眼因子	4.37	0.66	4.39	0.76	3.62	1.04	3.61	1.16
因子間相関	.404**		.260*		.323**		.400**	

金融教育の既往経験

	米国回答者				日本回答者			
	履修者 ($n=184$)		未履修者 ($n=199$)		履修者 ($n=201$)		未履修者 ($n=420$)	
	M	SD	M	SD	M	SD	M	SD
先見性因子	3.22	0.66	3.24	0.72	2.67	0.65	2.50	0.70
近視眼因子	4.39	0.70	4.27	0.74	3.61	1.12	3.58	1.18
因子間相関	.300**		.335**		.417**		.324**	

注：$^{*}p<.05$、$^{**}p<.01$

融教育がより良い金融行動に寄与している可能性が窺えた（表4-7）。

3　結果と考察

　本調査では、日米の大学生の金融行動に関し、有意差が見られた。米国の

148　第Ⅱ部　実証編

大学生は、金融行動10項目すべてにおいて、日本の大学生より高い有意な平均値を示した。特に、「ニーズとウォンツを理解している」「現在の消費が将来に与える影響を考えている」に関し、高い有意差が見られた。

　また、本調査では、「先見性」因子と「近視眼」因子の傾向についても分析を行い、米国男子学生は、米国女子学生より「先見性」因子が有意に高く、日本においては、逆の傾向が見られた。その結果から、米国男子学生は、米国女子学生よりも経済的に自立しているといえるが、日本の場合は、女子学生の方が、経済的に自立しているといえよう。また一方、学年効果に関しては、日米ともに学年が上がるにつれて、「近視眼」傾向が高まっていることが明らかとなった。このことからこれまでの大学生活や大学での金融教育は、「先見性」を持ち、将来設計をするという金融行動に寄与していないことが窺える。それゆえに、卒業後、経済的に自立するためにも大学生の金融行動を健全なものに変容させることができるよう、現状の大学教育における金融教育を再検討する必要があるだろう。さらに、金融教育の既往経験は日本の学生の金融行動の健全性に寄与しているが、米国の学生にとって功を奏していないことも明らかとなった。米国の金融教育は、小学校から段階的に行われているにもかかわらず、本調査ではその効果が検証できなかったことは、今後のさらなる分析により、金融教育の量と質の問題、学生の特性や家庭環境、文化的な差異から、検討する必要があろう。特に、社会的背景として、米国はクレジットカードや小切手社会であり、現金での資金管理の比重が低い。そのため、日々の銀行口座の残高の管理は、より生活に密着したものとなり、その資金管理が十分にできないとクレジットカードの利用停止もしくは小切手の不渡りとなり、銀行利用が即停止される状況である。その点、日本の大学生は、未だ現金による銀行口座の管理が主流であり、資金管理の状況が日米では大きく異なる。また、大学資金の捻出の仕方も、日本の大学生は、現在5割以上が奨学金を利用して大学進学しているが、未だ親世代が学費の捻出をする家庭が多い。一方、米国の場合、2012年から2013年にかけての1年間で、公的な奨学金と民間の奨学金を含めた全国平均の奨学金利用率は85％に上っている。この数値は、2007年から2008年の1年間で80％だったのと比較しても上昇傾向にある（NCES 2011; 2015）。この奨学金に依存し

た学費捻出の状況を勘案すると、本調査結果の10項目すべての金融行動において、日本の学生よりも米国学生の平均値が高かったことが、米国の学生がより資金管理に長けていることを表しているとは言い難い。借金を抱えて大学進学をしている大多数の米国学生の資金管理に対する重要性は、より日本の学生よりも深刻な状況に置かれている。しかし、日本の学生もこの結果に甘んじているわけにはいかない。奨学金利用率（大学昼間部）は、2012年は50.7%で、2014年には52.5%に上昇している（日本学生支援機構 2012, p. 22; 2014, p. 22）。この奨学金利用率の上昇傾向を勘案すると、日本の大学生の状況は米国の大学生に近づいてきていることが示唆されるであろう。

　本調査結果からは、日本の大学における金融行動の変容につながる教育の必要性は示唆された。特に、初年度から、将来設計の準備の必要性を認識させる必要がある。米国と比較して、日本の高等学校では十分な金融教育は提供されていない。米国の経済教育協議会による"Survey of the States: Economic, Personal Finance & Entrepreneurship Education in Our Nation's Schools 2011"の報告によると、PF教育は46州の教育ガイドラインに盛り込まれた。この導入州の数は、1998年には、21州であったが継続的に増加している。その上、PF教育の実施をしている州は、1998年に14州であったのが、2011年には36州に増加した（CEE 2011）。過去10年で米国のほぼ全域にPF教育の重要性が認知され、普及したことがわかる。米国財務省の金融力に関する大統領諮問委員会により、若者の金融力の向上が国策として推進されたことも一因であろう。日本においては、文部科学省が新学習指導要領を改定し、高等学校においては2013年4月より実施された。家庭科の指導要領では、「長期的な視野での将来設計」を行うこととしている。さらには、2011年3月、文部科学省（2011）が「大学等及び社会教育における消費者教育の指針」を出したが、その指針においても、社会参画の重要性を認識するとともに将来設計を踏まえたキャリア教育を推進することとしている。さらに、金融庁は、金融教育推進会議を発足し、すべての対象に対する金融経済教育の教育内容を明らかにし、金融リテラシー・マップを作成した（金融経済教育推進会議 2014）。このようにこの数年で、日本政府も若者に対する金融教育の推進を国策として取り組み始めた。ここでも目的は、金融知識の習得

に留まらず、金融行動の変容につなげることである。そのために、金融行動の変容に寄与する効果的な金融教育の研究は求められている。

第5章

大学教育における
パーソナルファイナンス教育の実態

第1節　日本の大学（調査③）

　日本では、これまで金融広報中央委員会を中心に、学校現場において金融教育が推進されてきた（西村 2005）。しかし、その対象は小中高等学校が中心で、大学教育に関しては、大学の裁量により各大学の教育方針と独自性に一任されてきた側面があり、全国的な広がりに足踏み状態が続いていた。その中で、日本FP協会は「パーソナルファイナンスのスタンダード」（初版：2010年9月、第2版：2014年4月）の策定や大学教育現場への講師派遣など、積極的にPF教育の推進を図ってきた。また金融経済教育推進会議が2014年6月に公表した「金融リテラシー・マップ」は、大学生を1つのカテゴリーとして位置づけ、大学生に対する金融リテラシー教育の基本的内容を示した。この「金融リテラシー・マップ」によると、大学生は「社会人として自立するための能力を確立する時期」として位置づけられており、高校生の「社会人として自立するための基礎的な能力を養う時期」と若手社会人の「生活面・経済面で自立する時期」という分類と区別して、初めて独立した段階として位置づけられた。このように近年、日本においても大学生へのPF教育の重要性を認識する風潮が高まっている。

　しかし、古徳（2006, pp. 23-46）によると、大学教育における一般教養科目としてのPF教育の提供は1割程度と限定的であり、学問領域として確立するためには知の体系としての大学での研究や教育が不可欠であると指摘している。また、日本FP協会が認定しているAFP/CFP®認定教育プログラムは、資格学校を中心に提供されており、専門科目として大学における当該教育プ

152 第Ⅱ部 実証編

ログラムの提供は、2012年6月現在29大学（2014年7月現在で75大学）に留まっている。

　このような状況を踏まえると、これまで日本の大学教育に「パーソナルファイナンス」という専門の学問領域が存在せず、経済学部、経営学部、家政学部で部分的に行われているPF教育が、今後、米国のように学問領域としての確立する可能性があるのかを検討するために、日本の大学におけるPF教育の現状とニーズを把握する必要がある。そのため、本節では「金融リテラシー教育推進委員会」（座長：西村隆男横浜国立大学教授（当時）、委員：著者他5名）が実施した全国の大学を対象としたWeb調査の結果から、PF教育の実態とニーズの検討を行う。本調査において、著者は、調査票の開発および分析を担当したため、結果を援用して日本の大学におけるPF教育の実態とニーズに関する考察を行うこととする。

1　研究方法

　調査名　「金融リテラシー教育のニーズに関する大学調査」

　調査時期　2014年7月

　調査方法　Web調査

　調査対象　全国の国立・公立・私立大学、短期大学1,091校

　有効回収率　211校　19.3%

　調査内容は、同委員会で考案したPF教育プログラム（大学教養教育対象）のニーズおよび妥当性を検証するために、4つの視点（①金融知識として必要な内容、②学生への啓発・教育の方法、③関連講義／演習科目の有無、④金融教育へのニーズ）で、調査項目を作成した。

　回答を得た211大学（有効回答率：19.3%）の種別内訳は、国立大学44件（51.2%）、公立大学42件（42.0%）、私立大学125件（13.8%）であった（表5-1）。

　回答者の属性は、教職員115名（54.5%）、事務職員95名（45.0%）であった（表5-2）。

第5章　大学教育におけるパーソナルファイナンス教育の実態　153

表5-1　調査対象および回収率

種別	内訳	発送数 ($n = 1,091$)	回収数 ($n = 211$)	種別内訳（％）
国立大学		86	44	51.2%
公立大学		100	42	42.0%
	（4年生大学）	(83)	(39)	(47.0%)
	（短期大学）	(17)	(3)	(17.6%)
私立大学		905	125	13.8%
	（4年生大学）	(581)	(95)	(16.4%)
	（短期大学）	(324)	(30)	(9.3%)

表5-2　大学種別および役職・職位別回答者の属性

種別	全体（$n = 211$）	教職員（$n = 115$）	事務職員（$n = 95$）	不明（$n = 1$）
国立大学	44（100.0%）	34（77.3%）	10（22.7%）	
公立大学／短期大学	42（100.0%）	25（59.5%）	17（40.5%）	1（1.1%）
私立大学	95（100.0%）	44（46.3%）	50（52.6%）	
私立短期大学	30（100.0%）	12（40.0%）	18（60.0%）	

2　調査結果

2-1　金融リテラシーの現状

　金融リテラシーに関する内容について、実際に大学でどのように提供されているか調べたところ、「悪質商法（マルチ商法等）とその対処法」（55.9%）が最も高く、次いで「ネットショッピングに関するトラブルと対処法」（43.1%）であった。しかし、これらの内容が、講義内で指導されているかというと、それぞれ2割以下に留まり、講義内容としては、十分に普及していない現状が明らかとなった。一方、「提供していないが学生に理解させたい」内容としては、「賃貸アパート契約に関するトラブルとその対処法」（52.1%）であり、学生支援者として、一人暮らしの学生の住居トラブルに関する予防策となる賃貸アパート契約に関する基礎知識の提供の必要性が浮き彫りとなった（図5-1）。

　同じく、金融リテラシーの内容に関して大学で提供されているのは、「奨学金の利用や卒業後の返済について」（77.7%）が最頻値であった。次いで「国民年金の加入や学生納付猶予制度について」（44.1%）であった。しかし、

154　第Ⅱ部　実証編

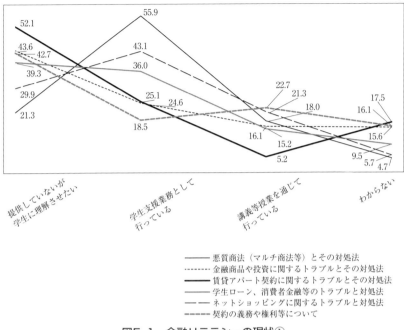

図5-1　金融リテラシーの現状①

「生涯を見通した生活設計について」は7.1%に留まり、この生活設計に関する内容は、講義で提供している割合が28.9%で、学生支援業務としての内容というよりは、講義で概念や手法を習得する内容として認識されていた（図5-2）。

さらに、前述の項目を内容別に大学種別ごとに見ていくと、以下のとおりである。「悪質商法（マルチ商法等）とその対処法」については、4年生私立大学において「学生支援業務として行っている」が64%であり、次いで短期大学（52%）、国公立大学（48%）と続いた（図5-3）。

「金融商品や投資に関するトラブルとその対処法」については、いずれの大学種別でも「提供していないが学生に理解させたい内容」として挙げており、中でも国公立大学（51%）が最も高かった（図5-4）。

「賃貸アパート契約に関するトラブルとその対処法」については、「提供していないが学生に理解させたい」との回答が、いずれの大学種別でも5割を

第5章　大学教育におけるパーソナルファイナンス教育の実態　155

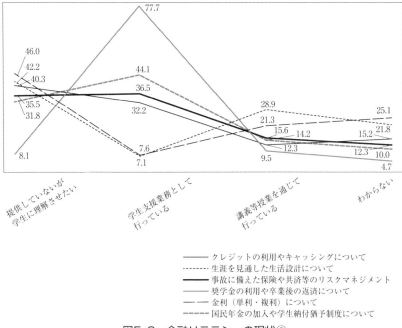

図5-2　金融リテラシーの現状②

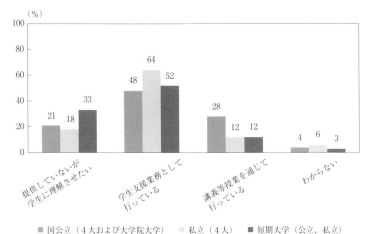

図5-3　悪質商法（マルチ商法等）とその対処法

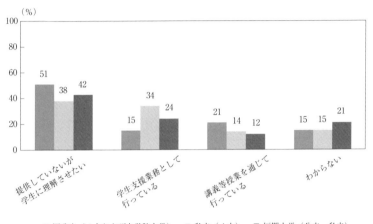

図5-4　金融商品や投資に関するトラブルとその対処法

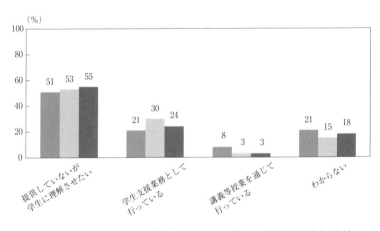

図5-5　賃貸アパート契約に関するトラブルとその対処法

超え、現在の学生支援では、十分に対応できていない現状が浮き彫りとなった（図5-5）。

「学生ローン、消費者金融等のトラブルとその対処法」については、4年生私立大学は、学生支援業務として最も力を入れており（45％）、国公立大

第5章 大学教育におけるパーソナルファイナンス教育の実態　157

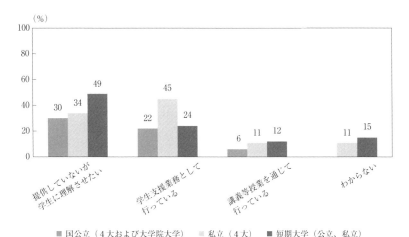

図5-6　学生ローン、消費者金融等のトラブルとその対処法

学、短期大学では、2割程度に留まった。しかし、講義で取り入れられている大学は、1割程度であった（図5-6）。

「契約の義務や権利等」については、いずれの大学種別でも「提供していないが、学生に理解させたい」が最も高く、現在の学生支援では、十分に対応できていない現状が明らかとなった。中でも短期大学でのニーズは、5割を超えていた（図5-7）。

「クレジットの利用やキャッシング」については、4年生私立大学が学生支援業務として最も高く提供しており（42%）、短期大学では、十分に提供されていなかった（15%）。しかし、「提供していないが学生に理解させたい」という回答は、いずれの大学種別でも4割近くに上り、ニーズが存在することが明らかとなった（図5-8）。

「生涯を見通した生活設計」については、他の項目と異なり、「講義等授業を通じて行っている」が2割を超え、中でも4年生私立大学では36%に上り、専門家による指導の必要な内容であることが窺えた（図5-9）。

「事故に備えた保険や共済等のリスクマネジメント」については、国公立大学の45%で学生支援業務として提供されているが、短期大学では24%に留まり、提供していないが学生に理解させたいが49%に上った（図5-10）。

158　第Ⅱ部　実証編

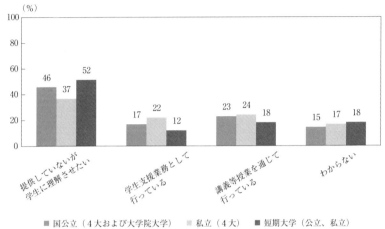

図5-7　契約の義務や権利等

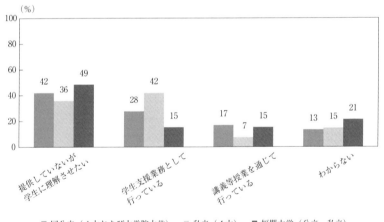

図5-8　クレジットの利用やキャッシング

　「奨学金の利用や卒業後の返済」については、いずれの大学種別でも75％以上が「学生支援業務として行っている」と回答しており、現在の学生支援では、十分に対応できていない現状が明らかとなった。中でも短期大学でのニーズは、85％であった（図5-11）。

第5章　大学教育におけるパーソナルファイナンス教育の実態　159

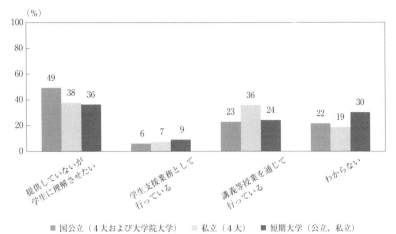

図5-9　生涯を見通した生活設計

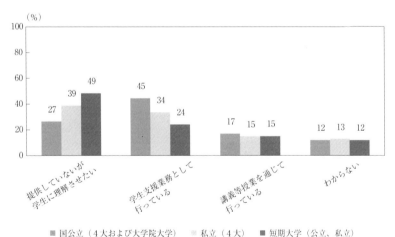

図5-10　事故に備えた保険や共済等のリスクマネジメント

「金利（単利・複利）」については、いずれの大学種別でも2割程度が「講義等授業を通じて行っている」と回答しているが、さらに「提供していないが学生に理解させたい」と4割以上が回答している。しかし、「わからない」と2割以上が回答しており、意見が分かれた（図5-12）。

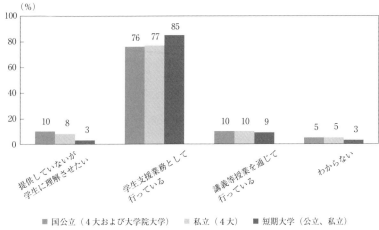

図5-11 奨学金の利用や卒業後の返済

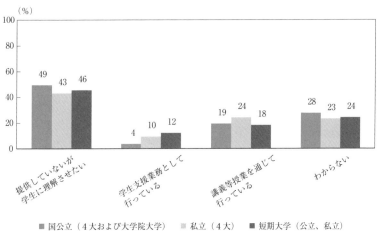

図5-12 金利（単利・複利）

「国民年金加入や学生納付猶予制度」については、いずれの大学種別でも4割以上が「学生支援業務として行っている」と回答しており、また「提供していないが学生に理解させたい」内容として、3割以上が回答していた（図5-13）。

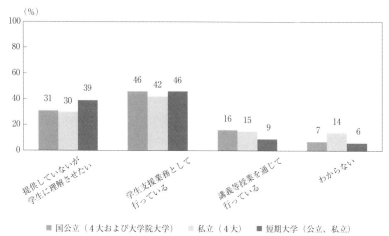

図5-13　国民年金加入や学生納付猶予制度

　以上の図5-3から図5-13の金融リテラシーの項目別の現状を整理すると、学生支援業務として行っている内容は、「悪質商法（マルチ商法等）とその対処法」「奨学金の利用や卒業後の返済」「国民年金の加入や学生納付猶予制度」の割合が高く、一方、講義の中で提供しているものとして、「生涯を見通した生活設計」「金利（単利・複利）」の割合が高かった。

　次に、消費生活に関する情報提供の手法は、「学生生活のしおり等の冊子による啓発」が約7割を占め、次いで、「学生向けリーフレットによる啓発」（5割強）、「講義で解説、注意喚起等」が約3割を占めた。一方、「授業や演習などの教育活動」では、国公立大学34％、4年生私立大学32％であるのに対し、短期大学は21％に留まった（図5-14）。

2-2　考察

　学生支援業務として提供されている内容は、「悪質商法（マルチ商法等）とその対処法」が約5割、「奨学金の利用や卒業後の返済」が7割強であり、講義で提供している内容では、「生涯を見通した生活設計」が2割以上を占め、中でも私立大学では3割以上が講義で提供していた。このことから、生活設計に関する内容は、専門家による指導が必要であることが明らかとなった。

162　第Ⅱ部　実証編

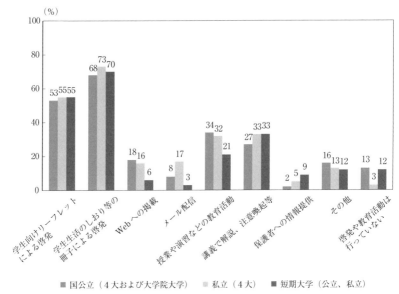

図5-14　消費生活に関する情報提供

　また、学生支援の手法は、「学生生活のしおり等の冊子による啓発」が約7割を占め、次いで、「学生向けリーフレットによる啓発」は5割強であり、学生支援といえども、資料の提供に留まっている現状が窺える。このことから、実際に大学生が悪質商法や奨学金の返済に関する知識を習得しているかは、明白ではない。

2-3　キャリア教育の提供

　キャリア教育は、国公立大学、4年生私立大学の8割以上が提供しているが、短期大学では6割に留まった。しかし、いずれの大学種別でも、PF教育の要素がキャリア教育に含まれている割合が2〜3割で、生涯設計としてのキャリア形成という視点は普及していない現状が窺えた（図5-15、図5-16）。

　PF教育のゴールとして、FP資格取得を目的としているかについては、4年生私立大学の2割が、FP資格対策講座を開講しているが、国公立大学、短期大学ともに85％以上が開講していなかった（図5-17）。

第5章 大学教育におけるパーソナルファイナンス教育の実態　163

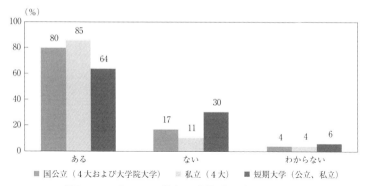

図5-15　キャリア教育の講義プログラムの有無

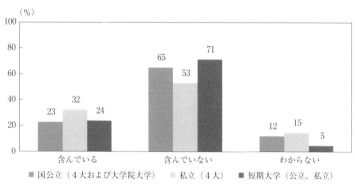

図5-16　キャリア教育の講義にPF教育が含まれているか

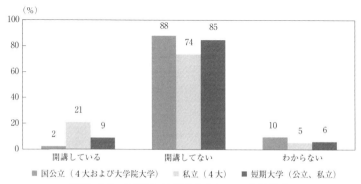

図5-17　FP資格対策講座としての金融教育

2-4　パーソナルファイナンス教育の必要性

　金融リテラシー教育推進委員会の考案したPF教育プログラムのカリキュラム内容を提示して、同様の講義を開講しているかを尋ねたところ、4年生私立大学では、58％が「講義を開講していないが、必要である」と回答し、次いで、短期大学が49％、国公立大学では46％が同じく必要であると回答した。しかし、実際に開講している比率は、いずれの大学種別でも1割に留まり、ニーズはあるが、十分に普及していない現状が明らかとなった（図5-18）。

　PF教育とキャリア教育との関係性については、「金融教育を開講していないが必要である」と回答したグループと、「キャリア科目」との有無を比較したところ、「キャリア科目がある」（53.0％）、「キャリア科目がない」（50.0％）といずれも半数以上は、PF教育の必要性を認識していた。この結果から、PF教育とキャリア教育の融合の可能性が示唆された（表5-3）。

2-5　考察

　本調査の結果から、PF教育の提供は、全体の1割に留まっていることが明らかとなった。この結果は、古徳（2006 pp. 23-46）が実施した全国シラバス調査の結果と一致する。そのため、本調査実施時期の2014年までの8年間で、大学におけるPF教育は特に普及が進まなかったことが示唆される。また、キャリア教育に関しては、国公立大学、4年生私立大学では、8割以上が提供しているが、短期大学では6割に留まった。しかし、いずれの大学種別でも、PF教育の要素はキャリア教育に含まれておらず、生涯設計としてのキャリア形成という視点は、普及していない現状が窺えた。しかし、金融教育の必要性に関しては、キャリア科目の有無にかかわらず、5割は、その必要性を感じており、大学教育におけるPF教育の必要性は、明らかとなった。

第5章　大学教育におけるパーソナルファイナンス教育の実態　165

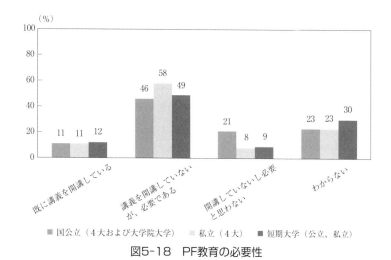

図5-18　PF教育の必要性

表5-3　金融教育とキャリア教育の関係性

	金融教育を既に開講している	金融教育を開講していないが必要である	金融教育を開講していないし必要と思われない	わからない
全体 ($n = 211$)（％）	23 (10.9)	109 (51.7)	28 (13.3)	51 (24.2)
キャリア科目がある ($n = 169$)（％）	23 (13.7)	89 (53.0)	21 (12.5)	35 (20.8)
キャリア科目がない ($n = 34$)（％）	0 (0.0)	17 (50.0)	6 (17.6)	11 (32.4)
わからない ($n = 9$)（％）	0 (0.0)	3 (33.3)	1 (11.1)	5 (55.6)

第2節　米国の大学（調査④）

　米国では、ファイナンシャルプランニングは、もともと富裕層のためのアドバイスサービスであったが、1970年代の金融サービスの多様化に伴い、中間層がより積極的に金融アドバイスを求めるようになり、発展していった（Altfest 2007［伊藤ら訳 2013］）。1990年代半ば以降、多種多様なPF教育が提供されるようになり（Hilgert, Hogarth & Beverly, 2003）、今日までPFを専門領

166　第Ⅱ部　実証編

域とする多数の研究者を輩出してきた。全国金融教育基金は、過去25年間に出版されたPF教育に関する引用件数1,400本に上る研究論文を4テーマ（①学習戦略、②金融行動の動機づけ、③評価と測定基準、④消費者動向）に分類し、研究領域の整理と今後の研究者への示唆を与えた（Hira 2010）。米国では、CFP®認定教育プログラムは大学教育を中心に提供されており、米国CFP Board（Certified Financial Planner Board of Standards）が認定する教育プログラムは、大学の学士課程から博士課程まで（修了証プログラムを含む）で全435プログラム存在している（2012年4月現在）。このような視点で、両国のPF教育を概観しても、大学教育におけるPF教育の普及と専門の学問領域としての定着に大きな差が見られる。そのため、本節では、米国の大学におけるPF教育の実態を明らかにし、当該教育の学問的位置づけおよび教育的意義を解明することを目的としている。その上で、日本の大学においてPF教育を大学教育の学問領域として位置づけるための可能性を検証する。

1　研究方法

1-1　シラバス調査

　米国CFP Boardに公開されている米国の大学のCFP®認定教育プログラム435プログラム（2012年4月現在）の学問領域を明らかにするため、各プログラムのシラバスから学問領域の整理・分析を行った。プログラムの構成は、学士課程102プログラム、修士課程41プログラム、博士課程6プログラム、修了書174プログラム、オンライン112プログラムであった。

1-2　Web調査

　米国CFP®認定教育プログラムを提供している全大学の担当者215名（2012年12月現在）に対するWebによるアンケート調査を実施し、当該教育提供の目的、教育的意義、教員の構成、教育提供側から見た当該教育提供に対する考え方について明らかにした（調査実施期間：2012年12月〜2013年1月）。

表5-4　米国CFP®認定教育プログラムの認定基準

科目	期間	科目内容
修了証プログラム	最低18単位	「包括的ファイナンシャルプランの作成」（3単位）を含む、もしくは基礎科目の270時間の履修
学士課程プログラム	全日制4年間 （最低18単位）	「ファイナンシャルプランニングプロセスと基礎／パーソナルファイナンシャルプランニングの調査」「保険プランニングと福利厚生／保険プランニングとリスク管理」「投資プラン」「証券分析とアセットアロケーション」「所得税／個人と企業の税金」「リタイアメントプランニング」「福利厚生プランニング」「相続プランと税金」「個人のファイナンシャルプランニングの事例研究」「ファイナンシャルプランニングインターンシップ」「包括的ファイナンシャルプランの作成」（3単位）を含む
修士課程プログラム	全日制2年間 （最低18単位）	学士課程科目の発展内容
博士課程プログラム	期間は様々	修士課程の内容を超えた博士論文作成

注1：すべてのコースでパーソナルファイナンシャルプランニングの過程を通じて、批判的思考力、課題解決能力、意思決定能力の育成。
注2：推奨事前履修科目：金融会計、マクロ経済、ミクロ経済、量的分析、金融、会社法、企業倫理、コンピューター、金融ソフト、カウンセリングスキル。
出典：CFP Board（2013）より一部抜粋、著者作成。

2　調査結果

2-1　シラバス調査

　米国CFP BoardのWebサイトによると4年生大学に課せられた米国CFP®認定教育プログラムの認定基準はCFP®資格試験に必要な8分野「職業倫理」「ファイナンシャルプランニングの原則」「教育資金プランニング」「リスク管理と保険プランニング」「投資プランニング」「税金プランニング」「リタイアメントプランニング」「相続プランニング」を網羅する科目設定となっている（表5-4）。

　シラバス調査により、大学で提供されているPF教育の学問領域を整理したところ、学士課程102プログラムのうち、経営／金融学部が87プログラム（85.3％）、次いで人間科学部11プログラム（10.8％）であり、圧倒的に経営／金融学部でPF教育は提供されていた。また、修士課程では、全41プログラム中、経営／金融学部21プログラム（51.2％）、人間科学部15プログラム（36.6％）の比率で、博士課程になると、全6プログラム中、経営／金融学部

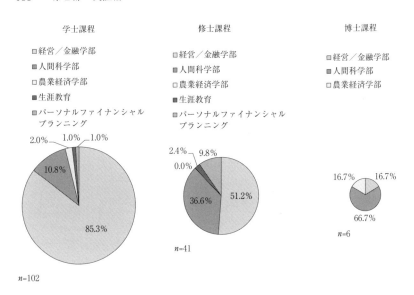

図5-19 課程別PF教育の学問領域

1プログラム（16.7%）、人間科学部4プログラム（66.7%）であり、人間科学部による研究者養成の割合が多数を占めていた（図5-19）。

また、博士課程プログラムの6プログラムは、カンザス州立大学の1プログラム、テキサス工科大学の3プログラム、ジョージア大学の1プログラム、ミズーリー大学の1プログラムである。テキサス工科大学は、最も充実したプログラムを提供しており、金融学部、農業経済学部、人間科学部で、専門科目としてパーソナルファイナンシャルプランニングを専攻し、博士課程の学位を授与している（表5-5）。

2-2　Web調査

次に、Webによるアンケート調査の回答者は29名（回答率13.4%）であり、回答者の属性は、経営／金融学部17名（58.6%）、教育学部1名（3.4%）、人間科学部（家政、生活経済、人類）3名（10.3%）、その他8名（27.6%）であった。プログラム構成は、計43プログラムのうち、修了証（学位取得ではなく修了認定プログラム）：学部レベル9プログラム、修了証：大学院レベル9プ

第5章　大学教育におけるパーソナルファイナンス教育の実態　　169

表5-5　博士課程プログラム一覧

大学名	学部名	教育プログラム名
カンザス州立大学	人間科学部	Ph.D. Human Ecology with an Emphasis in Personal Financial Planning
テキサス工科大学	金融学部	Ph.D. Finance / Minor in Personal Financial Planning
テキサス工科大学	農業経済学部	Ph.D. Agricultural Economics / Minor in Personal Financial Planning
テキサス工科大学	人間科学部	Ph.D. Personal Financial Planning
ジョージア大学	人間科学部	Ph.D. Housing & Consumer Economics with an Emphasis in Family Financial Planning
ミズーリー大学	人間環境学部	Ph.D. Personal Financial Planning

ログラム、学士課程16プログラム、修士課程6プログラム、博士課程2プログラム、その他1プログラムであった。

　認定証別にCFP®認定教育プログラム提供の主な理由を尋ねたところ、学士課程では、「金融業界への就職率増加のため」（68.8%）が最も高く、次いで「CFP®資格取得者を増やすため」（18.8%）であった。一方、修士課程では、「金融経済知識を増やすため」（40.0%）が最頻値で、「金融業界への就職率増加のため」「CFP®資格取得者を増やすため」がともに20.0%であった。米国の大学では、一般的に学部レベルおよび大学院レベルでそれぞれ学位は取得しない代わりに、少ない単位数を取得すると修了証を授与されるプログラムが提供されているが、CFP®認定教育プログラムにおいても、同様に2種類の修了証授与プログラムが存在する。大学院レベルの修了証授与プログラムでは、「CFP®資格取得者を増やすため」（60.0%）が最も高く、受験資格を取得するために認定教育を受講している様子が窺える。つまり、学位は必要ない有職者や金融機関に勤務している社会人等が、CFP®資格取得に向け限られた単位数を取得すれば認定を受けられるメリットを享受しているものと推察される。いわゆる日本における資格学校の認定教育を受講するのと同様の目的で当該認定教育を受講しているといえよう。また、学部レベルの修了証授与プログラムでは、「金融業界への就職率増加のため」（54.5%）が最頻値で、「CFP®資格取得者を増やすため」が27.3%に留まった。このことか

ら、CFP®資格試験の難易度に対して学士課程の知識レベルでは十分ではなく、学士号を保有している者が大学院レベルの講座を受講して合格できる水準であることが読み取れる。また、博士課程では、「PF教育の研究者養成」を主目的としており、米国におけるPF教育が学問領域として確立し、当該教育の充実発展を図るために専門家の養成にも力点が置かれている現状が窺える（図5-20）。

次に、大学でPF教育を提供するにあたり、その指導者の専門性および階級について検討する。教員の学位については、経営学（経済学、会計学を含む）の学位を所有している教員が最も多く（$n = 27$）、一大学当たりの経営学（経済学、会計学を含む）学位保持者は、11名以上いる大学が4大学あった。次に多かったのは、法律学の学位所持教員であった（$n = 14$）。しかし、法律学の学位保持教員は、一大学当たり1名という大学が9大学あり、法律指導の需要が多くあるわけではなく、相続・事業承継等の専門科目に必要とされていることが窺える。興味深いのは、教育学の学位保持教員は、回答者が2名であったが、いずれも6名体制でこの教育学の専門家を配置していた。各回答者の所属は、経営／金融学部、生涯教育でのプログラム提供であった（図5-21）。なぜ、教育学の専門家を多数配置しているかについては、今後の追跡調査でさらなる分析が必要である。

2-2-1　教員構成

学校教育法に定められる日本の大学の職階は、「教授」「准教授」「講師」「助教」「助手」の区分に分けられているが（学校教育法第92条）、本節では、現行の米国の職階に基づき、米国大学の常勤教員の職階である「教授」（Professor）、「准教授」（Associate Professor）、「助教授」（Assistant Professor）、「講師」（Instructor/Lecturer）の区分を採用し、議論することとする（U.S. Department of Education 2014）。

本調査の回答者の所属大学におけるPF教育の担当教員の分類を行ったところ、専任教員（教授、准教授、助教授、講師）の割合が51名（62.2％）、非常勤教員（非常勤研究者、独立系FP、企業系FP、金融機関職員）は31名（37.8％）であり、米国における専任教員の割合が高い現状が浮き彫りになっ

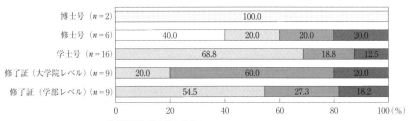

図5-20　認定証別　CFP®認定教育プログラム提供の主な理由

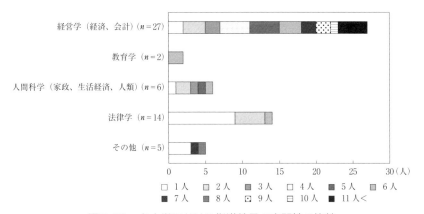

図5-21　各大学における指導教員の専門性の比較

た。

　教員の職階ごとの人数構成は、1名体制のプログラムが31プログラムあり、次いで2名体制が18プログラムであった。一方、非常勤の独立系・企業系FPを10名以上採用し、PF教育を提供しているプログラムが5プログラムあり、PF教育の提供の形が大学により異なっている現状が明らかとなった（図5-22）。

172　第Ⅱ部　実証編

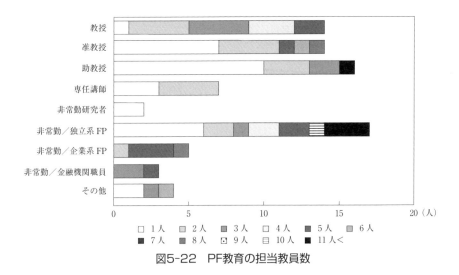

図5-22　PF教育の担当教員数

2-2-2　雇用形態別指導の利点・欠点

　さらに、上記で分類した専任教員と非常勤教員別に指導の利点・欠点を分析すると、以下の結果となった。専任教員による指導の利点として、複数回答で尋ねたところ「戦略的に、また長期的な視点でPF教育を提供できる」が18名（81.8％）、「同じ分野の研究者のネットワークを構築できる」「学会や会議等の交流を通じ、PFの学問領域を深めることができる」がともに8名（36.4％）、「PFの分野の研究を強化できる」が7名（31.8％）であった。一方、専任教員による指導の短所については、「高い人件費」9名（47.4％）、「金融業界の諸事情に精通していない」8名（42.1％）、「限定的にしか業界や金融商品に関する最新情報は入手できない」6名（31.6％）、「PFの全領域を包括的に指導できる教員のニーズが少ない」4名（21.1％）であった。PF教育を長期的に発展させ、研究の一領域として深化させていくためには、専任教員の役割が非常に重要であり、他大学の教員との交流を通じたより広範にわたる研究によって学問領域の拡充に寄与することが可能となることが読み取れる。そのためには、大学は、高額の人件費を払い専任教員を雇用していかなければならない。また、変化の激しい金融業界の動向を追跡していくには、教員の相当の努力が必要で、金融の現場にいる専門家には敵わないこと

第5章　大学教育におけるパーソナルファイナンス教育の実態　　173

表5-6　専任教員による指導の利点／欠点（複数回答）

利点（$n = 22$）	（人）	欠点（$n = 19$）	（人）
戦略的に、また長期的な視点でPF教育を提供できる	18	高い人件費	9
同じ分野の研究者のネットワークを構築できる	8	金融業界の諸事情に精通していない	8
学会や会議等の交流を通じ、PFの学問領域を深めることができる	8	限定的にしか業界や金融商品に関する最新情報は入手できない	6
PFの分野の研究を強化できる	7	PFの全領域を包括的に指導できる教員のニーズが少ない	4
指導内容とアウトプットの一貫性	1	他の経済科目との兼任	1
指導技術	1	分野によっては非常に専門性を要し、常に最新情報を入手しなければならないこと。小規模教育プログラムでは、多分野にわたり1人の教員が最新情報を入手することが困難	1
当該分野に対する適切な学術的専門性	1		

も明らかとなった。仮に専任教員数が少ない小規模プログラムでは、1人の教員が多数の科目を担当することもあり、各科目の最新情報を入手し続けることが難しいことも課題として挙げられた（表5-6）。

　一方、非常勤教員による指導に関しては、「高度な最新金融知識」が22名（88.0％）、次いで「事例や例題を作成する実務経験が豊富」が19名（76.0％）、「金融業界の諸事情に精通している」が18名（72.0％）、「低廉な人件費」が17名（68.0％）と続いた。また、欠点として、「教育現場の慣習に精通していない」および「教授法に精通していない」が11名（55.0％）で最も多かった。次いで「十分な教育上の学位を保持していない」が7名（35.0％）であった。つまり、非常勤教員の利点は、金融業界に精通し、最新の金融商品等の情報を保有し、実際の相談業務を通じた多数の事例を知っていることであるが、大学教員としての学生への指導には、教える技術や研究論文指導等、金融知識以外の技術も求められていることが明らかとなった（表5-7）。

2-2-3　PF教育の教育的意義

　CFP®資格の取得目的のほかに、大学教育の学問として提供する意義について尋ねたところ、以下のような回答を得た。CFP®試験対策以外の学位取得の利点としては、実務家FPとして成功を収めるための資質の育成や関連分野の学術的知識を提供すること、また金融業界への就職の機会を提供する

174 第Ⅱ部 実証編

表5-7 非常勤教員による指導の利点／欠点（複数回答）

利点 (*n* = 25)	（人）	欠点 (*n* = 20)	（人）
高度な最新金融知識	22	教育現場の慣習に精通していない	11
事例や例題を作成する実務経験が豊富	19	教授法に精通していない	11
金融業界の諸事情に精通している	18	十分な教育上の学位を保持していない（博士号取得など）	7
低廉な人件費	17		
CFP®認定教育を指導できる教員が十分ではない	8	研究の指導ができない：修士論文、博士論文など	3
技術的に最新情報が必要なのは相続・事業承継分野に限定	1	批判的思考や分析を含まない実務知識に集中する傾向がある	3
学生にとっての実務家FPによる指導の鮮明な印象	1	非常勤講師は、責任を持った指導のために費やす時間が不足している	1
		欠点はない！ これまで専任教員を10年以上雇用したことはないし、今後の予定もなし	1
		状況に応じた指導の柔軟性	1

ために産業界と連携し、インターンシップの機会を設けたり、外部講師として実務家を招聘する等、ネットワークの構築も重要視している。また、学習理論としては、単に知識の提供ではなく学びの過程を重要視し、批判的思考力の習得もこのPF教育を通じて育成できるという意見が見られた。「専門家やFP協会、Fee OnlyのFA協会や産業界との交流の場を提供」という意見があったが、米国にはCertified Financial Planner Board of Standards（CFP Board）という資格認定機関とは別にFinancial Planning Association（FPA）というCFP®の協会が存在する。FPAには学生部門があり、FP業務に関心がある学生が所属することが可能で、会員になると金融業界の実務家との交流会へ参加する権利が付与される。FP業務の実務家である既会員も意欲のある学生確保の好機と捉え、就職相談ブースを設ける等、双方に特典のある機会として、地域ごとに月に1〜2度の会合が行われている。有資格者の会合参加の特典としてFPの継続単位が取得できるようになっている。また、このFPAでは年に一度の全国大会が開催され、その中で学生によるプレゼンセッションも行われており、未来の専門家育成のための業界団体による社会貢献として、有効的に活用されている産学連携の一事例である（表5-8）。

　次に、学問領域との関連からPF教育の意義を尋ねたところ、以下の3つ

第5章　大学教育におけるパーソナルファイナンス教育の実態　175

表5-8　CFP®試験対策以外の学位取得の利点

・産業界と連携したインターンシップの提供、特に資格対策を行っているわけではなく、FP業界でどのように成功を収めるかを指導している
・学生は実践的な内容を学び、FPとして働くためのアナリストの資質を身につける
・すべての金融業への精通
・生涯にわたる経済的なより良い意思決定のための知識の習得
・良い就職の機会
・本学は、地域における評判の良い公立大学で、卒業生はそのメリットを生かしている
・理論的な背景の精通。規定を学ぶのではなく過程を大切にしている
・産業界の入門レベルの資質を育成している
・特になし。CFP®に関連した単位を授与しているわけではない
・関連分野の学術的分野を網羅できる
・会議や講師等を通じ産業界の専門家を大学に呼ぶことができるネットワーク
・どんな道に進もうとも、本プログラムで身につけた知識は個人にとって非常に有益な内容である
・専門的な知識や技術だけでなく、講師や学生同士から実務家FPになるための資質を学んでいる
・多分野、産業界との連携やインターンシップや産業界への雇用の機会、奨学金や評判等
・本学の卒業生は、効果的なコミュニケーターになっており、チームワークや実務上の倫理についてもよく理解している。その上、一般的なビジネス知識や情報技術、批判的思考や国際ビジネスへの理解も併せ持っている
・数多くのネットワークの機会を提供、専門家やFP協会、Fee OnlyのFA協会や産業界との交流の場を提供
・知識、自己実現、同窓会の機会
・知識の深化および批判的思考力
・家庭経済の広範な知識、生活科学科におけるPF専攻
・広範なFP分野

の領域「Personal Financial Planning（PFP）学」「経済・経営学」「家庭経営学」に分類できた。日本では、PFの専門学科を設けている大学は日本FP協会Webサイト「学生や社会人がFPを学べる大学」（2014年6月28日現在）では存在しない。しかし、米国では、1972年にカレッジフォーファイナンシャルプランニング（コロラド州）がパーソナルファイナンシャルプランニング（Personal Financial Planning：PFP）という専門学科を創立して以来、全米の様々な大学が見倣い、多くの大学で導入されるようになった。本調査結果から見ても、PFPが一学問領域として確立しており、経済・経営学の科目である会計やコーポレートファイナンス、不動産等の関連科目としてPF教育は重要な領域として位置づけられ、大学の教育理念を満たす学問領域として評価されていた（表5-9）。

176 第Ⅱ部 実証編

表5-9 PF教育の教育的意義：学問領域

学問領域	PFP学	・完璧である。本学は「Personal Financial Planning」学科である ・本学全体の中枢の教育理念を満たしている
	経済・経営学	・会計、コーポレートファイナンス、不動産との関連がある重要な領域を占めている ・経済学科の専門分野である ・本プログラムは、専門知識と経済価値を生む学生主体のビジネス教育である
	家庭経営学	・主要科目である。家庭経営は本学の100年以上の教育理念の主要分野である

　また、キャリア形成の視点からPF教育の教育的意義を見ると、「生涯教育」「実践教育」「金融の専門家育成」という3つに分類することができた。「生涯教育」に関しては、地域の住民もしくは職業人へのキャリアアップの手段として、生涯教育の機会を提供することは、大学の地域貢献としての社会的責任を果たすことにつながり、大学教育の教育理念の1つに「生涯教育」が位置づけられていた。また、「実践教育」に関しては、米国の大学の役割として、竹田・橋長・ヒラ（2013）は、大学という教育機関は「卒業後の専門的な職業に就くことを支援するための教育機関」であることを明らかにしている。つまり、職業への移行を支援する実践的な知識や技能は大学教育において教授されるべき内容である。そのような視点からも本調査におけるPF教育は、（金融）市場で好まれる「専門職」としての学位を授与する教育プログラムであるだけでなく、実践教育の主要プログラムとしても位置づけられている。そのため、学生が実践的な訓練とキャリアを成功させるための準備を行うことを教育目的としていた。また、「金融の専門家育成」については、金融機関へ就職する専門家の育成が大学の教育理念であるので、PF教育は主要科目であるとする大学や、CFP®資格の試験準備を通して、学生のキャリアと専門家育成の双方の目的を叶える最適なプログラムであるとする意見や、様々な家庭環境の異なる顧客を支援できるようなFPを指導しているというように、多岐にわたる事例を研究し、実践力を養うプログラムになっていた。このように、米国の大学におけるPF教育は、学生のキャリア教育としての役割と、社会人のキャリアアップとしての自己啓発のための

第5章　大学教育におけるパーソナルファイナンス教育の実態　177

表5-10　PF教育の教育的意義：キャリア形成

キャリア形成	生涯教育	・我々の教育理念の1つは、生涯教育である ・我々の教育理念の1つに地域貢献がある。PF教育はその目標を達成する教育である ・生涯教育として、資格取得による信頼性の向上を求める成人に対して、今日のキャリア形成に適した専門家の育成を行うことである ・本学科の教育理念は、生涯教育の支援と社会人に対するキャリアアップにつながる専門性を高めるための最新知識と実力力の提供である ・本プログラムは、学位ではなく修了証を授与している。本プログラム修了生で、学位を所有していない学生には、学部で学位を取得するよう促している ・実務専門家の養成に応える生涯教育を行うことや、高水準のビジネス教育を学部生に行うこと
	実践教育	・実務教育の教育理念の主要プログラムである ・学部生への卒業時や卒業後の職の提供を行うこと ・学位の半分は、市場で好まれる「専門職」としての学位である ・本学は、実践教育に力を注いでおり、PF領域は最適である ・ファイナンシャルプランニングの相談業務への就職を目指す学生に対する修了証を授与する。成人へのノウハウを提供するコースではない ・学生が実践的な訓練とキャリアを成功させるための準備を行うことである
	金融の専門家育成	・本プログラムは本学の主要科目である。我々は学生を金融業界へ送り込むことを支援しており、そのことが本学の教育理念である ・専門家としての専門知識の習得を達成する ・CFP®資格試験準備として大学内で提供できるキャリアと専門家育成の最適なプログラムである ・学生が職業人となり多数の人々を支援することができるようなフィナンシャルプランニングを指導している

教育という双方のニーズに応える教育プログラムになっていた（表5-10）。

3　考察

　第2章において、日本の大学でのPF教育の提供は1割に留まっていることを述べた。また、日本FP協会が認定しているAFP/CFP®認定教育プログラムは、資格学校を中心に提供されており、専門科目として大学におけるプログラムの提供は、2012年6月現在29大学（2014年7月現在75大学）である一方、米国大学のシラバス調査で明らかとなった米国CFP®認定教育プログラムが435プログラム存在していることと比較しても、日米間では大きな差が見られることが明らかとなった。これらの結果からも、米国において、PFという学問領域が大学教育の中で独自の学問分野として位置づけられ、この分野

を専門領域とする研究者が多数いることから鑑みても、長期的な視点でこの学問領域を発展させる基盤が確立しているといえよう。米国大学のPF教育の実態から、日本の大学へ示唆されるポイントを整理すると、次の3つに集約される。

第1は、PF教育を指導できる専任教員／研究者の増員と研究業績の蓄積、第2は、研究業績を蓄積するための研究費の拡充、そして第3は、人的資質の向上に寄与するキャリア教育の視点である。

第1のPF教育を指導できる専任教員の増員は、学問領域としてのPFを発展させるために長期的な戦略のもとPF教育を提供できることや、教員の研究活動を通じて同分野の研究者のネットワークの構築や学問領域としてのPFを深化させることができる利点があった。米国の全国金融教育基金は、23名の専門家によるコロキアムを立ち上げ、実在する先行研究から今後必要とされる研究分野を明らかにするために、過去25年間の1,400の引用文献を4分野に整理し、研究者、教育者、政策決定者への示唆を与えた（Hira 2010）。米国と比較して日本のPF教育研究の実績を見てみると、日本の論文検索サイトであるCiNiiで「パーソナルファイナンス」のキーワードでヒットする論文は222件であり、さらに「パーソナルファイナンス教育」というキーワードでは、わずか22件に留まっている（2014年7月28日現在）。両国のPF教育の研究実績を比較しても研究業績の蓄積には歴然とした差が見られ、米国におけるPF教育という研究の歴史および幅広い研究の蓄積を見ることができる。そのためPF教育を資格受験対策の教育から、日本の大学における独自の学問領域として確立するためにも、長期的な戦略のもと、当該教育の推進に貢献できる専任教員の増員が望まれ、研究をさらに深化していく必要があると考える。

第2に専任教員がPF教育の専門家として研究を遂行するためには、安定的な研究費の財源確保も課題であろう。日本の研究者の世界では、日本学術振興会の科学研究費助成が主要な研究助成制度として活用されているが、米国では、先述の全国金融教育基金のように様々な業界団体や民間団体の基金等が研究委託という形で大学の教員対象の研究助成制度を設けている。このように、日本のPF教育の発展に寄与する研究助成制度の拡充も不可欠であ

る。

　第3に、米国の大学では、PF教育は、単なる資格取得のための知識や技術の習得に留まらず、専門家育成という人的資質の向上に向けた多面的で段階的な教育の介入があった。学生には、金融機関の実務家としての進路のほかにも家庭経営学の専門家、学問領域の発展に寄与する研究者と、多方面へのキャリアパスが用意され、それらを可能とする教育としてPF教育は捉えられており、米国の大学におけるPF教育の確固たる学問的位置づけが明らかとなった。また、学問領域で比較すると、米国の大学におけるCFP®認定教育プログラムは、学士課程では経営・金融学部中心（85.3％）で提供されているが、修士課程、博士課程に進むにつれて、経営・金融学部での提供が減少する一方、人間科学部での設置割合が上昇していた。この結果から、日本の大学でPF教育を専門領域として位置づける際に、研究領域のどの分野に焦点を当てるかを考慮し、学科を設置する必要がある。特に、昨今の奨学金利用者の増加傾向を勘案すると、単なる家計の収支を合わせたり、金融商品の適切な選択の手法を教えるに留まらず、このように奨学金に頼らないと進学ができない社会構造の問題点、自助努力による教育費の捻出が、ひいては子どもを育てるだけの生活力を持たない家庭には、出産自体を諦めるという選択をもたらし、社会全体としては少子化の傾向をも加速させている。このように個人の家計や金融という視点が社会全体の歪みや国際社会における日本の生きにくさを浮き彫りにするといっても過言ではないであろう。また、成熟社会の日本においては、自己の経済的成長もさることながら、社会全体の豊かさを追求していく使命がある。そのためにも単なる収入の配分を効率化した利己主義の消費行動の追求のみならず、倫理的、社会的、経済的、環境的配慮に基づいて消費行動を行い、家族、国家、地球規模で思いやりと責任を持ち、公正で持続可能な社会の発展に寄与する社会的価値行動（利他主義）の視点から自らの消費行動を考えられる力の育成が必要なのである。それは、換言すると、本書でこだわり続けている「消費者市民力」の育成に集約される。

　一方、日本の大学教育について、若者を対象にした「大学教育に対する主観的評価」の調査結果から、EU諸国との比較において「日本は職業におけ

る大学知識の活用度が顕著に低い」という結果が報告されている（本田2009, pp. 118-200）。現在のキャリア教育に対し本田（2009）は、「キャリア教育は、いかなる変化や領域にも対応可能な汎用的・一般的スキルを身につければよいという考え方であるが、その能力が過剰に称揚されること」に対し警鐘を鳴らしている。「理想の人間像を育成する理念が掲げられているが、どうすればそのような人間像が育成されうるのか、特に教育という制度の枠内で具体的にいかなる方法が可能なのかについて現段階では、何も明らかになっていない」と指摘し、「いかなる場所でも生きていける人間とは、その選択の成功・失敗の責任は個人に帰される」と述べている。その問題を解決するためには「論理的に、社会が個人に対して求める人間像の抽象性、汎用性の水準を下げるという方策」が必要で、大学教育において「職業と一定の関連性を持つ専門分野に即した具体的な知識と技能の形成に教育課程の一部を割り当てる」べきであると述べている。その教育は、「過度に狭い範囲の固定的に限定されたものではなく、特定の専門分野の学習を端緒・入り口・足場として、隣接する分野、より広い分野に応用・発展・展開していく可能性を組み込んだ教育課程のデザインが必要である」とし、そのような専門性を「柔軟な専門性」として呼んでいる。

　本田の指摘に照らしてみると、PF教育は、金融知識、社会保障、税金、不動産、保険、相続等の生活に密着した知識の取得とともに、その知識を専門レベルにすべて引き上げたものがファイナンシャルプランナーという職業で、その職業を目指さなくとも隣接する弁護士、税理士、社会保険労務士、銀行・証券・保険等の金融機関の職員、不動産会社の職員などの職業選択の基礎知識を提供することが可能である。また、世代間の継承という視点では、教員養成大学でPF教育を提供することは教員、特に社会科・家庭科教員に対し、基礎的な金融リテラシーの習得を可能とする。このような視点からも、PF教育は、単なる資格取得のための知識の提供に留まらず、大学教育において提供される学問として、職業生活への様々な応用・発展・展開を可能とする教育的意義のある一分野だと考える。

第6章

日本の大学における
教育実践からの効果検証

第1節　教養教育（調査⑤）

　OECD（2011）が2008年の日本の大学教育における学費の私費負担について調査したところ、OECD加盟国中、GDP比で私費負担割合が高い国は、韓国、米国に続き日本が3位を占めた。それに対し、同年の教育費に割り当てる日本の公的資金支出割合は、加盟国中最も低くなった。日本の家庭では、大学教育資金は、親が貯金や投資、保険の満期積立金等で準備することが一般的である。しかしながら、1999年に日本学生支援機構の奨学金制度が緩和されてから、急激に奨学金利用者が増え、奨学金利用率（大学昼間部）は、2012年は50.7％で、2014年には、52.5％に上昇している（日本学生支援機構2012, p. 22; 2014, p. 22）。このことは、日本の20年間にもわたる経済不況に起因していることが推察されるが、教育費は家計にとってより重い負担としてのしかかり、大学教育資金を奨学金利用に頼らざるをえなくなっているといえる。

　一方、学部卒業生の就職率は、1995年以来6割代に留まっており、残りの約4割は、社会保障や福利厚生の少ない非常勤職員として就職していく。このように大学生の現状は、奨学金返済を抱えながら将来の安定的な生活の保障がないという状況におかれている。

　生涯における健全な金融力を身につけることは、今日の経済社会においては、必要不可欠な能力である。しかしながら、金融商品はこの20年でより多様化し、複雑化したため、消費者は金融に関し自分に適した商品を選択するためにも金融に関する知識を身につける必要性が増した。

182　第Ⅱ部　実証編

　実際に、金融広報中央委員会「金融力調査」の結果から、若年層（18-29歳）は、自身の金融知識や判断能力に対する自己評価が低いほか、お金を使うこと等についての注意の払い方が相対的に他の世代と比較して低い傾向であることが明らかとなった（金融広報中央委員会 2012）。これらの結果から見ても、より早い段階でPF教育を提供し、金融リテラシーを身につけ、自信を持って自己の資金管理をできる力を養わせる必要がある。

　このような社会的背景を受けて、大学教育におけるPF教育の提供が求められるようになった。本節では、大学教養教育におけるPF教育実践の効果検証を行い、大学教養教育におけるPF教育のニーズを明らかにすることを目的とする。

1　研究方法

　大学教養教育における効果的なPF教育を推進するために、金融リテラシー教育推進委員会が2012年9月より2013年3月にかけて度重なる委員会で検討し開発したプログラムの教育効果について、事前・事後・追加調査の結果から次のステップを経て検証することとする。

①対応のあるt検定により、10項目の金融行動の変容を明らかにする。

②授業評価に関する学生の感想から大学教養教育におけるPF教育の意義を明らかにする。それらの分析と「金融リテラシー・マップ」の内容の比較検討を行うことにより、大学教養教育で教えられるべき教育内容の考察を行うこととする。

③追加調査の結果から、履修生の1年後の変容を測定し、金融行動の健全性に同教育の実践が寄与しているかを検証する。

④追加調査の結果を未履修生と比較検討することにより、教育効果を検証する。

　試行版プログラムは、関東地区のA国立大学の教養科目「金融リテラシー入門」にて、2013年4月から7月まで全15回の講義を実施した。A国立大学は、師範学校を前身とし、1949年に学士課程を設置している。現在は、教

第6章 日本の大学における教育実践からの効果検証 183

表6-1 講座シラバス

回	テーマ	内容
1	ガイダンス	講義、グループワーク、事例の進め方について学ぶ
2	人生の選択Ⅰ	人生の機会費用について学ぶ
3	給与と税金・社会保険	給与明細をもとに社会制度をひもとく
4	クレジット・ローン	借りることの利便性とコストを知る
5	車の購入	ペイメントオプションについて学ぶ
6	海外旅行	身近な事例から為替の仕組みを学ぶ
7	病気・入院	不測の事態への備えや保険制度の仕組みや活用を知る
8	交通事故	逸失利益と時間価値の関連について学ぶ
9	住宅購入	金利、現在価値、自己資本率について学ぶ
10	資産形成	自分の資産を積極的アプローチで形成する考え方を学ぶ
11	リストラ・失業・セーフティネット	定期収入とセーフティネットについて学ぶ
12	セカンドライフプランニング	現役時代から考えるリタイアメントプログラムを学ぶ
13	人生の選択Ⅱ	不確実性について学ぶ
14	持続可能性	金融と持続可能性の関係について学ぶ
15	試験	

育人間科学部、経済学部、経営学部、理工学部、工学部の5つの学部から構成され、学生数は、大学院生を含めると約10,000名の総合大学である。学生の学力水準は、偏差値60以上の県内トップ水準の大学である。同プログラムのシラバスは、表6-1のとおりである。大学生が直面することが想定されるお金にまつわる取引を幅広く扱い、基礎知識の習得を目的とした。

　同プログラムは、初年度は試行的にA大学で実施したが、次年度以降、他大学でも同プログラムを活用してもらえるよう、毎回異なるテーマを設定し、利用者が授業目標に適合する内容を適宜抽出できるよう工夫した。A大学での講義は、教科書の執筆者が、各執筆担当分野をオンデマンド方式で実施した。第2回の「人生の選択Ⅰ」では、様々なキャリア形成の選択肢があることを教授し、各自の10年間のキャッシュフロー表を作成し中期的な未来を予想してもらった。また、第13回の「人生の選択Ⅱ」では、投資の不確実性を体感してもらうために、4資産に分けたさいころを10回（年1回×10年間分）振り、そのさいころの目の数で投資倍率が変わる投資シミュレーションゲームを行った。毎年の資産総額から、消費に振り分ける額と投資に振り分ける額を各自決定し、最終的な勝敗は、消費総額を合計した生活満足度で測定するというゲームであった。第14回の「持続可能性」では、自己の利

184　第Ⅱ部　実証編

益の追求のほかに、世の中を良くするために資金を活用する方法を、グラミン銀行の事例や沖縄の模合の仕組みを通して紹介し、各グループで社会貢献ファンドを設立するという設定で、そのファンドの事業スキームを考案してもらった。

〈調査概要〉

調査名：大学生の金融力および消費者市民力に関する調査

調査時期：2013年4月、7月

調査対象：「金融リテラシー入門講座」履修生100名

調査方法：質問紙調査方式

回答数：事前調査100名、有効回答率100％。事後調査92名、有効回答率
　　　　92％。

履修生および調査回答者の属性は表6-2のとおりである。調査は、履修生全員に依頼し、実施した。事前調査の回答者100名（100％）のうち、男女比は、男性79％、女性21％であった。学年比は、教養科目の入門講座であるので、新入生が87％であった。科目特性は、選択履修科目であったが、科目名に「金融」という文字が入っていたので、経済学部69％、経営学部14％で社会科学系の学生が多数を占めた。また、国籍は日本人学生が89％で、他のアジア地域からの留学生が10％であった。また、開講時期が、新入生にとっては、入学最初の学期であったので、就業経験（アルバイト等）のない学生が、81％と多数であった。奨学金の利用に関しては、24％が利用しているが、大学学部（昼間部）の全国平均50.7％より、借入比率は低かった（日本学生支援機構2012）。

2　調査結果

2-1　金融行動、幸福度、不安度の変容

金融行動の変容を促す効果的な金融教育の開発が世界中で主要命題として求められている（OECD/INFE 2012b［金融広報中央委員会訳2012］；金融庁金融研究センター2013；金融広報中央委員会2007, 福原2010）。金融行動に関して、

第6章　日本の大学における教育実践からの効果検証　　185

表6-2　回答者の属性（事前）（$n＝100$）

変数	％	変数	％	変数	％
性別		生活環境		奨学金	
男性	79	実家（親元）	38	利用あり	24
女性	21	一人暮らし	47	利用なし	71
学年		寮生活	7	無回答	5
新入生	87	その他	3	卒業時までの奨学金借入総額	
2年生	5	無回答	5	10,000-2,999,000円	12
3年生	3	就業経験		3,000,000-5,990,000円	7
4年生	3	あり	14	6,000,000-8,990,000円	2
大学院	2	なし	81	9,000,000-11,990,000円	0
学部		無回答	5	≧ 12,000,000円	1
教育人間科学部	2	1ヵ月の収入		無回答	78
経済学部	69	10,000-39,999円	33		
経営学部	14	40,000-69,999円	18		
理工学部	13	70,000-99,999円	17		
その他	2	100,000-129,999円	13		
国籍		≧ 160,000円	1		
日本人	89	無回答	15		
留学生	10				
無回答	1				

10項目の金融行動を「1. 全くない」「2. めったにない」「3. 時々行っている」「4. ほとんど行っている」「5. いつも行っている」の5件法で尋ねた。教育プログラムの効果を検証するために、「1. 金融行動全体の変容」「2. 10項目の金融行動の変容」「3. 奨学金利用者／未利用者の変容」「4. 幸福度の変容」「5. 不安の変容を測定するために事前・事後調査」を実施した。

　金融行動全体の変容は、個別の項目「1. 目標達成のための必要額を試算する」から「10. 消費支出を確認する」までの項目を合計した値である。本プログラムの受講により、金融行動全体の変容度は、5.28ポイント（$p < .001$）有意に向上し、個別の10項目すべての金融行動が改善した。「9. 期限内に支払う」は、有意差が見られなかったが、それ以外の9項目は、すべて有意な改善が見られた。最も変容度が高かったのは、「3. ニーズとウォンツを理解する」（0.902、$p < .001$）である。この結果から回答者の学生は、購入する前に本当に必要なものかを吟味して購入していることが窺える。他方、最も変容が小さかったのは、「9. 期限内に支払う」（0.143）であったが、事前調査の時点から4.14ポイントを示し、8割以上の学生が「時々行っている」「ほと

んど行っている」「いつも行っている」と回答し、既に期日を遵守して支払いをしていたので、統計差が見られなかったと考えられる。さらに、「6. キャッシュフロー表を作成する」は、0.48ポイント（$p<.001$）の有意な改善が見られたが、事後調査でも、1.89ポイントに留まった。2012年に実施した全国調査（前述）でもこの項目は、「全くない」もしくは「ほとんど作成していない」学生が87%であり、約9割の学生は、長期的な資金計画を立てていない傾向が見られた（橋長・西村 2014, p. 24）。そのため、キャッシュフロー表の効果的な活用方法と作成の動機づけは、継続して教授していく必要があるとともに教授法を工夫する必要性があることが課題として挙げられた（表6-3）。

　次に、より詳細の教育効果を検証するために、「性別」「生活環境」「就業経験」「奨学金の利用」の4つの属性ごとに、金融行動の変容を調べた。その結果、有意な変容が見られた学生で「金融行動10項目の合計」の変容が最も高かったのは、「寮生活」をしている学生の9.75ポイントであった（$p<.01$）。また、項目別に見ると、「消費支出を確認する」は「女性」が最も高かった（0.79、$p<.01$）。さらに、「緊急予備資金を確保する」は、「実家（親元）」の学生の変容度が最頻値であった（0.54、$p<.05$）。「目標に向けた貯蓄をする」（0.83、$p<.01$）、「ニーズとウォンツを理解する」（2.00、$p<.05$）、「現在の消費が将来に与える影響を考える」（1.60、$p<.01$）、「支出計画や予算を反映する」（1.17、$p<.05$）、「キャッシュフロー表を作成する」（1.17、$p<.05$）は、いずれも「寮生活」の学生に有意な変容が見られた。また、「期限内に支払う」（0.37、$p<.05$）は、「奨学金の利用なし」の学生に、「目標に向けた必要額を試算する」（0.54、$p<.01$）、「支払日を確認する」（.96、$p<.01$）は、ともに「奨学金の利用あり」の学生に有意に高い変容が見られた。これらの結果から、本教育プログラムが与えた影響として、最も高い教育効果が見られたのは、寮生活の学生であり、教育を受けて、より経済的に自立し長期的な視点で生活設計を立てられるようになったことが窺えた。その一方、奨学金の利用のない学生には、期限を遵守する変容が見られ、奨学金の利用者は、支払日を意識し、目標達成に向けた必要額を管理する変容が本プログラムによりもたらされた（表6-4）。

第6章　日本の大学における教育実践からの効果検証　　187

表6-3　金融行動、幸福度、不安度の変容

		M	SD	t	df	p 値
金融行動10項目の合計 ($n = 86$)	事前	28.16	7.351	8.540	85	***
	事後	33.44	7.251			
1. 目標達成に向けた必要額を試算する ($n = 92$)	事前	2.89	1.063	2.686	91	**
	事後	3.2	0.986			
2. 目標に向けた貯蓄をする ($n = 92$)	事前	3.07	1.067	2.525	91	*
	事後	3.36	1.044			
3. ニーズとウォンツを理解する ($n = 92$)	事前	2.43	1.142	7.293	91	***
	事後	3.34	0.998			
4. 現在の消費が将来に与える影響を考える ($n = 90$)	事前	2.61	1.139	5.716	89	***
	事後	3.38	1.034			
5. 支出計画や予算を反映する ($n = 92$)	事前	2.61	1.069	5.464	91	***
	事後	3.22	1.046			
6. キャッシュフロー表を作成する ($n = 92$)	事前	1.41	0.939	4.748	91	***
	事後	1.89	1.133			
7. 緊急予備資金を確保する ($n = 90$)	事前	2.7	1.48	3.672	89	***
	事後	3.2	1.367			
8. 支払日を確認する ($n = 92$)	事前	3.26	1.452	4.507	91	***
	事後	3.96	1.24			
9. 期限内に支払う ($n = 91$)	事前	4.14	1.252	1.147	90	
	事後	4.29	1.118			
10. 消費支出を確認する ($n = 91$)	事前	3.02	1.333	4.280	90	***
	事後	3.58	1.239			
幸福度 ($n = 91$)	事前	6.46	1.759	0.961	90	
	事後	6.62	2.037			
不安度 ($n = 91$)	事前	6.30	2.132	-0.087	90	
	事後	6.27	2.087			

注：***$p < .001$、**$p < .01$、*$p < .05$

2-2　大学教養教育における金融教育の意義

　大学で、金融教育を学ぶことに関し、4件法で尋ねたところ、受講前も81.8％の学生が「大変教育的価値がある」、18.2％が「まあまあ教育的価値がある」と回答した。「あまり教育的価値はない」「必要ない」と回答した学生は、1人もいなかった。当該科目が選択必修科目であった関係で、受講を選択した時点からすべての学生が金融教育の意義を感じていた。また、履修後に同様の質問をすると、「大変教育的価値がある」が82.4％と、0.6ポイント上昇し、本プログラムは当初の期待に応える内容であり、当初の想定より履

188 第Ⅱ部 実証編

表6-4 属性別金融行動の変容

		性別						生活環境					
		男性 (n=73)			女性 (n=19)			実家（親元）(n=37)			一人暮らし (n=42)		
		M	変容率	p値	M	変容率	p値	M	変容率	p値	M	変容率	p値
金融行動10項目の合計	事後	32.49	5.31	***	36.79	5.16	***	32.00	5.71	***	33.68	4.75	***
	事前	27.18			31.63			26.29			28.93		
目標達成に向けた必要額を試算する	事後	3.11	0.26	*	3.53	0.47		2.97	0.22		3.29	0.33	
	事前	2.85			3.05			2.76			2.95		
目標に向けた貯蓄をする	事後	3.27	0.34	*	3.68	0.11		3.22	0.30		3.29	0.19	
	事前	2.93			3.58			2.92			3.10		
ニーズとウォンツを理解する	事後	3.26	0.99	***	3.63	0.58		3.49	1.00	***	3.10	0.57	***
	事前	2.27			3.05			2.49			2.52		
現在の消費が将来に与える影響を考える	事後	3.32	0.75	***	3.58	0.84	**	3.27	0.84	***	3.44	0.76	***
	事前	2.58			2.74			2.43			2.68		
支出計画や予算を反映する	事後	3.11	0.58	***	3.63	0.74	***	3.05	0.76	***	3.26	0.52	**
	事前	2.53			2.89			2.30			2.74		
キャッシュフロー表を作成する	事後	1.82	0.45	***	2.16	0.58	*	1.81	0.62	***	1.93	0.36	
	事前	1.37			1.58			1.19			1.57		
緊急予備資金を確保する	事後	3.13	0.55	***	3.47	0.32		3.08	0.54	*	3.05	0.49	*
	事前	2.58			3.16			2.54			2.56		
支払日を確認する	事後	3.84	0.68	***	4.42	0.74	*	3.65	0.43		4.05	0.83	***
	事前	3.15			3.68			3.22			3.21		
期限内に支払う	事後	4.21	0.18		4.58	0.00		4.28	0.25		4.21	0.05	
	事前	4.03			4.58			4.03			4.17		
消費支出を確認する	事後	3.44	0.50	**	4.11	0.79	**	3.11	0.56	**	3.86	0.57	**
	事前	2.94			3.32			2.56			3.29		

注：***$p<.001$、**$p<.01$、*$p<.05$

修後に価値を高く評価した学生が増えたといえる（図6-1）。

　さらに、事後調査で尋ねた大学教養教育で金融教育を学ぶ意義についての具体的な理由（自由記述）を整理したところ、図6-2のように3つの意識構造に分類することができた。最も多く見られた理由として「無知への危機感」（$n=18$）であり、大学入学時までに金融に関する内容は、学んでこなかったため、履修して改めて知らないことが多すぎるという認識が見られた。次に多かったのは「未来への探究心」（$n=7$）であり、生涯設計の具体的な

寮生活 (n = 6)			就業経験						奨学金の利用					
			あり (n = 12)			なし (n = 76)			利用なし (n = 55)			利用あり (n = 28)		
M	変容率	p値	M	変容率	p値	M	変容率	p値	M	変容率	p値	M	変容率	p値
40.50	9.75	**	36.91	3.09		32.83	5.76	***	33.15	5.42	***	35.00	5.42	***
30.75			33.82			27.07			27.73			29.58		
3.67	0.83		3.42	0.17		3.14	0.33	**	3.16	0.22		3.36	0.54	**
2.83			3.25			2.82			2.95			2.82		
4.17	0.83	**	3.92	0.08		3.24	0.32	*	3.40	0.29	*	3.25	0.11	
3.33			3.83			2.92			3.11			3.14		
3.50	2.00	*	3.33	0.92	*	3.33	0.89	***	3.40	1.05	***	3.32	0.61	**
1.50			2.42			2.43			2.35			2.71		
4.20	1.60	**	3.55	0.64		3.37	0.81	***	3.33	0.71	***	3.56	0.96	***
2.60			2.91			2.56			2.62			2.59		
3.83	1.17	*	3.83	0.50		3.13	0.68	***	3.15	0.56	***	3.46	0.82	***
2.67			3.33			2.45			2.58			2.64		
2.50	1.17	*	2.50	0.58	*	1.83	0.51	***	1.87	0.47	***	2.07	0.54	
1.33			1.92			1.32			1.40			1.54		
4.40	0.80		3.42	0.50		3.12	0.53	***	3.24	0.48	**	3.00	0.22	
3.60			2.92			2.59			2.76			2.78		
4.50	0.67		4.08	−0.17		3.91	0.83	***	3.84	0.65	***	4.32	0.96	**
3.83			4.25			3.08			3.18			3.36		
5.00	0.17		4.17	−0.33		4.31	0.21		4.30	0.37	*	4.50	−0.07	
4.83			4.50			4.09			3.93			4.57		
4.33	0.67		3.67	0.00		3.56	0.64	***	3.41	0.48	**	3.93	0.75	**
3.67			3.67			2.92			2.93			3.18		

手法を学び、将来に役立つ内容で、かつ社会に出る前に学ぶことの重要性の認識が見られた。また、少数ではあったが、「教養としての満足感」（n = 4）として、大学生の間に資産運用を始める必要性を認識するとともにその金融に関する基礎概念を学べ、教養が身についたという満足感が得られていた。

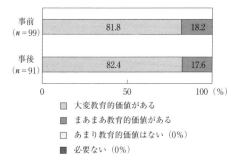

図6-1 大学教養教育で金融教育を学ぶ意義

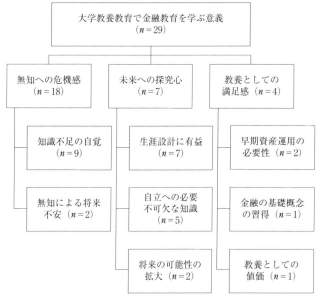

図6-2 大学教養教育で金融教育を学ぶ意義に関する理由

2-3 必修科目としての金融教育の提供

次に、金融教育が必修科目として大学で提供されることに対する考え方を聞いたところ、「大変必要である」(40%)、「どちらかといえば必要である」(44%)であり、8割以上が必要だと考えていた。また、その理由として「大変必要である」では、学部を問わず必要な知識である、知らないことを多く

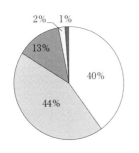

「大変必要である」
・どんな学部にいても必要な知識だから
・必要不可欠だから
・知らないことを多く知ることができたから
・実践的
・知らないことが多すぎる。知る必要がある
「どちらかといえば必要である」
・大変、実用性の高い内容であるから
・必修で習ってもいいほど役に立つから
・基本として知っておくべきことだと思うので
・必要とは思うが時間をとることが難しそうだから
・金融リテラシーに乏しいから
「あまり必要ない」
・興味のない人に受けさせても無意味だと思うから
・必修である必要はない。受けたい人だけ受ければよい

□ 大変必要である（$n=36$）
▨ どちらかといえば必要である（$n=40$）
▩ あまり必要ない（$n=12$）
□ 必要ない（$n=2$）
■ わからない（$n=1$）

図6-3　必修科目としての金融教育の提供に関する考え方と理由

知ることができた、という意見が挙げられた。一方「あまり必要ない」では、興味のない人に受講させても無意味だと思う、関心のある人が受ければよい、という意見が挙げられた（図6-3）。

2-4　金融教育でさらに学びたい分野

今回の基礎知識をさらに深化させるために、より詳細を学びたい分野は、「投資と貯蓄」（$n=39$）が最も多く、次いで、「税金」（$n=17$）、「資金管理」（$n=14$）が続いた。「投資と貯蓄」が4割強を占めたことから、講義を通して早期の資産形成の必要性を認識し、その具体的手法を学びたいという動機づけができたことが見受けられる（図6-4）。

2-5　日本の大学生の幸福度・不安度

もともと「幸福度」や「幸せ」は、哲学や倫理学で議論されてきたが、その後、心理学や社会学でもその概念を扱うようになった。しかしながら、日本においては、1990年代に経済学でも数多く扱うようになった（大竹・白石・筒井 2010）。また、白石（邦訳：2012）は、Frey（2008）の訳書の中で、欧米では数多くの先行研究が見られるが、日本においては経済学の学術的冊子

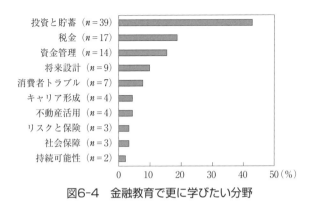

図6-4　金融教育で更に学びたい分野

の「EconPapers」では、2000年以降に、2,000件以上の幸福度に関する論文が執筆されていることを報告している。また、白石は、このように日本の論文が経済学に限定されている理由は、マクロデータへのアクセスが容易でないことを要因として挙げている。幸福度の研究は、パネルデータにより、計量経済学を用いて、様々な属性がどのように主観的幸福度に影響を与えるかを分析することが必要だとしている。

これらの先行研究を踏まえ、本研究では、大学生の属性により、本プログラムの受講がどのように幸福度と不安度に影響を与えたかを検証した。金融教育の分野では、"Well-being"は、様々な解釈が見られるが、橋長（2013, p. 96）は、金融のWell-beingを、「健康で、幸福で、経済的ストレスのない生活」と定義している。本節でも同様の定義を採用することとし、「不安度」に関しては、「将来の生活設計や資金管理の不安」と定義する[14]。最も世界的に定評のある指標は、主観的幸福度であり、0が「全く幸福でない」から10が「とても幸福である」までの11段階の尺度である（Bok 2010; 内閣府 2010; European Social Survey 2013; World Values Survey 1999-2004; Frey 2008; 大竹・白石・筒井 2010; OECD 2013a）。他方、不安度に関しても、0が「全く不安ではない」から10が「とても不安である」を採用し、低い値は不安度が少ないことを示す。よって、両方の尺度を用いることとする。本プログラムの効果を測定するために、事前調査で受講前の基準を調べたものが表6-5である。

第6章　日本の大学における教育実践からの効果検証　　193

表6-5　属性別事前調査の幸福度・不安度の平均値（n＝100）

幸福度			不安度		
性別	M	SD	性別	M	SD
男性	6.29	1.810	男性	6.18	2.283
女性	6.90	1.578	女性	6.00	2.236
合計	6.42	1.773	合計	6.14	2.263
奨学金の有無			奨学金の有無		
利用者	6.08	1.530	利用者	5.92	2.586
未利用者	6.55	1.881	未利用者	6.34	2.097
合計	6.43	1.802	合計	6.23	2.224
生活環境			生活環境		
実家	6.61	1.498	実家	6.55	2.076
一人暮らし	6.21	1.966	一人暮らし	5.81	2.319
寮生活	6.57	2.507	寮生活	7.71	1.704
合計	6.43	1.802	合計	6.23	2.224
就業経験			就業経験		
あり	6.36	2.341	あり	6.50	2.139
なし	6.44	1.710	なし	6.19	2.248
合計	6.43	1.802	合計	6.23	2.224

　男性の幸福度の平均値は、6.29ポイント（SD＝1.810）である一方、女性は、6.90ポイント（SD＝1.578）である。内閣府（2010）における日本の全年齢の幸福度の平均は、男性が6.24ポイントで、女性が6.69ポイントであった。また、年齢層別に見ると、若年層（15-29歳）の平均は6.52ポイントであり、最も高い幸福度を示したのは30-39歳代の6.73ポイントで、その後は年齢が上昇するにつれて減少傾向が見られた。それゆえに、本調査の男性回答者は、男性全体の平均値よりも0.05ポイント高く、若年層（15-29歳）の平均よりは、－0.23ポイント低かった。一方、本調査の女性回答者の幸福度は、日本の女性の平均値より0.21ポイント高く、若年層（15-29歳）の平均よりも、0.38ポイント高かった。このことから、本調査の女性回答者は、男性回答者に比べても、本プログラム受講前の幸福度は高いことが窺えた。奨学金利用の有無についても、奨学金利用者の幸福度は、M＝6.08、SD＝1.530であり、未利用者のM＝6.55、SD＝1.881よりも、0.47ポイント低かった。興味深いことに、奨学金利用者の不安度（M＝5.92、SD＝2.586）は、未利用者（M＝6.34、SD＝2.097）よりも0.42ポイント低くなった。このことから、奨学金利用者は、奨学金を受給することにより4年間の学費の工面ができ、安心感を

194　第Ⅱ部　実証編

得ていることが窺える。生活環境で見ると、実家から通っている学生の幸福度が最も高く（$M = 6.61$、$SD = 1.498$）、一方、寮生活の学生の不安度は最も高くなった（$M = 7.71$、$SD = 1.704$）。さらに、就業経験で見ると、就業経験者は幸福度が低く（$M = 6.36$、$SD = 2.341$）、就業経験のない学生（$M = 6.50$、$SD = 2.139$）より不安度を感じていることが明らかになった。

2-6　重回帰分析によるPF教育の効果検証

　次に、学生の属性によりどのようにPF教育が学生の金融行動に影響を与えたかを検証する。性別ダミー（1＝男性、0＝それ以外）、生活環境ダミー（1＝一人暮らし、0＝それ以外）、就業経験（1＝就業経験あり、0＝それ以外）、奨学金ダミー（1＝利用者、0＝それ以外）の4つのダミー変数を用いた重回帰分析を行った。はじめに、金融行動に与えた影響を測定するため、「金融行動の変容」を被説明変数として、検証した回帰式は以下のとおりである。

　　金融行動の変容
　　　　＝定数項（Constant）
　　　　＋Coeff.　×　性別ダミー（1＝男性）
　　　　＋Coeff.　×　生活環境ダミー（1＝一人暮らし）
　　　　＋Coeff.　×　就業経験（1＝就業経験あり）
　　　　＋Coeff.　×　奨学金ダミー（1＝利用者）
　　　　＋誤差（error term）

　1つ目の性別ダミーの重相関係数は、他の影響を一定にした場合の性別によるPF教育の効果の差を示す。2つ目は、生活環境ダミーで一人暮らしのときに1でそれ以外が0を示す。3つ目は、就業経験ダミーで就業経験があれば1、それ以外が0である。最後は、奨学金ダミーで利用者は1、未利用者は0を示す。定数項は、すべてのダミー変数が0の回答者の平均的な金融行動の変容を示す。標準誤差は、ダミー変数では説明できないとする個別の影響の度合いを示す。

　金融行動の変容は、重決定変数（0.011）と補正変数（−0.038）ともにとて

第6章　日本の大学における教育実践からの効果検証　195

表6-6　重回帰分析：金融行動の変容

回帰統計				
重相関 R	0.107			
重決定 R^2	0.011			
補正 R^2	−0.038			
標準誤差	5.867			
n	85			

	Coeff.	SD	t	p値
定数項	5.956	1.820	3.272	***
性別ダミー （男性＝1、それ以外＝0）	0.157	1.549	0.101	
生活環境ダミー （一人暮らし＝1、それ以外＝0）	−1.043	1.388	−0.752	
就業経験ダミー （就業あり＝1、それ以外＝0）	−0.842	1.327	−0.635	
奨学金ダミー （利用者＝1、それ以外＝0）	0.647	1.511	0.428	

注：$***p<.001$、$**p<.01$、$*p<.05$

も低く、ダミー変数による影響ではなく、誤差による影響である。いずれの
ダミー変数も有意ではない。唯一、定数項（5.956）が有意である（$p<.001$）。
そのため、本プログラムは、金融行動へのプラスの効果は見られるが、性別
や、生活環境、就業体験、奨学金の利用による影響は見られないといえる
（表6-6）。

　次に、被説明変数を「幸福度の変容」とした重回帰分析の結果である。こ
の分析結果は、全体として当てはまりが悪く、また定数項、すべての係数に
有意差が見られなかった。授業の前後で幸福度に変化があったとしても、属
性別に見て統計学的に意味のある傾向は見当たらないということである（表
6-7）。

　最後に、「不安度の変容」を被説明変数にした結果である。金融行動の変
容や幸福度の変容の結果と異なり、就業体験と奨学金ダミーにそれぞれ有意
差が見られた（$p<.01$）。不安度の平均は、定数項から0.239ポイント上昇し
たが、統計的に有意差は見られなかった。すなわち、就業体験のある学生の
変容は、定数項との差の0.744ポイントの減少であり、すなわち本プログラ
ムにより不安度が減少したことを示している。一方、奨学金利用者は1.107

第Ⅱ部　実証編

表6-7　重回帰分析：幸福度の変容

回帰統計				
重相関 R	0.194			
重決定 R²	0.038			
補正 R²	−0.007			
標準誤差	2.818			
n	91			

	Coeff.	SD	t	p値
定数項	−0.565	0.859	−0.658	
性別ダミー 　（男性＝1、それ以外＝0）	0.581	0.735	0.791	
生活環境ダミー 　（一人暮らし＝1、それ以外＝0）	0.714	0.641	1.114	
就業経験ダミー 　（就業あり＝1、それ以外＝0）	−0.618	0.619	−0.998	
奨学金ダミー 　（利用者＝1、それ以外＝0）	−0.081	0.696	−0.118	

注：$***p<.001$、$**p<.01$、$*p<.05$

ポイントの不安度の増加が見られ、このことは、定数項に加えると1.346ポイント不安度が増加したことを表す。言い換えれば、本プログラムを履修した奨学金利用者の学生に不安度が増したことを示す。その他の、性別や生活環境には、有意差が見られなかった。このことから、就業経験については、働いて自ら収入を得ることで、将来のお金に関する理解が深まり、何とかやっていけるという自信を持つことができて、不安感が解消されたことが推察されるとともに、奨学金利用者にとっては、授業を受けることで奨学金の返済について真剣に考えるようになり不安度が増したことが窺える（表6-8）。

3　結果と考察

　本節では、大学教養教育のPF教育プログラムの教育効果を検討するため、履修生100名の事前・事後調査から金融行動、幸福度、不安度の変容および大学教養教育における金融教育の意義について分析を行った。その結果、10項目からなる金融行動のすべてに関し改善が見られ、中でも最も高い変容が見られたのは、「ニーズとウォンツを理解する」である一方、変容率が低かったのは「期限内に支払う」であった。さらに属性別に見ると、寮生活の

第6章　日本の大学における教育実践からの効果検証　　197

表6-8　重回帰分析：不安度の変容

回帰統計				
重相関 R	0.299			
重決定 R^2	0.089			
補正 R^2	0.047			
標準誤差	2.360			
n	91			

	Coeff.	SD	t	p 値
定数項	0.239	0.719	0.332	
性別ダミー	0.006	0.615	0.010	
（男性 = 1、それ以外 = 0）				
生活環境ダミー	0.043	0.537	0.080	
（一人暮らし = 1、それ以外 = 0）				
就業経験ダミー	−0.983	0.518	−1.896	**
（就業あり = 1、それ以外 = 0）				
奨学金ダミー	1.107	0.583	1.901	**
（利用者 = 1、それ以外 = 0 ）				

注：$***p < .001$、$**p < .01$、$*p < .05$

学生に「目標に向けた貯蓄をする」「ニーズとウォンツを理解する」「現在の消費が将来に与える影響を考える」「支出計画や予算を反映する」「キャッシュフロー表を作成する」の項目で他の属性よりも高い有意な変容が見られた。そのことから、本教育プログラムは、寮生活の学生に対し、より経済的に自立し長期的な視点で生活設計を立てられるようになる教育効果をもたらしたといえる。また、奨学金を利用していない学生には、期限を遵守する変容が見られ、奨学金の利用者には、支払日を意識し、目標達成に向けた必要額を管理する変容が見られた。

　また、大学教養教育での金融教育の提供は、履修生の満足度からも妥当性のある教育内容であった。学生は、これまでこのような金融に関する内容を学ぶ機会がなく、自らの知識不足を危機感として自覚していた。そのため、履修生は、金融に関する知識を有しないまま社会人になることへの不安や、実社会へ出る前に金融に関する内容を学ぶ必要性を再認識しており、大学時代に学ぶ内容としてPF教育を価値のある教育内容と評価していた。

　さらには、履修生は、金融教育を金融の知識の習得のための教育に留まらず、生涯設計への有益性やキャリア形成の視点から自らの可能性を広げるも

198 第Ⅱ部 実証編

のとして捉えていた。さらに、時間価値の概念を理解し、早期の資産形成の効果を実感し、今後、学びを深めたい分野として、4割以上が「投資と貯蓄」を挙げていた。このことからも、資産形成に関する運用の知識の提供は、大学教養教育における適切なPF教育の内容といえよう。

　先に挙げた「金融リテラシー・マップ」における大学生が習得すべき内容は4分野に分かれているが、「家計管理」分野では、「収支管理の必要性を理解し、必要に応じたアルバイト等で収支改善をしつつ、自分の能力向上のための支出を計画的に行える」という目標に対し、本プログラムでは、消費支出の確認や支払日の確認、支出計画や予算を反映するという項目で有意な改善が見られたが、その支出目的が「自分の能力向上」のためのものかどうかについては分析できていない。次に、「生活設計」分野では、「卒業後の職業との両立を前提に夢や希望をライフプランとして具体的に描き、その実現に向けて勉学、訓練等に励んでいる。人生の三大資金等を念頭に置きながら、生活設計のイメージを持つ」という目標に対し、本プログラムは、キャッシュフロー表の作成を通じ、多様なキャリア形成の在り方、人生の三大資金を意識しながらの生活設計のイメージを持たせることができた。実際にキャッシュフロー表を日々の生活で作成している学生は、まだ少数であるが、履修後につけ始めた学生数は増加している。このように、キャリアプランを意識した生涯設計の動機づけはできたが、そのことにより「その実現に向けて勉学、訓練等に励んでいる」のかどうかについては、今後の追跡調査で明らかにする必要がある。「金融知識及び金融経済事情の理解と適切な金融商品の利用選択」分野については、金融商品の3つの特性（流動性、安全性、収益性）や、時間価値、金利動向、インフレ・デフレ等の金融の基礎概念には触れたが、実生活で適切な金融商品を選択し利用しているかまでは、追跡できていない。この点は、次の課題となろう。しかしながら、現在の消費が将来に与える影響については、就業経験がある学生以外は有意に改善していることや、さらなる学習の関心が投資と貯蓄に向けられていたことからも、早期の資産形成の有効性を実感し、長期的な資金管理をもとに現状の支出を制限することができているといえよう。保険商品に関しては、リスクの種類や内容に触れ、そのための保険の役割、自動車事故に遭遇したときの自賠責保

険の保障の限界や任意保険の範囲等についても本プログラムでは扱った。だたし、実際に自身の保険を見直し、もしくは新規加入したかどうかについては検証できていないので、この点も今後の課題となろう。奨学金の利用者が「自力で返済する意思を持ち、返済計画を立てることができる」のかどうかについては、直接の意思確認はできていないが、日々の生活の中で奨学金利用者の支払日の確認に関する意識変容は、奨学金を利用していない学生よりも高く表れていたので、本プログラムは奨学金利用者の健全な金融行動へ寄与できたといえよう。しかし、自身の奨学金返済に関する意思や返済計画に関しては、追加の調査が必要である。ローンやクレジットに関してもリボルビング払いの金利負担の影響や、ローン利用者の信用情報機関への記録が滞納時に与える影響についても扱ってきた。この点は、本調査結果から行動変容を明らかにできていないため、追加調査で検討を行う。資産形成商品に関しては、本プログラムでは、リスクとリターンの関係、長期分散投資の効果、自己責任で運用商品を選択することなどの運用の基礎概念を扱っている。学生は、実際にインターネットで自分のリスク許容度や生活設計に合う運用商品を比較分析したり、投資シミュレーションゲームを通じて不確実性についても体感しているので、投資のイメージはつかめているであろう。実際に投資と貯蓄に関する学びを深めたいという調査結果からも、履修者の資産形成に対する動機づけができているといえる。履修後に実際に運用を始めたかどうかについては、追加調査で明らかにしたい。最後に、「外部の知見の適切な活用」分野に関しては、本調査では、明らかにできていないので、この点についても今後の課題となろう。また、21世紀型能力の「生き方を主体的に選択できるキャリア設計力」に関しても、PF教育の意義を将来設計に有益で自分の可能性を広げるものと評価していることから、キャリア形成への視野を広げたといえよう。

　重回帰分析の結果から、不安度の変容に関し、就業経験と奨学金ダミーにそれぞれ有意差が見られた（$p < .01$）。すなわち、本プログラムを履修した奨学金利用者の学生に不安度が増したことを示す。その他の性別や生活環境には、有意差が見られなかった。このことから、就業経験については、働いて自ら収入を得ることで、将来のお金に関する理解が深まり、何とかやって

いけるという自信を持つことができて、不安感が解消されたことが推察されるとともに、奨学金利用者にとっては、授業を受けることで奨学金の返済について真剣に考えるようになり不安度が増したことが窺える。このことから、日本学生支援機構が奨学金の貸与の際、米国の奨学金制度のように、学内の奨学金支援課で、返済可能額の試算や返済計画に関するコンサルテーションを実施した上で、返済額を決定することが必要である（竹田・橋長・Hira 2013）。また、貸与型ではなく、米国のように公的、非営利、民間と様々な団体により提供される給付型の奨学金が増えることも望まれる。

　また、消費者市民力の育成に関しては、図6-4で示されたように、さらに学びたい分野として「持続可能性」を選んだ学生は2%に留まった。この点は、今後の教育手法および内容の課題であるが、本実践では、第15回に「持続可能性」を扱い、「幸せの経済学」のDVDを視聴後、グローバリゼーションが地域社会を崩壊させる事例、地域の循環型社会がいかに人々の雇用を生み、地域を豊かにするかを学んだ。また、グラミン銀行や沖縄の模合を紹介し、社会的に役立つ金融についてグループごとに市民ファンドの事業スキームの考案を行った。しかし、全体の15回の中では、わずか1回のみの扱いであったので、印象が弱かったことも推察され、教育手法を再検討する必要がある。今後の課題としては、これまで金融が世の中を豊かにしてきた経緯に触れるとともに、各回のテーマが、どのように消費者の社会的価値行動と結びついているかを検討させる教育内容を盛り込めるかが、学生に社会を豊かにする個人金融および消費行動を考えさせる鍵となろう。

4　追加調査
　さらに、同試行版プログラムの履修生の1年後の金融力および消費者市民力の変容を検証するために、Web調査による追加調査を実施した。また、非対照群として同試行版プログラムを受講していない学生11名に対し、対面式の講義にて同様の質問紙調査を実施し、両者の金融力および消費者市民力について分析を行った。

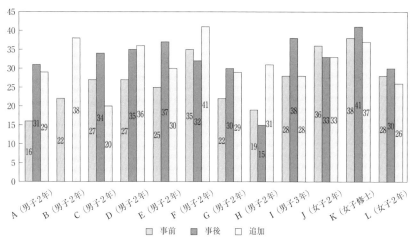

図6-5 「金融行動10項目の合計」の変容

〈調査概要〉
調査名：大学生の金融力および消費者市民力に関する調査
調査時期：2015年1月
調査対象：「金融リテラシー入門講座」履修生40名、未履修生11名
調査方法：Web調査（履修生）および質問紙調査（未履修生）方式
回答数：履修生12名、有効回答率30％。未履修生11名、有効回答率100％。
性別：履修生：男子9名、女子3名、未履修生：男子11名
学年：履修生：2年10名、3年1名、修士1名、未履修生：3年11名

4-1　調査結果

　1年後の金融行動の変容を分析すると、表6-3で尋ねた金融行動10項目について、履修生12名の変容は、以下のとおりであった。その結果、1年後の追加調査で最も高い変容を示した学生が4名、授業直後の事後調査が最も高かった学生が7名、授業の事前調査の結果が最も高かった学生が1名であった。このことから、同試行版プログラムは金融行動に有効に作用したことが窺える（図6-5）。

202　第Ⅱ部　実証編

　さらに、消費者市民力を測定する「社会参画力」および「倫理的・責任あ
る市民力」の変容であるが、事前・事後調査では、表6-9、表6-10の項目に
関し、該当するものを1位から3位まで選択させる質問であり、追加調査で
は、意識の変化を分析するため、「4.そう思う」「3.どちらかといえばそう思
う」「2.どちらかといえばそう思わない」「1.そう思わない」の4件法で尋ね
た。その結果、「社会参画力」では、「労働」による社会貢献を「そう思う」
と回答した学生が8名と最も多くなった。また、「フェアトレード商品の購
入」による社会貢献を「そう思う」と回答した学生が5名、「どちらかとい
えばそう思う」が6名で、1名の否定的な考えの学生を除き、大多数が「フェ
アトレード商品の購入」により社会貢献したいと考えていた。このことは、
事前・事後調査では、この項目を1位に選択した学生がいなかったことと比
較すると、講義を通じ、フェアトレード商品の役割と意義を認識し、一定期
間経過後にその価値を認識したということが推察される。他方、事前・事後
調査で1位に選択していたが、追加調査では否定的な考えに変容したものと
して「寄付募金」が挙げられる。追加調査で「寄付募金」を1名の学生が
「そう思わない」、3名が「どちらかといえばそう思わない」に考えを変容し
ていた。このことから、寄付や募金は、一時的な支援としては有効であるが、
支援を受けた者の持続的な自立に向けた支援への効果としては限定的である
こと。授業では、グラミン銀行や沖縄の模合の事例を紹介し、資金提供を通
じ、持続的な経済的自立を促す方法を学習した。そのことも寄与してか、日
常の「消費行動」や「投資行動」による継続的な支援で貢献したいという考
えに移行したものと思われる（表6-9）。

　次に、「倫理的・責任ある市民力」であるが、事前、事後、追加調査で最
も支持が多かったのは、「優秀な能力を有した人材」であった（事前調査1
位：5名、事後調査1位：5名、追加調査「そう思う」：10名、「どちらかといえば
そう思う」：2名）。そのほかに追加調査ですべての学生が支持していたのが、
「企業の資金力」「他国との連携」である。一方、「個人の資金力」は、否定
的な意見が過半数を超えていた。個人の資金だけでは、社会を変えられない
と考えていることが窺える。また、「世界に通じる倫理観」については、意
見が半数に分かれた（表6-10）。

表6-9 「社会参画力」の変容

	ボランティア	寄付募金	労働	署名活動	消費行動	フェアトレード商品の購入	税金の納付	好きな企業への投資	社会貢献活動をしている企業への投資
A（男子2年）		○						◎	
B（男子2年）									○◎
C（男子2年）		○◎							
D（男子2年）		○◎							
E（男子2年）		○◎							
F（男子2年）									○◎
G（男子2年）				◎	○				
H（男子2年）		○◎							
I（男子3年）	○						◎		
J（女子2年）			○				◎		
K（女子修士）								○◎	
L（女子2年）		○						◎	

■ そう思う　■ どちらかといえばそう思う　□ どちらかといえばそう思わない　□ そう思わない
○ 事前調査1位　◎ 事後調査1位
注：第4章第1節の図4-4「社会貢献についての意識」では、項目の1つに「賛同できる企業への投資」がある
　が、本調査では、解釈を容易にするために「好きな企業への投資」という項目名に変更した。

4-2　履修生と未履修生の比較

　履修生の追加調査の結果と、非対照群としての未履修生の金融力と消費者市民力の傾向を分析した。まず、「金融行動10項目の合計」について見ると、履修生（$M = 31.50$、$SD = 5.839$）と未履修生（$M = 26.00$、$SD = 6.542$）では、履修生の方が高かった。また、金融行動10項目の各項目を比較しても、すべての項目について履修生の方が高くなっている。中でも最も差が大きかったのは、「緊急予備資金を確保する」（履修生：$M = 3.92$、$SD = 1.165$、未履修生：$M = 2.09$、$SD = 1.136$）であった。このことから、緊急予備資金の準備が生活設計の最優先順位であり、それを履修生は実行に移していることが推察される。また、この準備の重要性は、PF教育で教授されないと学生は認識しないともいえよう。これらの結果から、一定期間経過後も履修生の金融行

204　第Ⅱ部　実証編

表6-10　「倫理的・責任ある市民力」の変容

	自分個人の意見や行動	優秀な能力を有した人材	世界に通じる倫理観	地域の結束力	署名活動などの多数意見の結集	個人の資金力	企業の資金力	国の経済力	国の政治力	他国との連携
A（男子2年）		○						◎		
B（男子2年）									◎◎	
C（男子2年）		◎◎								
D（男子2年）		◎◎								
E（男子2年）		◎◎								
F（男子2年）									○○	
G（男子2年）				◎	○					
H（男子2年）		◎◎								
I（男子3年）	○						◎			
J（女子2年）			○				◎			
K（女子修士）								○○		
L（女子2年）		◎						○		

■そう思う　■どちらかといえばそう思う　□どちらかといえばそう思わない　□そう思わない
○ 事前調査1位　◎ 事後調査1位

動の健全性が維持できていることが明らかとなった（表6-11）。

　次に、「消費者市民力」について見ると、「社会参画力」のうち最も履修生の平均値が高かったのは、「労働」（$M = 3.50$、$SD = 0.798$）であり、次いで「フェアトレード商品の購入」（$M = 3.33$、$SD = 0.651$）であった。そのうち、「労働」は、未履修生も最も高く（$M = 3.27$、$SD = 1.009$）、両者ともに社会参画の形として「労働」を第一に考えていることが窺える。一方、「フェアトレード商品の購入」に関しては、未履修生は$M = 2.64$、$SD = 0.809$であり、最も差が大きくなった。このことから、フェアトレードの商品の役割や意義は、授業を通して伝えられたといえよう。このことは、表6-9の事前、事後、追加調査の結果とも一致する。

　さらに、「倫理的・責任ある市民力」についてであるが、履修生は、「優秀な能力を有した人材」（$M = 3.83$、$SD = 0.389$）が、最も高く、次いで、「他国との連携」（$M = 3.50$、$SD = 0.522$）であった。他方、未履修生は、「国の政治

表6-11　対照群、非対照群の金融行動

	履修生 (n = 12)					未履修生 (n = 11)				
	M	SD	t	df	p値	M	SD	t	df	p値
金融行動10項目の合計	31.50	5.839	18.689	11	***	26.00	6.542	13.181	10	***
1. 目標達成に向けた必要額を試算する	3.00	1.206	8.617	11	***	2.45	0.522	15.588	10	***
2. 目標に向けた貯蓄をする	3.00	1.279	8.124	11	***	2.36	0.674	11.628	10	***
3. ニーズとウォンツを理解する	2.92	1.084	9.324	11	***	2.73	1.421	6.367	10	***
4. 現在の消費が将来に与える影響を考える	2.67	1.155	8.000	11	***	2.55	0.820	10.293	10	***
5. 支出計画や予算を反映する	2.92	1.165	8.676	11	***	2.18	0.874	8.281	10	***
6. キャッシュフロー表を作成する	1.67	0.985	5.863	11	***	1.45	0.934	5.164	10	***
7. 緊急予備資金を確保する	3.92	1.165	11.651	11	***	2.09	1.136	6.104	10	***
8. 支払日を確認する	3.92	1.165	11.651	11	***	3.64	1.120	10.768	10	***
9. 期限内に支払う	4.33	0.985	15.244	11	***	4.18	0.982	14.129	10	***
10. 消費支出を確認する	3.17	1.267	8.656	11	***	2.36	1.362	5.756	10	***
幸福度	7.08	2.021	12.143	11	***	6.27	1.489	13.969	10	***
不安度	7.92	1.676	16.358	11	***	5.82	2.822	6.838	10	***

注：***p < .001

表6-12　対照群、非対照群の消費者市民力

		履修生 (n = 12)					未履修生 (n = 11)				
		M	SD	t	df	p値	M	SD	t	df	p値
社会参画力	1. ボランティア	2.67	0.985	9.381	11	***	3.09	0.944	10.861	10	***
	2. 寄付募金	2.42	0.900	9.298	11	***	2.27	0.905	8.333	10	***
	3. 労働	3.50	0.798	15.199	11	***	3.27	1.009	10.757	10	***
	4. 署名活動	2.00	0.953	7.266	11	***	1.91	0.831	7.618	10	***
	5. 消費行動	3.08	0.793	13.470	11	***	3.18	0.751	14.056	10	***
	6. フェアトレード商品の購入	3.33	0.651	17.728	11	***	2.64	0.809	10.808	10	***
	7. 税金の納付	3.17	0.718	15.284	11	***	2.91	0.701	13.771	10	***
	8. 好きな企業への投資	2.83	0.937	10.470	11	***	2.36	0.674	11.628	10	***
	9. 社会貢献活動をしている企業への投資	2.83	0.835	11.757	11	***	2.36	0.674	11.628	10	***
倫理的・責任ある市民力	1. 自分個人の意見や行動	2.67	0.888	10.407	11	***	2.27	0.786	9.587	10	***
	2. 優秀な能力を有した人材	3.83	0.389	34.115	11	***	3.09	0.701	14.631	10	***
	3. 世界に通じる高い倫理観	2.58	0.900	9.940	11	***	2.82	0.982	9.522	10	***
	4. 地域の結束力	3.00	0.739	14.071	11	***	3.27	0.467	23.238	10	***
	5. 署名活動などの多数意見の結集	2.75	0.866	11.000	11	***	2.36	0.674	11.628	10	***
	6. 個人の資金力	1.83	0.835	7.607	11	***	2.36	0.809	9.690	10	***
	7. 企業の資金力	3.25	0.452	24.893	11	***	2.82	0.751	12.450	10	***
	8. 国の経済力	3.25	0.754	14.936	11	***	3.36	0.809	13.789	10	***
	9. 国の政治力	3.33	0.778	14.832	11	***	3.55	0.688	17.103	10	***
	10. 他国との連携	3.50	0.522	23.216	11	***	3.36	0.809	13.789	10	***

注：***$p < .001$

力」（$M = 3.55$、$SD = 0.688$）が最も高く、次に「国の経済力」（$M = 3.36$、$SD = 0.809$）、「他国との連携」（$M = 3.36$、$SD = 0.809$）が同数で、「地域の結束力」（$M = 3.27$、$SD = 0.467$）が続いた。また、「優秀な能力を有した人材」は、履修生と未履修生の差が10項目の間で最も大きくなっており、よりその意識の醸成が講義を通じて図れたことが窺える。それに反し、「世界に通じる倫理観」については、履修生$M = 2.58$、$SD = 0.900$、未履修生$M = 2.82$、$SD = 0.982$で、逆の傾向が見られ、講義では、十分にその資質を高められなかったことが示唆される。このことは、表6-10の事前、事後、追加調査の結果からも同様の傾向が見られ、消費者市民として「消費者一人一人の倫理的な責任ある行動で社会を変える」という視点を一層強化して伝えていく必要性が示された（表6-12）。

5 追加調査の結果と考察

追加調査および非対照群との比較の結果から考察すると、次のようにまとめることができる。1年後の金融行動の変容を分析すると、金融行動10項目について、履修生12名の変容は、1名を除き、ほとんどの学生が、より健全な金融行動へと変容を示していた。最も効果が高かったのは、授業直後であったが、3分の1の学生は、1年後の金融行動の健全性が最も高く、一定期間を経過しても教育の意義を認識し、より良い金融行動へと改善していることが明らかとなった。そのため、同試行版プログラムの有効性が実証されたといえよう。さらに、残りの3分の2の学生の金融行動の健全性を向上させるためには、継続的な知識の提供や定期的な目標の再確認が必要であろう。また、履修生の追加調査の結果と非対照群の比較から、10項目のすべての金融行動について履修生の高い健全性が示された。中でも最も差が大きかったのは、「緊急予備資金を確保する」（履修生：$M = 3.92$、$SD = 1.165$、未履修生：$M = 2.09$、$SD = 1.136$）であり、緊急予備資金の準備が生活設計の最優先順位であり、それを履修生は実行に移していることが推察される。また、この準備の重要性は、PF教育で教授されないと学生は認識しないことも示唆された。

次に、「消費者市民力」に関して、「社会参画力」のうち最も履修生の平均

208 第Ⅱ部 実証編

値が高かったのは、「労働」（$M = 3.50$、$SD = 0.798$）であり、次いで「フェア
トレード商品の購入」（$M = 3.33$、$SD = 0.651$）であった。そのうち、「労働」
は、未履修生も最も高く（$M = 3.27$、$SD = 1.009$）、両者ともに社会参画の形
として「労働」を第一に考えていることが明らかとなった。一方、「フェア
トレード商品の購入」に関しては、未履修生は $M = 2.64$、$SD = 0.809$ であり、
最も差が大きくなった。履修生の事前・事後調査では、この項目を1位に選
択した学生がいなかったことと比較すると、講義を通じ、フェアトレード商
品の役割と意義を認識し、一定期間経過後にその価値を認識したということ
が推察される。このことから、フェアトレードの商品の役割や意義は、授業
を通して伝えられたといえよう。他方、「寄付募金」については、履修生の
事前・事後調査で1位に選択されていたが、追加調査では、否定的な考えに
変容した履修生が3分の1いた。このことから、寄付や募金は一時的な支援
としては有効であるが、支援を受けた者の持続的な自立に向けた効果として
は限定的であり、より日常の「消費行動」や「投資行動」による継続的な支
援で貢献したいという考えに移行したものと思われる。

　次に、「倫理的・責任ある市民力」であるが、すべての履修生が、「優秀な
能力を有した人材」を支持していた（事前調査1位：5名、事後調査1位：5名、
追加調査「そう思う」：10名、「どちらかといえばそう思う」：2名）。そのほかに
追加調査ですべての学生が支持していたのが、「企業の資金力」「他国との連
携」が挙げられる。一方、「個人の資金力」は、否定的な意見が過半数を超
えていた。個人の資金だけでは、社会を変えられないと考えていることが窺
える。また、「世界に通じる倫理観」については、意見が半数に分かれた。

　さらに、「倫理的・責任ある市民力」についてであるが、履修生は、「優秀
な能力を有した人材」（$M = 3.83$、$SD = 0.389$）が、最も高く、次いで、「他国
との連携」（$M = 3.50$、$SD = 0.522$）であった。他方、未履修生は、「国の政治
力」（$M = 3.55$、$SD = 0.688$）が最も高く、次に「国の経済力」（$M = 3.36$、$SD
= 0.809$）、「他国との連携」（$M = 3.36$、$SD = 0.809$）が同数で、「地域の結束力」
（$M = 3.27$、$SD = 0.467$）が続いた。また、「優秀な能力を有した人材」は、履
修生と未履修生の差が10項目の間で最も大きくなっており、追加調査です
べての履修生が、「優秀な能力を有した人材」を支持していたことからも、

第6章　日本の大学における教育実践からの効果検証　209

講義を通じて、よりその意識の醸成が図れたことが実証された。それに反し、「世界に通じる倫理観」については、履修生（$M = 2.58$、$SD = 0.900$）と未履修生（$M = 2.82$、$SD = 0.982$）の間で、逆の傾向が見られ、講義では、十分にその資質を高められなかったことが示唆された。そのため、消費者市民として「消費者一人一人の倫理的な責任ある行動で社会を変える」という視点を一層強化して伝えていく必要性が示された。この結果から、同試行版プログラムは、2016年、教育内容を見直し、消費者市民力の強化に向けて持続可能性の内容をより充実したものに改訂している。

第2節　専門教育（調査⑥）

　本節では、前述の理論編から見出した要素を盛り込み考案した教育プログラムの提供により履修者の社会参画意識が変容するかどうかの検証を行うことを目的とする。ここでの社会参画意識とは、前述の「消費者市民力」および「21世紀型能力」の実践力である「社会参画力」「倫理的・責任ある市民力」の意識変容に焦点を当てることとする。2つの異なる教授法による大学生に対する消費者市民教育の効果測定は、これまで十分に実証研究が行われてきておらず、その点からも本研究の結果から今後の消費者市民教育の在り方に示唆が得られると思われる。B私立大学は、女子師範学校の予備教育を行う私塾として創設され、その後、2001年に学士課程を設置した。現在は、経済経営学部の単科大学として、学生数は約400名の大学である。市内に経済経営学部の大学は、同大学のみであり、学生の学力水準は、偏差値40以下である。

1　2つの教育実践

　前述した「社会参画力」「倫理的・責任ある市民力」を備えた消費者市民の育成を目指した2つの講義である「生活経済論」と「消費者問題」における履修者の意識変容について、事前、事後、追加調査および最終課題レポートの記述内容より分析を行う。上記の2講座は、前期科目が「生活経済論1」「消費者問題1」、後期科目が「生活経済論2」「消費者問題2」であり、両科

目とも計1年間の科目である。「生活経済論1」の講義概要は、「生活者／消費者の経済活動に着目し、人の一生や経済社会の仕組みについて批判的に分析する。公正で持続可能な社会へ貢献できる消費の在り方について検討し、倫理的・社会的・経済的・環境的配慮に基づいて消費行動をとれる資質を養う」ことであり、到達目標として「生活者／消費者の視点から我が国の生活経済の変遷や現状・課題を理解して、社会人として責任ある消費行動をとれるようになる」ことを目指した。評価の観点としては、期末試験50%、小レポート20%、授業への参加・意欲30%とした。期末試験は、「消費者一人ひとりがどのような消費行動を取れば、よりよい社会を作ることができるか。倫理的な消費者の視点から、自分と社会のあるべき姿について考えを述べてください」（A4：1枚、1,500字以内）というレポート課題を与えた。15回の講義では、生活経済の概論を押さえるために、教科書を1人5ページずつ割り振り、レジメを作成し輪読を行った。その上で、各回の内容に適したワークを実施し、多様な手法を用いて消費者市民力が醸成されることを目的とした。「生活経済論2」は、前期の「生活経済論1」で学習した内容を踏まえ「習得した生活経済の知識を自分の生活にどのように活かしていけばよいのかについて、自分のライフプランを作成し、シミュレーションを通じ、生活設計を立てる。将来における様々な可能性を探求し、豊かな人生を実現するためのライフプランを開発する」ことを講義概要とした。そのことにより「日々の資金管理および将来の資産形成やリスク管理の手法を習得し、自分のライフプランを作成できる」ことを到達目標とした。評価の観点としては、期末試験50%、小レポート20%、授業への参加・意欲30%とした。講義では、ファイナンシャルプランニングに関する一連の基礎知識を学習した後に、事例研究として、ある架空の家庭の包括的ファイナンシャルプラン（提案書）を作成し、最終回にプレゼンテーションを行った。事例は、日本FP協会が提供する「提案書作成ツール」を用い、実際にファイナンシャルプランナーが顧客に対して行う「提案書」作成の疑似体験をしてもらった。作業は、5人ずつのグループ（全6グループ）ごとに協同で共通の事例に対し現状分析を行い、改善策を提案してもらうというグループワークを実施した。期末試験として最終回のグループごとのプレゼンテーションの完成度を評価した。

具体的な講義内容は、表6-13のとおりである。

　次に「消費者問題1」であるが、講義の概要は「消費者相談の現場に寄せられた事例研究を中心に、対処法をグループワークにて議論を行う。主体的な消費者となるための教材作成および発表を行う」こととし、到達目標としては「消費者力検定基礎コース1級の取得を目指すとともに、地域における消費者リーダーとなるための基礎知識の習得、さらにその知識を応用する力、問題解決力、コミュニケーション能力、表現力などの多面的な能力を習得する」ことを目指した。まず、自立した消費者としての視点を養うために、消費者被害の事例を検討し、その上で被害防止のための啓発教材をグループごとに制作した。テーマは、各グループの関心に応じて、自由に設定した。評価の観点としては、期末試験50％、小レポート20％、授業への参加・意欲30％とした。期末試験は、実際にグループで制作した消費者教育教材に関するプレゼンテーションを最終回に行い、その完成度を評価した。また、後期の「消費者問題2」では、消費者市民としての資質を養うために社会参画力や責任ある倫理的な消費者の育成を目指した。実際の講義概要は、「消費者市民社会の構築に向けた消費行動の在り方を議論し、社会へ主体的に参画できる消費者市民としての役割を理解するとともに倫理的な責任を持った消費行動が取れる資質を養う。消費者市民教育教材の制作を通じ、現代社会の課題解決に向けた考察を行う」こととした。また、到達目標は「消費者関連の関心分野を見つけ、今後の学びの方向性を明確にできる。生涯学習の重要性を認識し、常に学び続ける姿勢を身につける」ことを目指した。評価の観点としては、前期同様、期末試験50％、小レポート20％、授業への参加・意欲30％とした。期末試験は、実際にグループで制作した消費者教育教材に関するプレゼンテーションを最終回に行い、その完成度を評価した。

　実際の講義シラバスは、表6-14のとおりである。

「生活経済論1」の主な教育内容と手法は、以下のとおりである。

　・教科書の輪読・解説

　・人生と消費生活を考える。「人生のキャッシュフロー」（ワークシート）

　・生活と経済活動を考える。「専業主婦は持続可能な社会を作るのか」

212　第Ⅱ部　実証編

表6-13　「生活経済論1」「生活経済論2」講義シラバス

生活経済論1（Personal Finance 1）	生活経済論2（Personal Finance 2）
【担当教員】橋長　真紀子（ハシナガ　マキコ） 【配当年次／単位数／期間】2年次／2単位／半期 【履修要件】特になし 【科目特性】地域志向科目／協同学修型AL／外部講師招聘科目	【担当教員】橋長　真紀子（ハシナガ　マキコ） 【配当年次／単位数／期間】2年次／2単位／半期 【履修要件】特になし 【科目特性】地域志向科目／課題解決型AL／外部講師招聘科目

授業の概要　《難易度：基礎》

生活者／消費者の経済活動に着目し、人の一生や経済社会の仕組みについて批判的に分析する。公正で持続可能な社会へ貢献できる消費の在り方を検討し、倫理的・社会的・経済的・環境的配慮に基づいて消費行動をとれる資質を養う。

授業の目的・到達目標

生活者／消費者の視点から我が国の生活経済の変遷や現状・課題を理解して、社会人として責任ある消費行動をとれるようになる。

授業内容

1．イントロダクション
2．消費生活の担い手
3．生活手段体系
4．家計：収入と資産
5．家計：支出と貯蓄
6．生活時間と生活行動
7．家事労働
8．生活の個別化と社会科
9．消費者問題と消費者の権利、運動
10．生活様式としての福祉国家
11．生活保障
12．持続可能な消費
13．倫理的な消費◆
14．フェアトレード
15．幸福の経済学
　（凡例）◆印：外部講師

アクティブラーニングについて

協同学修型ALを採用する。グループワーク、ディスカッション、ディベートを行い、学び合いの習慣をつける。

授業外で行うべき学修活動

教科書の該当ページを予習してくること。

成績評価の方法・基準

期末試験50％、小レポート20％、授業への参加・意欲30％

テキスト（教科書）

角田修一（2014）『概説　生活経済論［改訂版］』文理閣

参考書

適宜紹介します。

その他、履修上の注意

特になし

昨年度授業アンケートを踏まえての気づき

様々なグループワークやディベートを通じ、世の中の現象を批判的に思考していくよう努めます。

授業の概要　《難易度：中級》

習得した生活経済の知識を自分の生活にどのように活かしていけるのかについて、自己のライフプランを作成し、シミュレーションを通じ、生活設計を立てる。将来における様々な可能性を探求し、豊かな人生を実現するためのライフプランを開発する。

授業の目的・到達目標

日々の資金管理および将来の資産形成やリスク管理の手法を習得し、自分のライフプランを作成できる。

授業内容

1．ファイナンシャルプラン
2．日々の生活にかかる費用
3．人生の三大支出
4．就職
5．保険
6．結婚
7．住宅取得
8．子どもの教育
9．生活の見直し◆
10．年金制度
11．資産形成
12．不動産活用
13．親の介護
14．相続対策
15．プレゼンテーション
　（凡例）◆印：外部講師

アクティブラーニングについて

課題解決型ALを採用する。グループにてPBL、ケーススタディを行い、FP業務の模擬体験を行う。

授業外で行うべき学修活動

教科書の該当ページを予習してくること。

成績評価の方法・基準

期末試験50％、小レポート20％、授業への参加・意欲30％

テキスト（教科書）

ファイナンシャル・プランニング入門－for Students－〔第3版〕
ファイナンシャル・プランニング提案書の作り方〔第3版〕

参考書

適宜紹介します。

その他、履修上の注意

コンピューターを使用して各種シミュレーションを行いますので、大学のコンピューターの操作にあらかじめ慣れておくこと。

昨年度授業アンケートを踏まえての気づき

様々なグループワークやディベートを通じ、世の中の現象を批判的に思考していくよう努めます。

第6章 日本の大学における教育実践からの効果検証 213

表6-14 「消費者問題1」「消費者問題2」講義シラバス

消費者問題Ⅰ(Consumer Affairs Ⅰ)

【担当教員】橋長 真紀子(ハシナガ マキコ)
【配当年次／単位数／期間】3年次／2単位／半期
【履修要件】特になし。消費生活アドバイザーの資格取得を目指す学生は必ず履修のこと。
【科目特性】資格対応科目／課題解決型AL

授業の概要 《難易度：中級》
消費者相談の現場に寄せられた事例研究を中心に、対処法をグループワークにて議論を行う。主体的な消費者となるための教材作成および発表を行う。消費生活アドバイザー・消費者力検定に対応した科目である。

授業の目的・到達目標
消費者力検定基礎コース1級の取得を目指すとともに、地域における消費者リーダーとなるための基礎知識の習得、さらにその知識を応用する力、問題解決能力、コミュニケーション能力、表現力などの多面的な能力を習得する。

授業内容
1. 消費者問題の変遷と消費者相談
2. 高齢者の消費者被害(当選商法・投資商法)
3. 高齢者の消費者被害(訪問販売・訪問買取商法)
4. 若者の消費者被害(マルチ商法・資格商法)
5. インターネットの消費者被害(不当請求・出会い系サイト)
6. インターネットの消費者被害(ネットオークション)
7. 消費者被害の実態
8. 消費者啓発と消費者教育
9. 消費者教育教材の考案(1)
10. 消費者教育教材の考案(2)
11. 消費者教育教材の考案(3)
12. 消費者教育教材の制作(1)
13. 消費者教育教材の制作(2)
14. 消費者教育教材の制作(3)
15. 発表とまとめ

アクティブラーニングについて
課題解決型ALを採用する。ケーススタディを通じた課題探究学習を行う。

授業外で行うべき学修活動
課題として与えられた事例について情報を収集し、授業での議論の事前準備をしてくること。

成績評価の方法・基準
期末試験50%、小レポート20%、授業への参加・意欲30%

テキスト(教科書)
消費者庁(2013)「平成25年版 消費者白書」勝美印刷

参考書
適宜紹介します。

その他、履修上の注意
特になし

昨年度授業アンケートを踏まえての気づき
定期的な自宅学修のレポート課題を与えます。

消費者問題Ⅱ(Consumer Affairs Ⅱ)

【担当教員】橋長 真紀子(ハシナガ マキコ)
【配当年次／単位数／期間】3年次／2単位／半期
【履修要件】特になし
【科目特性】資格対応科目／課題解決型AL

授業の概要 《難易度：上級》
消費者市民社会の構築に向けた消費行動の在り方を議論し、社会へ主体的に参画できる消費者市民としての役割を理解するとともに倫理的な責任を持った消費行動が取れる資質を養う。消費者市民教育教材の制作を通じ、現代社会の課題解決に向けた考察を行う。消費生活アドバイザー・消費者力検定に対応した科目である。

授業の目的・到達目標
消費者関連の関心分野を見つけ、今後の学びの方向性を明確にできる。生涯学習の重要性を認識し、常に学び続ける姿勢を身につける。

授業内容
1. イントロダクション
2. 「消費者市民」をめぐる国際的潮流
3. 日本の消費者市民社会
4. 消費と環境
5. 消費者市民教育の構図
6. 消費者市民社会における消費者行政
7. 地方消費者行政の機能と役割
8. 企業広告と影響力
9. 消費者の権利と責任
10. 食料消費と食育
11. 商品・サービスの安全性と安心
12. 子どもを抱えた家計の実態と課題
13. デジタル環境が与える若者の消費者行動と対策
14. 消費者市民教育教材の作成
15. グループ発表・講評

アクティブラーニングについて
課題解決型ALを採用する。課題探究学修、ケーススタディを行い、現代社会の在り方を考察する。

授業外で行うべき学修活動
グループの課題について事前に調べ資料を持ち寄り、授業に参加すること。

成績評価の方法・基準
期末試験50%、小レポート20%、授業への参加・意欲30%

テキスト(教科書)
岩本諭・谷村賢治(2013)「消費者市民社会の構築と消費者教育」晃洋書房

参考書
適宜紹介します。

その他、履修上の注意
特になし

昨年度授業アンケートを踏まえての気づき
定期的な自宅学修のレポート課題を与えます。

（ディベート）
・仕事と経済活動を考える。「ブラック企業とは何か」（マッピング法）
・消費者トラブルを疑似体験する。「悪徳商法とは何か」（地域資源活用授業、ロールプレイング）
・消費者市民教育。「幸せの経済学」を考える。（グループワーク）
・本当の豊かさを考える。「エシカル消費とは何か」（レポート、プレゼンテーション）

　講義において、学生の活発な議論を促すために、多種多様なアクティブラーニングの手法を用い、参加型学習の雰囲気作りを工夫した。グループは、毎回編成し直し、初対面の人とでも自分の意見や主張を臆せず述べることができるようあえて無作為に編成した。毎回の活動レポートの感想によると、同じ学生でも上手く主張できた回、メンバーによっては議論が上手く進まない回、相手のグループに議論で圧倒され論理的に議論展開することの難しさ等、様々な感想が寄せられた。その中でも「議論は楽しい」「次回はもっと上手く自分の意見を表現できるように頑張りたい」など、グループワークの面白さを学生自信が認識し、さらなる学びの意欲が芽生えていることが感想から読み取れた。

　次に、「生活経済論2」の教育内容と教育手法は以下のとおりである。
・教科書の解説
・確定申告書作成（所得税の確定申告書の手引きを見ながら、申告書Aの用紙を作成）
・保険商品の見分け方（教科書に基づき解説）
・住宅ローンの種類（教科書に基づき解説）
・資産形成の手法（Webサイトの運用サイトから個別銘柄の比較）
・自分のライフプランの作成（シミュレーションソフトで作成）
・事例研究「提案書作成」（グループワーク：事例の顧客の包括的な提案書の作成）
・発表とまとめ

「生活経済論2」では、前期に生活経済に関する概論に触れたので、後期は、ファイナンシャルプランナーが顧客に対して行う「提案書」作成の疑似体験をしてもらうために事例を設定し、グループ（全6グループ）で事例の現状分析を行い、改善策を提案してもらうのだが、15回の講義のうち7回を使いグループ活動を行った。このグループワークは、実際の米国のCFP®認定教育プログラムで行われている包括的ファイナンシャルプランの作成と同様の事例研究である。学生が、習得した金融知識を駆使して設定した事例に対しグループで分析を行っていく。実際の現状分析には、所定のシミュレーションソフトに顧客の家族構成、収入、年金、保険、金融資産、不動産、負債を入力した上で、顧客の希望と将来の支出計画を入力するライフイベント表とキャッシュフロー表を作成する。その結果、年間収支の赤字になっている部分の対応策を検討し、対策後の分析結果をキャッシュフロー表に再度入力し、結果がどのように変化が出るかをシミュレーションする。以上の一連の流れを約20ページの提案書という形でまとめ、その分析結果を最終回に各グループ10分間のプレゼンテーションで発表した。

　履修した学生の様子として、事例を渡した後の反応は、かなり本格的な提案書のため、たじろぐ学生も見られたが、実際にシミュレーションソフトを操作してみると、データ入力部分に数値を入れると自動的に図表が作成される仕組みになっているため、安堵した様子であった。また、実際にグループワークが始まり、授業外で、課題に取り組む友人を見た学生A君（男子4年）は、既に卒業単位を履修済みであったので、本講義の前半7回は参加していなかったが、途中からこの事例研究に興味を示し、単位未履修で構わないので参加したいと申し出て、グループに混ざって参加していた。このように単位取得を目的とせず、課題への関心を高められたのは、大学生の学習内容として適切であったといえるであろう。また、事例に入力する数値を確定するためには、様々な情報をWebサイトから検索し試算しなくてはならない。例えば、住宅ローン残高の算出も事例に設定されている完済日、借入期間、毎月返済額、住宅ローン種類から実際にB銀行のシミュレーションソフトを使用し、残債を試算する。顧客の希望の1つに「定年後の沖縄移住」を描いているが、実際の移住費用を移住支援サイト等から試算していく。このよう

に未来の目標に対していつ、いくら必要となるかを時系列で試算していくことで、長期的な支出計画を立てることができる。

さらには、投資分析においても、現在は預金200万円の貯蓄があるが、10年後の教育資金に向けての資産形成には、運用商品を活用することも検討する必要があるという設定で、実際に顧客のリスク許容度を勘案し、適切な銘柄を選択し、ポートフォリオに組み込んでいく。そのことによる運用効果を対策後のキャッシュフロー表にも組み込み、現状と対策後の違いを明確に示し、顧客に提示する。実際のファイナンシャルプランナーのコンサルティング内容を疑似体験することで、各分野の基礎知識をどのように包括的に1つの提案にまとめるかも体験することができ、全体像をつかむことができる。授業後に受験したFP3級技能士試験では、受験者5人中3人が合格した。

「消費者問題1」の教育内容と教育手法は以下のとおりである。
・消費者問題の変遷と消費者相談（『国民生活白書』に基づき解説）
・高齢者の消費者被害（当選商法・投資商法・訪問販売／訪問買い取り商法：事例研究）
・若者の消費者被害（マルチ商法・資格商法・デート商法：事例研究）
・インターネットの消費者被害（不当請求・ネットオークション・出会い系サイト：事例研究）
・消費者被害の実態（地域資源活用授業：長岡市立消費生活センター相談員による出前講座）
・消費者啓発と消費者教育（消費者教育ポータルサイトを検索し、既存の教材を検討）
・消費者教育教材の考案・制作（グループワーク）
・発表とまとめ

「消費者問題1」では、消費者被害の事例について、事前学習で各自が調べ、その事例を講義に持ち寄り参加する。講義では、事例内容と被害に至った原因、被害救済方法、未然防止策等をグループで話し合い、その内容をまとめ発表する。近年多数発生している被害について学んだ後で、「若者グ

第6章　日本の大学における教育実践からの効果検証　217

図6-6　「若者グループ」が制作した高校生向け教材

ループ」「高齢者グループ」に分かれ、未然防止のための消費者教育教材を考案し、制作する。また、学びを社会に発信するという北欧の消費者市民教育の協働学習の手法を取り入れ、同講義の履修生が、長岡市立消費生活センター、長岡市市民活動推進課、長岡地域防犯協会と協働で教材を制作し、地域の消費者問題に関する研修会で発表を行った。

若者グループ

　高校生向け情報リテラシー教育教材リーフレット「危険が潜むネットの世界」を長岡市立消費生活センターと著者の監修のもと制作した（図6-6）。また、全面的に長岡市立消費生活センターのご支援をいただき9,000部を印刷・発行し、長岡市内全高校2年生に、3年間にわたり配布することとした。その他、各種消費者教育講座でも配布されている。この官学協働プログラムの取り組みが各種マスコミでも取り上げられ、教材制作に関わる取り組みや最終回の講義のグループ発表の様子が、地元CSテレビ　NCT局『ほっと11』(2015年1月16日（木）　17:00-18:00放送)、『日本経済新聞』(2015年1月17日：朝刊)、『朝日新聞』(2015年1月28日（水）：朝刊)にて、紹介された。

高齢者グループ

　一方、高齢者グループは、高齢者向け悪質商法被害防止の「未公開株」

218　第Ⅱ部　実証編

図6-7　「高齢者グループ」が制作したDVD

「訪問購入」「点検商法」に関する寸劇を制作し、実演および対処法を解説した「寸劇で学ぶ消費者被害―甘い罠の対処法―」のDVDを制作した（図6-7）。このDVDは、長岡市立消費生活センター、長岡市市民活動推進課、長岡市地域防犯協会のご支援をいただき、長岡地域防犯協会が印刷・発行し、長岡地域防犯協会主催の「長岡地域防犯協会研修会」（2015年2月20日（金））で全32支部へ配布された。それ以前に、この寸劇は、長岡市立消費生活センターの高齢者向け「消費者問題講座」（2014年9月18日（木））にて30分の実演および解説、新潟県消費生活センター主催の「消費者問題啓発講座発表会」（2015年2月17日（火））にて20分の実演および解説、前述の「長岡地域防犯協会研修会」（2015年2月20日（金））にて1時間の実演および解説を行い、著者とともに履修生が啓発活動を実施した。2014年9月18日の実演が好評であったため、翌2015年2月の2件の講座依頼をいただいた。リーダーの学生B君（男子4年）は、9月の演出内容に納得がいかずに、2月の実演の際には、寸劇のシナリオを再考し、さらに、DVD収録用に撮影もし直し、授業終了後に1ヵ月をかけて制作したDVDである。本取り組みは、講義授業が終了してから、さらに学生が納得をいくものを作りたいという意欲を燃やし、自発的に活動を深化させた事例である。このB君の取り組みは、当初の授業の到達目標を遥かに超える教育効果があったといえる。教員から与えられた課題をこなすのではなく、自ら自分と大学のプライドのために一から

制作し直した事例である。初めて使用する動画編集ソフトの使用方法を自分で攻略し、教員の指導がなくても成果物を完成させた。

「消費者問題2」の教育内容と教育手法は以下のとおりである。

・「消費者市民」をめぐる国際的潮流（教科書の解説およびWebサイト「Europe Diary」の内容検討）

・日本の消費者市民社会（『国民生活白書』の解説）

・消費と環境（教科書の解説）

・消費者市民教育の構図（教科書の解説）

・消費者市民社会における消費者行政（教科書の解説）

・企業広告と影響力（教科書の解説およびチラシの比較検討：グループワーク）

・消費者の権利と責任（教科書の解説）

・食糧消費と食育（教科書の解説および長岡の生ゴミの再生可能エネルギー化に関する検討）

・消費者教育教材の考案・制作（グループワーク）

・発表とまとめ（レポート）

「消費者問題2」では、「消費者市民社会」の構築に焦点を当て、世の中を良くするために自分たちが一助を担えるとしたら、どのような問題解決のために取り組みたいか、そのための消費者市民教育教材を作成し、最終回に発表を行うことを教育目標とした。前期とは異なり、すべての消費者が直面する可能性のある消費者問題に関し、視点をグローバルに広げ議論を行った。そのためには、国内外で推進されている「消費者市民社会」の概念や国際的潮流を抑えた上で、環境問題、企業広告の影響、食料消費という切り口から、消費者がどのように権利を主張し、責任を果たせばよいかについて検討を行った。今回は、前期から継続履修している学生が9割以上で、既に学生同士が気心も知れており、グループワークの手法も習得していたので、早めにグループ編成し、教材制作に向けた構想の議論を始めた。テーマも今回は自由で、学生の主体性に任せ、毎回の講義終了前に各グループの議論と作業の

進捗報告をする形で進めた。その活動を基盤にし、様々な視点で現在起きている消費者問題等について解説を行い、学生の活動を支援するような知識や情報を提供した。今回は、新潟県消費者行政課のご支援のもと、情報提供や、研究発表会の機会をいただいた。

　各グループ4-6名で3グループ編成し、学生が選んだ教材テーマは、「フェアトレード」「食品ロス」「ブラック企業」であり、フェアトレードグループは、A4版、4頁の一般消費者向けリーフレット、食品ロスグループは、小学校中学年向け食料廃棄に関する紙芝居、ブラック企業グループは、これから就職活動を迎える高校生、大学生向けに授業で活用できるパワーポイント教材を制作した。

フェアトレードグループ

　フェアトレードグループは、自主的に長岡市内にあるフェアトレード商品を探すために授業外活動としてグループで視察に出かけ、店長に許諾を得て写真を撮影し、教材に使用させてもらった。また、検討を重ねる中で、長岡市内にフェアトレード専門店を見つけ、どのような経緯で専門店を始めたのか、実際の長岡市内でのフェアトレード商品の周知度、売れ行きの良い商品、学生が担える役割等を伺うため、店長に取材を実施した。また、表紙と中身の挿絵は、同大学のイラスト制作サークルにフェアトレードのコンセプトとイメージ画像を伝えた上で作成を依頼し、実際に教材に活用した。このグループは、各メンバーの強みを生かし、上手く分担した上で授業外活動も自主的に行い、オリジナル性のある教材を制作していた（図6-8）。

食品ロスグループ

　食品ロスグループが制作したのは、宇宙から転校生としてある小学校へやってきた宇宙人（ノーリーブ君：No leave）が、クラスメイトに給食の廃棄が環境に与える影響について教えるという内容の小学校中学年向け紙芝居（全32枚）である。グループでシナリオを議論し、リーダー自らイラストを描き上げ、あえて手書きの風合いを出すため、分担して色塗りをして制作をしていた。シナリオの変更に伴い、表紙の絵の描き直しも生じ、冬休み返上

図6-8 「フェアトレードグループ」の制作リーフレット

で仕上げた教材である。

ブラック企業グループ

ブラック企業グループは、消費者市民として「生活を設計・管理する能力」を育成するという視点では、適切な着眼点であったが、労働基準法に抵触する場合、また抵触しない場合と多岐にわたり、実態は企業により対応が千差万別であること。その上で、その企業を退職するかどうかの見極めは、本人の置かれている状況や考え方次第であるため、論点を集約するのに難儀している様子が窺えた。最終的に、教員が授業でこのプレゼンテーションソフトのスライドを投影し、学生に発問するという教授法を想定し、学生の議論を促す内容にまとめている。

授業後のレポート課題は、消費者関連専門家会議の「わたしの提言」に応募するため、5つの課題（①消費者被害をなくすためにすべきこと、②食品ロスを減らすためにすべきこと、③これから必要な消費者教育、④つながろう消費者—安心・安全なくらしのために—、⑤自由課題）から、1つ好きなテーマを選び、2,000字から8,000字で論文を書かせ、同表彰制度に応募した。その結果、80

222　第Ⅱ部　実証編

点の応募がある中で、本学の学生の論文が入選に採択された。

　学生が書いたテーマを種別すると、①消費者被害（2名）、②食品ロス（5名）、③自由課題：エネルギー問題（1名）、高齢者の見守り（1名）、フェアトレード（2名）、ブラック企業（1名）であった。中でも食品ロスに関する提言をまとめる学生が最も多く、授業の実践から学んだ知識が自分のものとなり、思考力・表現力を発揮して他者へ見解を伝える学びとなった。

消費者庁「消費者教育推進会議　取りまとめ」への掲載

　本研究の「消費者問題1」「消費者問題2」の産官学連携の消費者市民教育の取り組みは、大学教育と行政、フェアトレード専門店の連携による消費者教育事例として、消費者庁消費者教育推進会議「消費者教育推進会議　取りまとめ」にて、2事例が紹介された（図6-9）（消費者教育推進会議2015）。

2　量的調査
2-1　調査方法

　2014年度「生活経済論1」「生活経済論2」「消費者問題1」「消費者問題2」を履修した学生の社会参画意識がどのように変容するかを検証するために、事前、事後、追加調査の3度のアンケート調査により「生活経済論」履修者と「消費者問題」履修者の比較検討を行った。上記の3度の調査に参加した学生のみ分析の対象とした。

〈調査概要〉

　調査名：「金融リテラシーおよび生活や自分自身に対する考え方に関する
　　　　　調査」

　対象：「生活経済論1・2」履修生28名／回答者17名（有効回答率60.7％）

　　　　「消費者問題1・2」履修生18名／回答者10名（有効回答率55.6％）

　調査時期：事前調査（2014年4月）、事後調査（2014年7月）、追加調査
　　　　　　（2015年1月）

第6章 日本の大学における教育実践からの効果検証　223

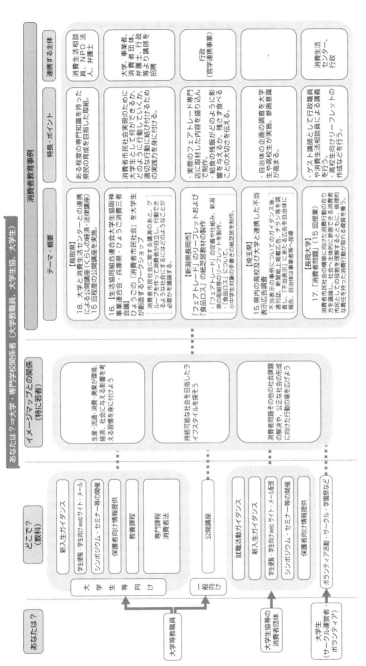

図6-9　消費者市民育成プログラム

出典：消費者庁消費者教育推進会議「消費者教育推進会議　取りまとめ」(2015) より作成。

224　第Ⅱ部　実証編

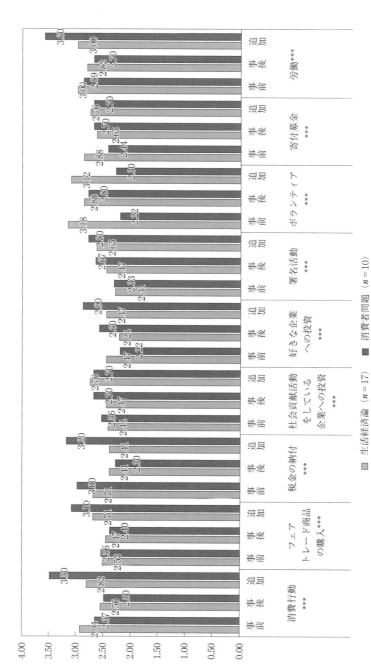

図6-10　社会参画力の変容

注1：第4章第1節の図4-4「社会貢献についての意識」では、項目の1つに「賛同できる企業への投資」があるが、本調査では、解釈を容易にするために「好きな企業への投資」という項目名に変更した。
注2：***p < .001

第6章　日本の大学における教育実践からの効果検証　225

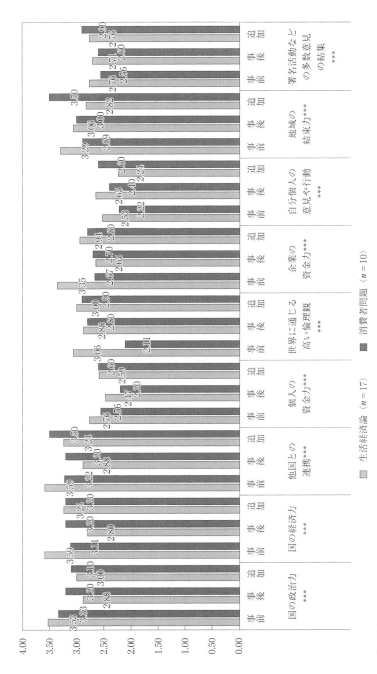

図6-11　倫理的・責任ある市民力の変容

注：*** $p < .001$

226　第Ⅱ部　実証編

2-2　調査結果

　前述の調査⑤で使用した「消費者市民力」に関する同一の質問を「生活経済論」「消費者問題」履修者で、事前、事後、追加調査の全てを回答した学生（「生活経済論」17名、「消費者問題」10名）の結果を分析対象とした。そのうち、「社会参画力」「倫理的・責任ある市民力」の平均値の変化を比較した結果であるすべての項目で有意差（$p < .001$）が見られたが、「社会参画力」では、「消費者問題」履修者の「消費行動」（$M = 2.67 \rightarrow M = 3.50$）、「好きな企業への投資」（$M = 2.22 \rightarrow M = 2.90$）、「労働」（$M = 2.89 \rightarrow M = 3.60$）に関し大きな有意な変容が見られた（図6-10）。

　また、「倫理的・責任ある市民力」では、同じく「消費者問題」履修者の「世界に通じる高い倫理観」（$M = 2.11 \rightarrow M = 2.90$）、「地域の結束力」（$M = 2.89 \rightarrow M = 3.50$）に関し顕著な有意な変容が見られた（図6-11）。

3　質的調査
3-1　調査方法

　上記の量的調査の結果では、「生活経済論」履修者の「社会参画力」および「倫理的・責任ある市民力」の変容が見られなかったので、講義終了時のレポート課題の質的分析を行った。最終レポートでは、同授業実践の到達目標である「生活者／消費者の視点から我が国の生活経済の変遷や現状の課題を理解して、社会人として責任ある消費行動をとれるようになる」ことが達成できたかを検証するために、前期授業の期末試験として、「消費者一人ひとりがどのような消費行動を取れば、よりよい社会を作ることができるか。倫理的な消費者の視点から、自分と社会のあるべき姿について考えを述べてください」（A4：1頁、1,500字以内）という課題を与えた。事前・事後・追加調査に参加した17名からレポート課題を提出している11名を抽出して、次の方法で、記述分析を行った。①学生の記述文に見られる意見記述から特徴的表現をできるだけ原文のまま抜き出した。②記述全文から出現頻度の多い語彙を調べた。出現頻度の高い語彙ほど、学生本人が授業を通じてより印象深く心に刻まれ思考の源泉になっていると考えたからである。③それらの抜き出した表現および頻出語彙から思考の根底にあると思われる意識や価値観

第6章　日本の大学における教育実践からの効果検証　　227

をラベル化した。

　そうした一連の作業を経て、11人の記述から思考の概念整理をし構造の図式化を試みた。レポート課題は、「生活経済論1」の課題として2014年7月中旬に提示し、7月末に回収した。

3-2　調査結果

　学生が質問に対して記述した内容を丁寧に読み取り、「社会参画力」および「倫理的・責任ある市民力」の意識形成ができているかについて分析を行った。その結果は表6-15のとおりである。

表6-15　「生活経済論1」の履修者の記述内容

	記述の一部抜き書き	頻出語と出現度	ラベル化
M （男子4年）	「私たちの生活行動は地球システムの一部分なので」 「私たちの一つひとつの小さな行動が地球に大きな負担をかけています。」 「生産されたものを最終的に購入し、家庭でエアコンや冷蔵庫などの電気を使うのは私たちであり、運転する自動車や家庭ごみの焼却に伴う排出ガスなどの形においても温暖化の加害者になってしまっています。」 「小さな努力をしなければ地球環境はよくなりません。」 「私たちにできることはたくさんあります。」 「ひとりがやっていても、たいして効果はないのかもしれません。しかし、みんなが環境問題を意識して日ごろの生活からエコに気をつければ社会はもっと良くなると思いました。」	「私」8 「環境」7 「生活」6 「地球」4 「エアコン」4 「ごみ」3 「リサイクル」2 「一人ひとりがとるべき」1 「一つひとつの小さな行動」1 「消費行動」1 「地球システムの一部分」1 「温暖化の加害者」1 「便利」1 「豊か」1	消費行動が環境へ与える影響を考える→**環境への配慮** 便利で豊かな生活＝私たち消費者が温暖化の加害者→**社会的価値行動の醸成** 一人ひとりがとるべき消費行動、一つひとつの小さな行動→**社会を変える原動力**
N （男子4年）	「消費者一人ひとりがお互いの気持ちをしっかりと理解するとともに、人と人が協力して社会を形成していかなければならない。」 「これらの行動をとることは非常にきびしい現状であるが、私は不可能ではないと考える。なぜ不可能ではないかというと、人間は連鎖していく生き物だ。」 「一人が行動するとその周りが行動する。そしてその周りの人間にかかわりがある人も行動する。こういった連鎖が全国、世界へと広まっていけばよりよい社会が形成されていくだろう。」 「自分一人が行動していても何も変わらない。しかし、自分が一つの基盤を作り、周りに呼び掛けていくことで変わる可能性は高くなる。」「まず周り。すなわち、自分たちが住んでいる町や市を良くしていくことである。」	「私」2 「協力」1 「行動」5 「連鎖」2 「不可能ではない」2 「周り」2	お互いの気持ちをしっかりと理解する→**他者への配慮** 個人の力が連鎖することにより社会へ影響を与える→**社会を変える原動力**

O (男子4年)	「その商品を買うことで、生産者への適切な賃金が支払われます。募金とは違い、受け取る側はただ受け取るのではなく、働いてお金を受け取るので自立を促すことができ、また、買う側もただお金をあげるだけではなく商品をもらえるので、どちらも得をする商品だと思います。」 「フェアトレード商品をただ勧め、ただ買うだけではなく、社会の仕組み・消費者の意識改革が、フェアトレードをより良いものにすると思います。」 「地産地消が生産者主体なのに対し、地消地産は、地元の食材を買う・食べることによって地域を活性化しようという消費者主体の取り組みです。」 「生産者が主体となるだけではなく、消費者も主体的に取り組むことが、よりよい社会を築くためには必要だと思います。」 「どちらも国や社会、そして消費者が協力することが一番大切です。」「消費者は、『国がしっかりしていれば社会が良くなる』という他人任せな考え方をするのではなく、『自分が社会を良くしていこう』『そのためにこういうことを調べよう』など、消費者の積極性・主体性が社会をより良くすると思います。」	「私」2 「協力」1 「行動」5 「連鎖」2 「フェアトレード」11 「買う」8 「地産地消・地消地産」9 「消費者主体の取り組み」1	自立を促す支援としてのフェアトレードの価値の認識 **→経済的格差への配慮** 社会の仕組み・消費者の意識改革**→社会的・経済的格差の是正** 地産地消**→ローカリゼーション・循環型社会の重要性への気づき** 消費者の積極性・主体性が社会をより良くする**→消費者市民性**
P (男子4年)	「私たち消費者が購買する際に生産側に対して無関心だったこと」「私たちがそのものを買うことによって、社会が動きだすことを知りました。」 「私たちが何かを購入することは、それがいいという意思表示であり、それを提供している事業者を選択したといえます。これは、自分の意思を表明する投票と似ています。投票が集まった商品は、さらに生産されるようになり、次にどのような商品が作られるかに影響を与えます。つまり、私たち消費者の消費行動は、世界を動かす力を持っているのです。」「『消費者市民社会』とは、そのように消費が社会に与える影響力を自覚し、その力を使って、社会をより良い方向に変えていこうという考え方です。」「例えば、環境に配慮した商品を選ぶことは地球環境を考える企業を育てます。」「地元で採れた野菜を買うことは、地元の農家を応援することにつながります。発展途上国で作られた作物や製品を適正な価格で購入することは、立場の弱い途上国の生産者や労働者の生活改善につながります。」 「このように、私たちの消費行動によって社会が良い方向に改善されていくのです。」 「そのためには、私たち消費者一人ひとりが自分の幸福だけでなく、家族や地域、地球全体のことにも意識を向けた消費行動をすることが大切です。」	「消費行動」4 「買う」3 「環境」2 「消費者市民社会」1 「無関心」1	ものを買うことによって、社会が動き出す**→消費が与える影響への気づき** 何かを購入することは、それがいいという意思表示**→購買行動前の思考** 消費者市民社会の概念の理解**→消費者が与える影響への気づき** 環境に配慮した商品を選ぶこと**→環境への配慮／消費者が与える影響への気づき** 地元で採れた野菜を買うこと／発展途上国で作られたものを適正価格で買うこと**→他者への配慮／消費者が与える影響への気づき** 自分の幸福だけでなく、家族や地域、地球全体のことにも意識を向けた消費行動**→社会的価値行動の醸成**

Q (男子3年)	「消費者の『自立』というのは、権利の主体として『自立』しているということである。」 「現在、さまざまな消費者問題が起こっているが、自分と社会のあるべき姿は、弱い者いじめがない世の中であるべきと考える。」 「今の世の中はルールや仕組みを知らない人たちが、豊富な知識を持っている人たちに上手いように騙されて辛いことにあうことが多い。これだとルールを知らない人が弱者で、ルールを知っている人が強者ということになってしまい、弱者はずっと弱い者いじめを受けなければならない。」 「そういうことが無くなるように自分で勉強して学んだり、知識を教えてくれるところがあったほうが良い。仮に騙されたとしてもすぐに解決をしてくれるような人や機関が増えていけば、自分が考えている弱い者いじめがないという社会になるのではないか。」	「消費者」9 「消費者問題」2 「弱い者」5 「自立」2 「弱い者いじめ」1	消費者の自立→**権利を行使できる消費者** 弱者（知識のない人）と強者（豊富な知識のある人）→**弱者救済→消費者問題の解消**
R (男子3年)	「消費者が今ある問題や世界の仕組み・成り立ちというものをもっとよく知る必要があると思います。」 「『消費する』という行動自体が現代では様々な問題に関わりうることなのです。」 「極端な例では、最近は中東のテロリストが密売した石油が一般の市場に出回り、彼らの資金源となっているのではないかという疑惑があります。中東と日本は遠く離れた異国の地ですが、世界有数の『石油消費国』である日本にテロリストの密売した石油が入り消費され、彼らのテロリズムを助長している……そんな恐ろしいこともグローバルな経済・消費環境では決して否定できないことなのです。」「『そういった問題がある』『そういった可能性もあり得る』ということを消費者一人ひとりが認識し、ただ目の前にあるものを盲目的に消費するのではなく『これはどこで作られたものだろう、何でできているのだろう、誰が作ったのだろう』と時に疑問符を投げかけることができれば、自分たちの暮らすこの社会や世界というものは、少しずつでもより良い方向へ向かうことができるのではないでしょうか。」	「消費者」2 「フェアトレード」3 「テロリスト・テロリズム」3 「先進国」2 「途上国」3	世界の仕組み・成り立ちを知る→**批判的思考力** テロリストを助長→**消費が与える影響への気づき** 疑問符を投げかける→**倫理観の醸成**

S (男子2年)	「私が考えるより良い社会は、消費者が心置きなく消費活動ができる、そして暮らしやすい社会ではないかと考える。」 「それは、『安いものを売る』という簡単なことである。具体的には大量生産大量販売である。」「消費者はとにかく安いものを求めているので、企業は消費者のニーズに合わせて商品開発をすることにより、消費者がお金を出し惜しみすることなく使えると私は考えた。」 「今の世の中の格差や消費行動はあまり良いものではない。だが、国民一人ひとりが考えて、しっかりと意思統一をすれば、より良い社会を形成することが出来る。しかし、そんなことは簡単に『明日からやろう』と言えることではない。」	「消費者」6 「消費活動・消費行動」5 「大量生産大量販売」1 「ブーム」2 「安いもの・価格を抑える」3 「格差」4	より良い社会→**消費者が心置きなく消費活動ができる社会** 企業は消費者のニーズに合わせて商品開発する→**社会を良くする主体＝企業の努力** 簡単に「明日からやろう」と言えることではない→**消費者市民力の未成熟**
T (男子2年)	「よりよい社会を形成するためにすべきことは、消費者問題の改善で、消費者問題はよりよい社会形成を阻害している部分であり、個々の改善から始めるほうがよりよい社会に近づくと思います。」 「消費者の権利の中に、『安全を求める権利』『意見を聞いてもらう権利』『補償を受ける権利』というものがあり、苦情とは度が過ぎなければ、我々、消費者の持つ権利ですし、これは消費者側の責任でもあります。」 「消費者は弱い立場ではなく、既に対等に近くなり消費者としての権利を最大限に生かすことが出来るはずです。この中で、消費者側は、自分に与えられた権利を理解すると共に、自分たちが与えてもらっている側だということを理解することが必要だと自分は思います。」	「消費者」8 「消費者問題」5 「生産側」3 「権利」7 「責任」1 「マルチ商法」5	よりよい社会の形成→**消費者問題の改善** 消費者の権利を最大限に生かすことができる→**消費者の責任**
U (男子2年)	「消費者一人ひとりが、『もったいない』という気持ちを持ち、消費者が正しいと思えるような消費行動をしていくべきだと考えた。」 「大量生産・大量消費の世の中で、消費が持つ影響力を理解しながら消費行動をしていき、購入していくべきだと考えた。」 「安いものの裏側には、児童労働問題や環境問題など、私たちの知らない問題が潜んでいるかも知れないと考えると、それでも安いものを購入したいと言えるだろうかと私は考える。」 「私たち消費者の行動、一つひとつが重なっていけば、社会を変える大きな力になると私は考えた。」「まずは、消費行動から一人ひとり意識して変えていき、よりよい社会の実現のために、行動していくべきだと考えた。」	「消費者」2 「消費行動・消費者の行動」6 「安いもの・安い商品」4 「フェアトレード」1 「途上国」1 「命」1 「人権」1 「自然環境」1 「社会を変える大きな力」1	消費者持つ影響力を理解しながら消費行動をする→**消費が与える影響への気づき** 安いものの裏側には、児童労働問題や環境問題など、私たちの知らない問題が潜んでいるかも知れない→**倫理観の醸成** 私たち消費者の行動、一つひとつが重なっていけば、社会を変える大きな力になる→**一人ひとりの行動の連鎖が原動力**

| V
(男子2年) | 「私は、よりよい社会を形成するのは難しいと思いました。今の日本が置かれている状況を考えると、すぐに景気が良くなることは難しいからです。」
「給料が上がれば、何かしら買うのではないかということです。物価の値段が上がっても、消費者はお金に余裕があればなんだって手に取ると思います。」
「給料が少なく、お金がないと感じてしまうことが消費者の消費行動をなくしてしまうのではないかと感じました。消費者が、そうなってしまわないように企業がどうするのかということが問題になってくると思うので、これからも企業の方々には頑張って欲しいです。」
「人が生活に使う身近なものに問題が起きると、消費者側からすると不安要素になってしまいます。消費者が安心できるものはもちろんですが、いかに、消費者に信頼していただけるかが私は重要だと思います。」 | 「景気が良くなる」2
「難しい」2
「給料」5
「消費者」5
「製品事故」2
「消費行動」1
「食品の安全」1
「不安要素」1
「信頼」1 | 給料が上がれば、何かしら買う→消費行動の意欲＝給料に起因

企業の方々には頑張って欲しい→企業＝社会を良くする主体

消費者に信頼していただけるか→企業＝消費者の信頼獲得 |
| W
(女子2年) | 「消費者一人ひとりが買い物に対する『責任』を持つことが望ましいと考える。生産者側からのメッセージであるラベルに目を通してから買うようにするだけでも多少は変わってくると思われる。」
「それは『悪質商法』である。この問題に対する対策は起こっている現状を冷静に考え、少しでも怪しい・おかしいと思ったらNoと言える勇気を持つこと、もしくは自分の信頼できると思う人にすぐに相談することが良いと思われる。そのこと自体が賢い消費者になるための第一歩でもあると考える。」
「フェアトレードの商品と知って買い物をすると労働や時間のありがたみを理解することができる。」
「自分自身は社会の一部で社会は一人ひとりが力を合わせて成り立っているものだと再認識すること、そしてよりよい社会を構築するには、まず自分が自分から変わろうとすること。『塵も積もれば山となる』ように一人ひとりの善い行いは大きな成果につながる。それで満足するのではなく、善いことは知り合いや周りの人にシェアすること。社会にとってプラスな情報を共有することで輪が広がり、よい連鎖が続いてほしい。」 | 「消費活動」1
「消費者問題」2
「消費者」2
「責任」1
「信頼」1
「フェアトレード」2
「ありがたみ」1
「満足感」1
「生活の質」1
「Win-Win」1
「景気上昇」1
「社会の一部」1
「自分が自分から変わろう」1
「一人ひとりが力を合わせて」1
「一人ひとりの善い行い」1
「大きな成果」1
「シェア・共有」2
「連鎖」1 | 消費者一人ひとりが買い物に対する責任→購買時に商品ラベルの解読

Noと言える勇気を持ち、信頼できる人に相談→賢い消費者

フェアトレード商品を通して、労働や時間のありがたみ→経済的格差への配慮

自分自身は社会の一部で社会は一人ひとりが力を合わせて成り立っている／一人ひとりの善い行いは大きな成果につながる→一人ひとりの行動の連鎖が原動力 |

　以上の記述分析の構造を検討したところ、「社会依存型消費者」「賢い消費者」「消費者市民性を備えた消費者」の3つの概念に分類することができた。「社会依存型消費者」は、S（男子2年）、V（男子2年）の2名の履修生の意識である。S（男子2年）に関しては、より良い社会を「消費者が心置きなく消費活動ができる社会」と捉え、企業が安い商品を大量に販売し、そのことにより消費者は、負担感なくお金を使えると考察している。また、金銭面を基準

に消費税増税は、消費者の暮らしに逆風であり、増税するのであれば、北欧のように福祉も充実し、医療費や学費を無料にするべきである。そして全体で消費者が生活費を抑えることができれば、消費にお金が回るであろうと結論づけている。また、世の中を良くする主体は「企業」であり、企業努力によるコスト削減および販売価格の低下が重要であるとしている。また、法改正により消費者に配慮した格差のない社会を構築すべきであると述べている。ここでも世の中を良くする主体は、消費者ではなく「国」であり、これらの記述を分析すると、Sに関しては、消費者市民力を持ち合わせていないと捉えることができる。一方、V（男子2年）に関しては、より良い社会を形成するのは「難しい」と明記しており、その理由として、1つ目に給料が上がることが必要で、お金に余裕がないから消費できないと述べている。また、2つ目に製品事故や食品偽装の問題を挙げ、消費者の不安要素を企業が払拭しないとより良い社会は形成されないと捉えている。これらの記述内容を分析するとS、Vの両者とも、世の中を良くする主体は「企業」であり、「消費者」自身とは意識していない。そのため、主体的に社会へ参画する重要性を認識した消費者市民の意識は醸成されなかったといえるであろう。

　次に、「賢い消費者」であるが、T（男子2年）とQ（男子3年）は、消費者問題という切り口から社会を考察している。T（男子2年）は、消費者問題の改善のためには、個々の改善から始めるとよいとして、消費者の権利の行使は、消費者の責任であると説いている。現代において、消費者は、弱者として保護されるだけではなく、既に消費者の権利を行使できるあらゆる施策が講じられ、相談したり行動したりする環境が整備されている。そのため、既に消費者は、事業者と対等の立場であり、消費者自身が必要に応じてその権利を行使する必要があると指摘している。しかしTの視点は、自分が社会にどのように参画するかという視点や、他者への配慮という視点は持っておらず、あくまでも消費者という主体が、エンパワーしていくための方策を述べていると推察することができる。Q（男子3年）は、消費者問題を減らすためには、弱者である消費者が自立することが必要であると説いている。弱者を知識のないものと捉え、その対峙する存在を情報量を多く持っている賢い人もしくは事業者と捉えている。現在の社会は、知識のある者による弱い者いじめが

行われている社会と認識し、弱い者いじめを良くないものと捉えるとともに弱者が知識量を増やし、被害にあった際に信頼できる人や専門機関に相談することで社会を良くできると考えている。このQの考察には、「自分＝消費者」が行動を起こすことにより社会を良くできるとする視点は盛り込まれておらず、あくまでも弱者救済のために自立することが重要であるという主張である。これらの2名の学生は、社会的価値行動の醸成という域には達しておらず、あくまでも「賢い消費者」への認識段階である。

　最後に、「消費者市民性を備えた消費者」であるが、M（男子4年）、N（男子4年）、O（男子4年）、P（男子4年）、R（男子3年）、U（男子2年）、W（女子2年）の7名に社会的価値行動への認知が見られた。M（男子4年）は、環境という視点から私たちの豊かな生活が地球環境を破壊する温暖化の加害者にもなっていると認識している。そのため日々の消費生活をエコに心がけた活動とすることにより、温暖化防止へ貢献できる。そのような一人ひとりの消費行動が結集することで社会を良くすることができると述べている。N（男子4年）は、世界中に住む人への配慮から、人々が協力し、善い行動が全国・世界へと連鎖していくことで社会が変わると述べている。そのためには、まず、地元の地域への貢献が必要であり、消費者が主体的に行動することの重要性を認識している。O（男子4年）は、2つの視点「フェアトレード商品の普及」「地産地消」を挙げている。フェアトレードは、生産者への寄付という支援ではなく、生産者が働いてお金を受け取るための自立を促す支援方法である。現在は、価格が高いので消費者の抵抗があるが、行政の支援で関税を下げるなど、他の商品の価格に近づけることができれば、普及が促進するだろう。フェアトレードの重要な視点は、発展途上国の人への金銭的支援ということに留まらず、生産者が働いている環境や、その支援金がどのように役立つのかということへ思いを巡らせることが重要で、そのことにより、社会の仕組み・消費者の意識改革ができると主張している。また、地産地消に関しては、地域活性化の視点から、地域の食生活を生産者に依存するのではなく、消費者が主体的に取り組むことで地域を良くすることができる。それらを踏まえて、国、社会、消費者が協力し、消費者が主体的に社会の問題に関わることでより良い社会を形成することができると考察している。P（男子4年）は、

自分自身の消費行動が、生産者へ配慮していない行動であったと振り返っている。これまでの自分の視野は、自分の周り、日本に限定されており、その価値観で判断していたことを反省的に述べている。その上で、消費の意義はその事業者の活動に賛同するという意思表示であり、一票投じたことになる。すなわち、消費者の意思表明により生産される商品にも影響を与えることができる。そう捉えると、消費者の消費行動は世界を動かす力を持つ。換言すると、消費者市民社会の意義を認識したといえよう。最後に自分の幸福のみを追求するのではなく、家族、地域、地球全体へ配慮した消費行動が必要であるとし、そのことは、利己主義の幸福追求から社会的価値行動の重要性を認識したと解釈することができる。R（男子3年）は、消費者が世の中の課題や世界の仕組み・成り立ちをより理解する必要性を述べている。経済や消費体制の問題は、時には国家、民族間の摩擦や衝突、政治問題まで波及するというその一事例として「フェアトレード」を取り上げている。そのため、目の前にある商品をむやみに消費するのではなく、その商品が生産された背景や素材、生産者はどのような人たちかまで視野を広げた上で商品を選択すべきであると指摘している。そのような配慮がなければ、中には消費した資金がテロリストに渡り、テロリズムを助長することにつながるという現実もあるとし、消費行動の二面性を捉えている。このことから、Rの意識は、グローバル経済に潜む恐ろしさと消費者としての倫理観が醸成されていると解釈することができよう。U（男子2年）は、消費者一人ひとりが、「もったいない」という気持ちを持ち、消費者が正しいと思えるような消費行動、すなわち、大量生産・大量消費の世の中で、消費が持つ影響力を理解しながら消費行動を行う重要性を説いている。価格重視で安い商品を求めるのは自然な原理で、評価される。しかし安物の裏には、児童労働問題や環境問題など、生産過程での問題が潜んでいるかも知れない。その現実への配慮をした上で、消費行動を行うとフェアトレード商品の購入も選択肢に入ってくるであろう。そういう視点も持った消費者の行動が重なっていけば、社会を変える大きな力になると述べている。この記述から、安物の裏に潜む原因への視野の広さが窺え、消費者の行動が社会を変えるという倫理的な消費者資質が醸成されているといえる。W（女子2年）は、消費者問題という切り口から、消費者問

題の対策には消費者が購買行動に責任を持つことが必要であると説いている。そのためには、生産者のメッセージであるラベル内容を確認し、その上で購入の決断をする。また、悪質商法への対策には、断る勇気と信頼できる人への相談をすることで「賢い消費者」になれると述べている。この段階では、消費者の自立が中心であるが、その後に、社会をより良くするためには、「フェアトレード」を事例に挙げ、児童労働をしている子どもたちの時間や環境を意識した上で、今の自分たちが置かれている立場へ視点を移すと「労働や時間のありがたみ」「生活の満足感」を再認識することができると記述している。公平な取引を通じた消費社会の流れを踏まえ、社会全体という視点から、自分たちも児童労働する子どもたちも同じ社会を構成する一員であり、その過酷な状況に置かれている子どもたちへ、その環境から逃れるために自分たちができる支援は、まず自分が変わり、その一人ひとりの善行が結集・連鎖していくことで社会を変えることができると結んでいる。Wの意識の変容を見ると、まず賢い消費者として自分自身が自立した上で、より良い社会に変える力として自分自身がその活動に参画し、力を合わせていくことが重要であるという意識が醸成されたと解釈できる。

　以上の11名の分析から、2名は、消費者市民資質は醸成されなかったが、残りの9名は、消費者としての批判的思考力を働かせ、消費社会の現実の課題を認識しており、格差の是正や、社会的価値行動の必要性を感じていた。中でも7名は、消費者市民性を備えており、豊かな社会に暮らす自分自身・日本人は発展途上国の生活が困窮している人たちへの配慮と責任がある。その1つの手段がフェアトレード商品の購入で、そのことにより発展途上国の生産者の自立を支援することができる。そのような社会的弱者や環境への配慮を考慮に入れて消費行動を行うことが必要であり、安物に隠された原因や、その取引の背景には、時には国家、民族間の摩擦や衝突、政治問題まで潜んでいることを考え行動することが大切だという意識が見られた。このことは、先進国に住む人々の責任であり、地球全体という枠組みから見ると、我々は平等に社会を構成する一員であるという認識が見られた。この質的分析の結果を整理した履修生の消費者市民資質の構造図は、図6-12のとおりである。これらの結果から「生活経済論1」の授業実践でも、消費者市民資質の意識

236　第Ⅱ部　実証編

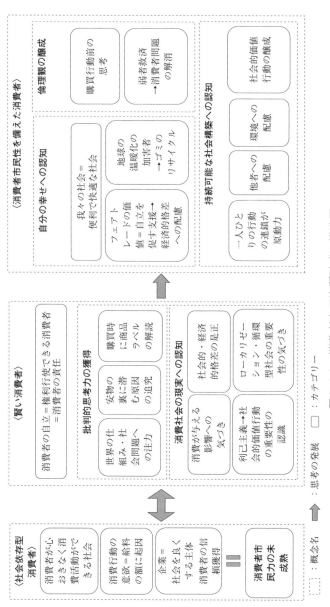

図6-12　消費者市民資質醸成の構造図

形成に関し、一定の効果が見られたといえるであろう。

4 考察

消費者市民力を育成するPF教育の2つの実践に関して、事前・事後・追加調査の量的調査の結果から、すべての項目で有意差（$p < .001$）が見られたが、中でも「社会参画力」では、「消費者問題」履修者の「消費行動」「好きな企業への投資」「労働」に関し大きな有意な変容が見られた。また、「倫理的・責任ある市民力」では、同じく「消費者問題」履修者の「世界に通じる高い倫理観」「地域の結束力」に関し顕著な有意な変容が見られた。また、「消費者問題2」の授業後のレポート課題から、「食品ロス」に関する自分の見解を述べる学生が最も多かった。今回は、このレポートを消費者関連専門家会議の表彰制度へ応募し、本学の学生1名が入賞し、表彰されることになった。様々な参加型の授業および社会へ発信する取り組みを通じて、学生が自分の生活と社会をつなぎ、社会をより良くする一消費者市民として、現代社会の課題をどのように解決できるかを論述した。実際の学びの成果が、行政の発行物となり、市内の高校生に配布され、地域の講演に出向き、自分たちの考案した寸劇を含め消費者被害防止活動を担った。また、その取り組みが各種マスコミにも取り上げられ、学生の学習意欲は、明らかに高まり、授業終了後の自発的な学外学習および活動へと学びを深化させていった。さらには、自分の見解をまとめた論文が、社会で評価され、公表されることになった。このような大学での学びと、学生自身が考案した持続可能な社会の形成への成果の発信は、単なる自己完結の学びではなく、地域を良くする担い手として、学生の潜在能力を大いに発揮してくれるものとなった。これらの結果から、「成果を社会に発信するという一連の授業の取り組み」が、課題解決学習の中でも学生の社会参画意識向上に有効であることが明らかとなった。

一方、量的調査において「生活経済論」履修者の変容が見られなかったため、課題レポートの記述分析を行ったところ、11名中9名は、自立した消費者としての資質を備え、そのうち7名は、消費者市民としての意識形成ができていた。自己の利益のみを追求するのではなく、他者や環境への配慮のあ

る消費行動の在り方に関する認識がなされており、地球全体を1つの社会と捉え、その構成員である自分たちおよび発展途上国の生産者を比較し、自分の置かれている環境の幸せを認知し、弱者への思いやりや配慮を示し、自分の力で困窮している人を助けたいという意識を示した。そのような一人ひとりの善行が重なり、連鎖することにより、社会全体が良くなる。講義目標である持続可能な社会の形成へ寄与する消費行動の在り方を考え、主体的に行動する消費者市民の育成は、2つの教育実践で一定の効果が見られたといえるであろう。今回の教育実践の実証から効果的な教育の手法を用い、内容を容易にした形で、小中高への展開が可能である。実際に効果的だったのは、消費者教育の1つの手法である「学びを社会へ発信すること」で、これにより倫理観や消費者市民資質は醸成された。取り扱う内容は、「金融リテラシー・マップ」で各段階に示されている必要な要素を学習内容として取り上げ、学生自身が消費者市民として啓発の主体者となり、学習内容を人に伝えるという一連の流れが効果的であった。小中高の展開例として、高校生が中学生に、中学生が小学生に教えることを想定して啓発資料を作成し、その資料を使用して、学校に出前授業に行くなど、学校間の連携が必要であろう。

第Ⅲ部

総括

第7章

本書の成果

　第Ⅰ部の理論編では、「PF教育」および「消費者市民教育」の概念規定を国内外の先行研究から比較検討し、両者の関係性を明らかにした。その上で、「コンピテンシー」と「PF教育」との関係性、「21世紀型能力」と消費者市民教育で育成する「消費者市民力」との関係性を明らかにし、大学教育におけるPF教育の方向性を検討してきた。

　第Ⅰ部の理論編、第1章第1節では、「PF教育」について、発祥の地である米国において当該教育がどのように形成されていったかの社会的背景および業界団体と政府の取り組みの経緯を概観し、教育システムの中で推奨されているガイドラインとカリキュラムについて検討を行った。米国のPF教育は、1980年代後半から、全国金融教育基金、ジャンプスタート個人金融連盟、経済教育協議会を中心に学校教育と連携し推進されてきたが、同時に政府も2003年以降、金融リテラシー教育委員会を設立し、米国民の金融リテラシーの向上に努めてきている。また政治的にもジョージ・W・ブッシュ、バラク・オバマ政権で国民の金融リテラシー向上を政策課題として取り上げ、個人や消費者の金融保護、監督システムへの強化を図っている。このような政策転換の背景には、米国民のPF教育の効果が十分に実証されておらず、金融リテラシーの欠如から、支払い能力以上の住宅ローンを抱える、クレジット負債を抱えるという消費行動の非健全性が、2008年のサブプライムローンによる金融危機で全世界的に明らかになったため、より一層の米国民の金融力強化が必要とされる状況があった。

　また、米国のPF教育のガイドラインとカリキュラムについて、ジャンプスタート個人金融連盟のガイドライン、経済教育協議会の調査結果より、

PF教育を州の教育基準に盛り込み、教育基準の実施を義務化している州が、全米の約7割の州に上る現状が明らかになった。その上で、アイオワ州エイムズという町の中学校、高等学校、大学におけるPF教育の教育内容について、中学校では2年生の家庭科の科目の中で、高等学校では選択科目のビジネス科目として、また、大学では、初年次教育から大学院教育の中で、その位置づけを明らかにした。また、研究の動向として、1900年代のPF教育の系譜をたどるとともに、1960年代に家庭経営学に関する論文が多数公刊されたこと、1980年代に入り、「家計管理・生活設計」の分野で初めてファイナンシャルプランニングに関する論文が見られるようになったことを述べた。1990年代半ば以降、多種多様なPF教育が提供されるようになり、今日までPFを専門領域とする多数の研究者を輩出してきた経緯を明らかにした。

第2節では、日本のPF教育の形成を家政学の研究分野の視点から整理し、家政学における消費者教育の分野として生活経営学、家庭管理学、家庭経済学、消費経済学の学問領域におけるPF教育の位置づけを検討し、日米のPF教育の比較検討を行った。日本の生活経営学、家庭管理学は、広義の意味で米国の家庭管理学を参考にするものであったが、日本の家庭生活における問題を捉え、日本の家族の心身の健康と幸福とを目指して家庭生活を合理的に運営する方法を究明し学問としての確立を目指してきたことや、家庭経済学は、経済学体系における各論の1つとして、戦前から家計簿のつけ方、買い物の方法、節約の方法などの技術面を中心とした発展を遂げたこと、また、消費経済学は、日本人の「おカネさえあれば」という価値観が、現代の消費社会を分裂して格差社会にしている背景や課題を踏まえ、現代の消費志向が、個人志向からシェア志向へ変遷している経緯を明らかにした。

これらの家庭経営学・家庭経済学の系譜とPF教育との関係を見ると、米国のPF教育は、「自己実現」のための経済基盤を確立することが根底にあるので、将来の目標に対する「意思決定」を重要視するが、単なる能率的な家事技術や作業の行動を学ぶものではなく、キャッシュフロー表や損益計算書を基盤に、家庭の財務諸表を作り、将来の目標に達成するために最適である資産形成の方法や、資産保全の方法を習得する学問であるので、家庭経済学の領域に近いものである。そこには、景気動向や運用成績等も影響を与え、

自己の資産を最大化するとともに、個人の価値観を反映した資産配分を重視するものである。しかし消費者市民としての視点を含めたPF教育とは、社会的価値を認識し、持続可能な社会の構築へ寄与できる資質を育成することを目的としており、個人の資産の最大化のみを追求するのではなく、自分を取り巻く共同体への配慮をした生活スタイルに見直し、利他主義の視点を持った倫理観を大切にする資質を育てることであり、それが本書の目的であるので、従来の家庭経営学や家庭経済学、また、米国のPF教育の視点とも異なることを論じた。

　第3節では、日本の学習指導要領におけるPF教育の位置づけに関し、消費者教育の一領域としてのPF教育という視点から検討した。国民生活審議会（1966）の答申においても、学校における消費者教育は、中学校・高等学校の「社会」「家庭」「商業」の教科の中に、消費者教育的な内容が取り入れられていることが明記されたことを端緒に、現行の学習指導要領でも、中学校技術・家庭（家庭分野）の消費者の基本的な権利と責任についての理解や、高等学校家庭の生活における経済計画や多重債務問題、将来リスクに対する判断能力の育成や、人生を時間軸で捉え、生活に必要な金銭、生活時間、人間関係を理解させる重要性が強調されている。また、大学教育においても文部科学省（2011）の「大学等及び社会教育における消費者教育の指針」で、将来を見通した生活設計を行う能力を育むだけでなく、社会とのつながりや社会に参加することの意義も含めたキャリア教育を行うことが盛り込まれていることを明らかにした。

　OECDや金融広報中央委員会の定義する金融教育は、個人のリテラシーの向上を目指して全世代に対して実施する教養教育であり、学問としての確立を目指しているものではなく、広範に市民の教養を養う教育としての金融教育である。一方、本書で追究しているPF教育とは、個人の人生設計を通じて人生の目標を実現するための教育であり、生活資源としての収入を再配分し、有効にその資源を活用し自己実現していくための理論、知識、技能を学ぶ教育である。その学びを通じ、個人の人生および社会的共有資産の豊かさを追求することが可能で、個人の金融資産および人的資産、個人を取り巻く社会や地球全体への配慮を含めた社会的価値行動を醸成する教育であり、社

会を考察する中で自らの消費行動の見直し、より自分自身と社会が豊かになるための消費者市民としての生き方を実行に移すことができる態度を養う教育であるため、従来の金融教育とも内容を異にすることを明らかにした。

第2章第1節では、英国におけるコアカリキュラムに市民教育の視点からPF教育が組み込まれ、その背景として金融包摂課題や、若者の失業者の増加に伴う不安定な雇用環境があることを述べた。また、2000年に改定された学習指導要領では、PF教育が初等・中等教育の数学、シチズンシップ教育に組み込まれ、2007年の改定で、「個人の社会経済および健康教育（Personal Social Health & Economic Education: PSHE）」に位置づけられたことを明らかにした。このように英国では、初等・中等教育におけるPF教育は、ナショナルカリキュラムをもとに国全体で推進されているが、大学教育においては、一部の社会科学部で公共政策を考える上での一つの切り口として個人の金融が用いられており、学問体系の一領域としては、確立していない現状を明らかにした。

第2節では、北欧の消費者市民教育が高等教育で求められるようになった歴史的・社会的な要因を明らかにし、消費の個人化や功利主義が人々の倫理観も奪っていく現状を打破するために消費者市民教育が求められるようになった経緯を整理した。そして、北欧が牽引する形で、消費者市民教育は世界的に広がりを見せ、国連でも消費者教育、市民教育、環境への配慮が「持続可能な開発のための教育（Education for Sustainable Development: ESD）」の推進とともに進められていくことにつながった。北欧の消費者市民教育の学習テーマの4分野のうち、「個人の金融（Personal Finance）」および「家庭の管理と参加（Home Management and Participation）」が2分野を占めており、消費者市民教育の重要な柱になっていることを明らかにした。また、北欧の高等教育における消費者市民教育は、自己の消費態度と消費行動を振り返り、生活設計能力の向上を目指しており、さらには地球全体の共同体への貢献を通して、現代社会の矛盾や不平等性に関し批判的に考察し責任感のある市民を育成する教育であるため、本書で育成したい消費者市民力と一致することを述べた。

第3節は、日本では、消費者行政が主導する形で消費者教育が推進してき

た経緯や、消費者市民教育への転換点として『平成20年版 国民生活白書』
が大きく寄与したことを述べた。また、同報告書で定義される「消費者力」
と本研究の「消費者市民力」の定義の違いを明らかにし、本研究の目的は、
消費者教育の推進に関する法律（2012）で明示された消費者市民社会の形成
に参画できる市民資質の検証であることを論じた。

　第4節では、消費者市民教育と消費者教育の関係性に関し、バニスターと
モンスマ（Bannister & Monsma 1982）が提唱する「消費者教育」の柱は、市
民参加の概念が含まれているが、持続可能な社会への責任に関する環境の視
点は存在しないことを明らかにした。その上で、本書で追究する社会的価値
行動を促す教育は、北欧の消費者市民教育が端緒となり、世界的に広がりを
見せた経緯を整理した。日本における消費者の位置づけは、消費者保護基本
法（1968年施行）に明示された「保護されるべき主体」としての消費者が、
第1ステージであるとすると、消費者基本法（2004年施行）における「自立
した消費者」を第2ステージと捉えることができるであろう。そして、『平
成20年版 国民生活白書』に概念規定された「社会の主役としての消費者市
民」は、個人の成功の枠を超え、社会の問題解決、困窮者への支援、そして
人々や社会のつながりの重視など「社会的価値行動」を重要視する消費者市
民として第3ステージへと移行したと捉えることができ、そこに至るまでの
歴史の流れを整理した。

　第3章第1節では、21世紀の能力観としてのコンピテンシーとPF教育の
関係性について、グローバルスタンダードを、米国、日本がどのように自国
の教育制度の中に位置づけていくかを述べた。米国のコンピテンシーが、
「21世紀型スキル」の名のもと、実践力を育成するものとなり、その中核に
主要科目とともに「金融リテラシー」や「市民リテラシー」が含まれており、
米国におけるPF教育がコンピテンシーの育成からも不可欠であることを論
じた。一方、日本では、コンピテンシーを「21世紀型能力」として育成す
るが、「基礎力」「思考力」を活用した「実践力」が、「生き方を主体的に選
択できるキャリア設計力（自立的活動力）」「他者と効果的なコミュニケー
ションをとる力（人間関係形成力）」「協力して社会づくりに参画する力（社

246　第Ⅲ部　総括

会参画力）」「倫理や市民的責任を自覚して行動する力（持続可能な未来づくり
への責任）」の4つの能力で構成されており、「金融リテラシー」も「市民リ
テラシー」も同一線上にあることを論じた。

　第2節では、日本の「21世紀型能力」と「消費者市民力」との関係性につ
いて、「実践力」の4要素を対峙する項目ごとに詳細分析した。21世紀型能
力の実践力の1つである「生き方を主体的に選択できるキャリア設計力（自
立的活動力）」とは、「金融リテラシー・マップ」の大学生の習得内容である
「卒業後の職業との両立を前提に夢や希望をライフプランとして具体的に描
き、その実現に向けて勉学、訓練等に励んでいる。人生の三大資金等を念頭
に置きながら、生活設計のイメージを持つ」という「生活設計」の内容と重
複し、また、21世紀型能力の実践力の「協力して社会づくりに参画する力
（社会参画力）」「倫理や市民的責任を自覚して行動する力（持続可能な未来づ
くりへの責任）」という能力は、文部科学省の消費者教育の指針にある「社会
とのつながりや社会に参加することの意義」を学ぶことおよび消費者教育推
進法の「消費者市民社会を構成する一員として主体的に消費者市民社会の形
成に参画し、その発展に寄与することができる」消費者と一致する。要する
に、21世紀型能力を有した市民および消費者教育で育成されるべき消費者は、
同様の資質を備えた（消費者）市民であることを明らかにした。

　さらに、倫理的な消費者としての視点から、消費者教育の変遷をたどり、
「価値教育」として自分の生活の質の向上のみならず、社会全体の持続性を
考慮する倫理観が強調されるようになる流れから、今日の「消費者市民」に
つながっていく流れを明らかにした。

　これらの検討から、大学教育においてPF教育を提供する意義として、第
1に現在の大学生が置かれている経済的基盤の脆弱さがある。その理由とし
て、多額の奨学金を抱えながらも卒業後の就職率が6割に留まるという将来
の不確実性が挙げられる。そのため「学士力」を育成する大学教育の在り方
が議論され、中央教育審議会（2011）が「今後の学校教育におけるキャリア
教育・職業教育の在り方について」という答申を出しており、また同審議会
は「大学等及び社会教育における消費者教育の指針」（文部科学省 2011）の

中でも、大学教育において将来設計や社会参加の意義を含めたキャリア教育を行うことを推奨している。同審議会（2011）の答申によれば、近年、「若者の社会的・職業的自立」や「学校から社会・職業への移行」をめぐる様々な課題が見受けられ、またグローバル化や知識基盤社会の到来、就業構造・雇用慣行の変化等により、教育、雇用・労働をめぐる新たな課題も生じている。これらの問題は、人口減少時代の労働生産性の維持・向上という労働力確保の側面から語られることが多いが、その根幹は、一人ひとりがより幸せな人生を送っていくことができるようにするためのものであり、そこに職業教育の本来の主旨があることを忘れてはならない。すなわち人生の各ステージにおいて、様々な学びの場を選択し、職業に必要な知識・技能を身につけることができ、その学習成果が評価され、職業生活の中で力を存分に発揮できるようにすることが重要であると述べられている。そのために生涯学習を前提とした学業生活と職業生活を交互に、または同時に営むことができることが理想であろう。実際に、日本では子どもたちが将来就きたい仕事や自分の将来のために学習を行う意識が国際的に見て低く、働くことへの不安を抱えたまま職業に就き、適応に難しさを感じている状況があるなど、現在の学校教育における職業に関する教育に課題が見られると指摘されている。本田（2009, pp. 118-200）の指摘にあるように、実際に若者を対象にした「大学教育に対する主観的評価」の調査結果から、EU諸国との比較において日本は職業における大学で習得した知識の活用度が顕著に低いという結果が報告されている。企業側も不況の影響により社内研修費を削減する傾向で、現代の大学生は学生時代に職業知識を習得しなくてはならない状況に直面している。そのため、大学生の就職の準備として、キャリア教育の要素にPF教育を組み込むことで、大学生の積極的なキャリア形成の動機づけを行うことが可能となると考える。その第1段階として、PF教育をリベラルアーツとして大学教養課程で全学部の学生へ提供することにより、大学生に必要な基礎的な金融力を養い、大学生活のより良い資金管理の手法を習得するとともに、長期的な視点での資産形成および負債の管理がどのように将来設計に影響してくるかを、社会人への移行期に学ぶことは価値があると考える。実生活でアルバイトをしたり、中には親元を離れ一人暮らしを始めるなど、資金管理の

面でも自立への移行期である大学生だからこそ、理論の習得だけではなく、実生活における実践を通して、PF教育の複合的な効果を期待できると確信する。

　本田（2009, pp. 118-200）は、大学教育において「職業と一定の関連性を持つ専門分野に即した具体的な知識と技能の形成に教育課程の一部を割り当てる」べきであると述べている。その教育は、「過度に狭い範囲の固定的に限定されたものではなく、特定の専門分野の学習を端緒・入り口・足場として、隣接する分野、より広い分野に応用・発展・展開していく可能性を組み込んだ教育課程のデザインが必要である」とし、「柔軟な専門性」と呼んでいる。本田のキャリア教育に対する指摘や、大学教育における柔軟な専門性を育成する教育への言及を受け、生活設計の技術は、家計を切り盛りするための単なる知識・技能に留まらず、金融知識、社会保障、税金、不動産、保険、相続等の生活に密着した知識の取得を要している。そのすべての知識を専門レベルに引き上げたものがファイナンシャルプランナーという職業で、その職業を目指さなくとも隣接する弁護士、税理士、社会保険労務士、銀行・証券・保険等の金融機関の職員、不動産会社の職員などの職業選択の基礎知識を本教育は提供することができる。そのことにより、金融機関等への就職率を高めることにもつながり、家政学、経済学、経営学の新たな視点が見出せると考える。家政学でPF教育を行う意義は、①家庭という単位から社会を構成する市民としての視点を養うことが可能となり、一消費者としての消費行動が家庭へ与える影響を考える中で、より良い資金の活用方法が社会貢献への一翼を担うこと、ひいては現代的課題である持続可能な社会への貢献の役割も果たすことが可能であるという、視点の広がりを教授することができるところにある。また、②家政学という領域が、調理、被服、環境、消費生活等の観点の中で、消費生活の分野の専門性を育てるのに適した教材であることも挙げられる。また、経済学、経営学でのPF教育の提供の意義は、同じ金融でもコーポレートファイナンス、パブリックファイナンスとともに経済の主要分野の1つである個人消費の背景と効果的な手法を学ぶという視点からもPFは、金融の一分野として学ぶ意義があると考える。さらには、教育学部でのPF教育の学習の意義は、学生の一個人の知識・技能・技術に留

まらず、近い将来、その学生が教員、特に家庭科や社会科の教員になり生徒を指導する立場になるということを想定しても、習得した知識を次の世代へ伝える持続的な効果が期待できる。具体的には、2013年4月から実施されている新学習指導要領の高等学校家庭科の中では、「生涯生活設計、キャリアプランニングなどの学習を通して、次世代を担うことや生涯を見通す視点を明確にするとともに、生涯賃金や働き方、年金などとの関係に関する指導などを加え、生活を総合的にマネジメントする内容を充実する」と内容が改定されており、その教育目標を達成する授業実践の一例として、本研究の授業実践が活用されることを期待する。

　大学教育におけるPF教育に盛り込まれる視点として、個人の経済的自立を目指す金融力の習得とともに、社会的価値行動を含む消費行動の改善および実行を促す教育が必要であろう。具体的には、金融経済教育会議の「金融リテラシー・マップ」に含まれる4分野を網羅する金融知識の習得を前提とし、そこに消費者市民力を育成する視点を盛り込み、そこに北欧閣僚評議会の消費者教育の学習テーマであるPFの学習内容を融合させる。中でも「金融管理の原則」として、「国家財政における個人と家庭の役割」「責任ある家計管理と個人の幸福」「持続的なライフスタイル」「環境に優しい思考と製品循環への認識」を盛り込み、個人の経済的成長のみを追求することを目的とするのではなく、社会を構成する個人生活という視点から責任ある生き方としての「家計管理」、環境へ配慮した生き方という社会的価値行動を促す市民資質を養う内容になっていることが特徴的である。このような環境への配慮という視点が、金融管理の「原則」として位置づけられているのは、これらの社会への配慮を重要視するとともに、PFを通じて消費者市民力を育成できるという認識からだと推察される。他方、米国のジャンプスタート個人金融連盟のガイドラインにおける社会的価値行動は「寄付を考慮する」という金銭面での社会への支援が主な内容であるが、消費者市民力を育成する北欧の考え方とは視点が異なる。そのため、北欧の考え方を取り入れたPF教育を提供し、大学生に現代社会の矛盾を解消するため自らが社会を変える担い手としてどのような行動をとれるかを検討させることが必要である。その

ことにより、知識偏重の大学教育から社会参画の重要性を認識した主体的な消費者市民の育成を可能とする。このことは、中央教育審議会の「大学等及び社会教育における消費者教育の指針」（文部科学省 2011）の中でも指摘されている「大学教育は将来設計や社会参加の意義を含めたキャリア教育」の実践につながるであろう。また、将来の社会のリーダーとなる大学生を、金融力を持った人材として社会に送り出すことにより、経済社会の健全な発展に向け、他者および次世代へ良い影響力を行使できると考える。特に、大学の教員養成課程において PF 教育を提供することで、金融力を備えた学生が将来教員になった際、次世代への金融教育により自立性を育む指導をする役割を担いうることが期待できる。

　PF 教育という、個人の人生設計を通じて生き方を探求し、より良い社会の構築に向けた社会参画意識を醸成する教育において、本書では大学生を研究対象としたが、内容を簡易化すれば、高等学校でも展開可能な内容であると考える。現行の高等学校の家庭科教育の学習指導要領に新たに盛り込まれた視点である「自己のライフスタイルや将来の家庭生活、職業生活の在り方について考え、生活の営みに必要な金銭や生活時間を活用し、生活設計できるように育成すること」を適える教育実践としても示唆を与える可能性を秘めている。

　PF 教育の目的は、「個人の経済的自立を目指す金融力の習得」と「社会的価値行動を含む消費行動の改善および実行」の 2 つがあるが、「個人の経済的自立を目指す金融力の習得」という視点では、自分の経済状況に合った適切な金融商品の選択ができることにより賢い消費者につながる。そのことにより個人の経済的自立が促進され、効率的な金融行動をとれる消費者が増える。そのことは、ひいては善良な事業者を選択できるという行動につながり、社会的に責任のある事業者が繁栄していく社会の構築にも寄与する。他方、「社会的価値行動を含む消費行動の改善および実行」という視点では、個人が自らの経済的成功とともに、自らが社会の構成員の一員であるという立場を認識することで、消費の一部を世の中のために回すという価値観を醸成できる。そのことは、すなわち「社会的価値行動」を促すことにつながり、社会全体、地球全体という広い視野で物事を見て、社会全体の幸福度の向上に

寄与することができる。

　これらの2点の資質を醸成することが、本書が目指すPF教育の究極的視点である。

　第Ⅱ部実証編では、6つの調査結果より、大学生の消費者市民力がPF教育によって育成されたかについて検証を行った。

　第4章では、大学生の消費者市民力と金融力の実態把握およびPF教育を通じて持続可能な社会の構築を目指す意識形成を行うことの可能性を検証した。その結果、大学生の実態として、支払期日は遵守する傾向にあったが、長期的な資金計画をもとに、支出の優先順位をつけて計画的に管理を行う習慣は身についていないことが明らかとなった。また、知識面では、長期的なインフレがもたらす影響および所得税制に関する基礎知識が不足していた。これらの実態から、日々の資金管理のみならず、長期的な資金計画をキャッシュフロー表のような年間計画を作成し管理する習慣をつけさせる必要性が示唆された。そのことにより、時間軸で見た支出の優先順位や、目標達成までに残された時間を踏まえた適切な金融商品の選択もできるようになることが目指される。また、消費者市民力が従来の金融教育では育成されていないという結果から、既存の金融教育の枠組みを見直す必要がある。つまり、PF教育で持続可能性を考えさせるためには、現実社会で発生している金融制度や社会保障の仕組みを批判的に分析し、より格差をなくすための金融制度の在り方、貧困層への救済策としての社会保障の在り方を自分ならどのような仕組みを構築し提供していくことが必要だと思うかを考案させるというような教育の必要性が示唆された。

　持続可能な社会への貢献を目指す教育に必要な要素を考察すると、第4章の社会貢献に対する意識や持続可能な社会の実現に対する意識の調査結果から、消費者市民力は男子学生よりも女子学生が低かったため、女性が具体的に社会貢献に参画している事例を積極的に取り入れるべきである。また、消費行動を通じて社会に貢献したいと考える学生が、生活環境の違いにより有意差が見られたので、生活資金に余裕がない学生でも実行可能な消費行動による社会貢献の方法を伝えていくことも重要であろう。また、就業経験があ

る学生は、持続可能な社会の実現へ影響力を持つものとして「優秀な能力を有した人材」や「自分個人の意見や行動」「世界に通じる高い倫理観」が有意に低かったので、高い倫理観や優秀な能力を有した人材が活躍でき、正当に評価される社会を構築すべきであるとともに、功利主義の自己の成功を中心とした考え方が、どのような主体（人、物、環境等を含む）へ影響を与え、その行為が持続可能性へ貢献しているのかについて見極められる資質を育てるよう中立公正な視点で示唆を与えることが、PF教育に求められる要素であることが示唆された。コンシューマー・シティズンシップ・ネットワーク（CCN）が定義するように消費者市民とは「倫理的、社会的、経済的、環境的配慮に基づいて選択を行う個人である。消費者市民は、家族、国および地球レベルで責任を持って行動することによって、正義と持続可能な発展を保つことに能動的に貢献する」市民である。そのような市民を育成するためには、社会、経済、環境が均衡的定常的状態を維持する社会とはどうあるべきかを考えさせる教育が必要であり、PF教育には、自己の資金管理の健全性を持続させるとともに、最適な資金配分により、他者や社会、環境保全、次世代への豊かさを分け与えられるような方策を具体的に教育内容に組み込み、大学生という立場や自分たちが社会を担う立場になった際に、そのような持続可能性を担保できる視点をより現実的なものとして伝達していくことの重要性が示唆された。

　第2節では、日米の大学生の金融行動の違いを明らかにするために、米国の大学生700名、日本の大学生730名に実施した質問紙法によるアンケート調査の結果から金融行動志向性を分析した。日米の大学生の金融行動には有効な差が見られ、米国の大学生は金融行動10項目すべてにおいて、日本の大学生より高い有意な平均値を示した。特に、「ニーズとウォンツを理解している」「現在の消費が将来に与える影響を考えている」に関し、高い有意差が見られた。また、「先見性」因子と「近視眼」因子の傾向についても分析を行い、米国男子学生は、米国女子学生より「先見性」因子が有意に高く、日本においては、逆の傾向が見られた。その結果から、米国男子学生は、米国女子学生よりも経済的に自立しているといえるが、日本の場合は、女子学生の方が経済的に自立しているといえよう。また、学年効果に関しては、日

米ともに学年が上がるにつれて、「近視眼」傾向が高まっていることが明らかとなった。このことから大学生活や大学でのPF教育は、「先見性」を持ち、将来設計をするという金融行動に寄与していないことが窺える。それゆえに卒業前に経済的な自立ができるよう大学生の金融行動を健全なものに変容させるため、既存の大学教育におけるPF教育を再検討する必要があることが示唆された。

　本調査結果からは、日本の大学における金融行動の変容につながる教育の必要性が示唆された。特に、初年度から、将来設計の準備の重要性を認識させる必要がある。米国と比較して、日本の高等学校では、十分なPF教育は提供されていない。米国の経済教育協議会による "Survey of the States: Economic, Personal Finance & Entrepreneurship Education in Our Nation's Schools 2011" の報告によるとPF教育は、46州の教育ガイドラインに盛り込まれた。この導入州の数は、1998年には21州であった、が継続的に増加している。その上、PF教育の実施をしている州は、1998年に14州であったのが、2011年には36州に増加した（CEE 2012）。過去10年で米国のほぼ全域にPF教育の重要性が認知され、普及したことわかる。米国財務省の金融力に関する大統領諮問委員会により、若者の金融力の向上が国策として推進されたことも一因であろう。日本においては、文部科学省が学習指導要領を改定し、高等学校においては2013年4月より現行の学習指導要領が実施されている。家庭科の指導要領には、「長期的な視野での将来設計」を行うこととしている。さらには、2011年3月、文部科学省（2011）が「大学等及び社会教育における消費者教育の指針」を公表したが、その指針においても、社会参画の重要性を認識するとともに将来設計を踏まえたキャリア教育を推進することとしている。さらに、金融庁は、金融経済教育推進会議を発足させ、すべての対象に対する金融経済教育の教育内容を明らかにし、「金融リテラシー・マップ」を作成した（金融経済教育推進会議 2014）。このようにこの数年で、日本政府も若者に対するPF教育の推進を国策として取り組み始めた。ここでも目的は、金融知識の習得に留まらず、金融行動の変容につなげることである。そのために、金融行動の変容に寄与する効果的なPF教育の研究は、社会的に求められている。

254　第Ⅲ部　総括

　第5章では、日米の大学教育におけるPF教育の特徴を明らかにするために、第1節では、日本の大学におけるPF教育の実態とニーズを全国の大学を対象としたWeb調査の結果から明らかにした。PF教育の提供は、全体の1割に留まっていることが明らかとなった。この結果は、古徳（2006）が実施した全国シラバス調査の結果と一致する。そのため、本調査実施時期の2014年までの8年間で、大学における金融教育は特に普及が進まなかったことが示唆される。また、キャリア教育に関しては、国公立大学、4年生私立大学では、8割以上が提供しているが、短期大学では、6割に留まった。しかし、いずれの大学種別でも、PF教育の要素はキャリア教育に含まれておらず、生涯設計としてのキャリア形成という視点は普及していない現状が窺えた。しかし、PF教育の必要性に関しては、キャリア科目の有無にかかわらず、5割はその必要性を感じており、大学教育におけるPF教育の必要性は明らかとなった。

　第2節では、米国の大学におけるPF教育の実態を明らかにするためにシラバス調査およびWeb調査より当該教育の学問的位置づけおよび教育的意義を明らかにした。シラバス調査により、大学で提供されているPF教育の学問領域は、8割強が経営・金融学部で提供されているが、修士課程、博士課程になるにつれ、人間科学部での提供割合が増加していた。このように、米国では、PFという学問領域が大学教育の中で独自の学問分野として位置づけられ、この分野を専門領域とする研究者が多数いることから鑑みても、長期的な視点でこの学問領域を発展させる基盤が確立していることが明らかとなった。大学教育においてPF教育を学問として提供する意義については、CFP®試験対策の認定教育の提供に留まらず、実務家FPとして成功を収めるための資質の育成や関連分野の学術的知識の提供、産業界と連携したインターンシップの機会の創出や就職機会の提供を重視していた。また、PF教育の学問領域としては「Personal Financial Planning（PFP）学」「経済・経営学」「家庭経営学」の3種類に分類できた。日本の大学では、PFの専門学科は存在しないが、米国では、PFP学が一学問領域として確立していることを論じた。日本の大学へ示唆されるポイントを整理すると、①PF教育を指導できる専任教員／研究者の増員と研究業績の蓄積、②研究業績を蓄積するた

めの研究費の拡充、③人的資質の向上に寄与するキャリア教育の視点が挙げられた。

第6章では、日本の大学におけるPF教育実践からの効果検証を行った。第1節では、教養教育における実践の履修生に対する事前・事後・追加調査から金融行動、消費者市民力、幸福度、不安度の変容および教養教育における金融教育の意義について分析を行った。その結果、10項目からなる金融行動のすべてに関し改善が見られ、中でも最も高い変容が見られたのは、「ニーズとウォンツを理解する」であった。さらに、教養教育でのPF教育の提供は、履修生の満足度からも妥当性のある教育内容であった。学生は、これまでこのような金融に関する内容を学ぶ機会がなく、自らの知識不足を危機感として自覚していた。そのため、履修生は、金融に関する知識を有しないまま社会人になることへの不安や、実社会へ出る前に金融に関する内容を学ぶ必要性を再認識しており、大学時代に学ぶ内容としてPF教育を価値のある教育内容と評価していた。また、履修生は、PF教育を金融知識の習得のための教育に留まらず、生涯設計への有益性やキャリア形成の視点から自らの可能性を広げるものとして捉えていた。今後、学びを深めたい分野として、4割以上が「投資と貯蓄」を挙げていた。このことからも、資産形成に関する運用知識の提供は、教養教育における適切なPF教育の内容であることが示唆された。

重回帰分析の結果から、奨学金利用者の学生に不安度が増しており、授業を受けることで奨学金の返済について真剣に考えるようになり不安度が増したことが窺える。このことから、日本学生支援機構は、奨学金の貸与の際、米国の奨学金制度のように、学内の奨学金支援課で、返済可能額の試算や返済計画に関するコンサルテーションを実施した上で、返済額を決定する仕組みの必要性が示唆された。同時に、貸与型ではなく、米国のように公的、非営利、民間と様々な団体により提供される給付型の奨学金が増えることも望まれることを論じた。

追加調査および非対照群との比較の結果から、1年後の金融行動の変容を分析すると、金融行動10項目について、ほとんどの学生がより健全な金融行動へと変容を示していた。最も効果が高かったのは授業直後であったが、

256 第Ⅲ部 総括

3分の1の学生は1年後の金融行動の健全性が最も高く、一定期間を経過しても教育の意義を認識し、より良い金融行動へと改善していることが明らかとなった。さらに、履修生の追加調査の結果と、非対照群の比較から10項目のすべての金融行動について履修生の高い健全性が示された。中でも最も差が大きかったのは、「緊急予備資金を確保する」であり、履修生は緊急予備資金の準備が生活設計の最優先順位であることを認識し、それを実行に移していることが推察される。またこの準備の重要性は、PF教育で教授されないと学生は認識しないことも示唆された。次に「消費者市民力」に関して、労働を通じた社会参画を、履修生、未履修生ともに最優先に考えており、フェアトレード商品の購入を通じた社会参画に関しては、履修生と未履修生の差が最も大きくなり、講義を通じ、フェアトレード商品の役割と意義を認識し、一定期間経過後にその価値を認識したということが推察された。

　第2節では、専門教育の教授法の異なる2つの実践から、履修者の「社会参画力」「倫理的・責任ある市民力」が変容するかどうかを検証した。すべての項目で有意差が見られたが、「社会参画力」では、「消費者問題」履修者の「消費行動」「好きな企業への投資」「労働」に関し大きな有意な変容が見られた。また、「倫理的・責任ある市民力」では、同じく「消費者問題」履修者の「世界に通じる高い倫理観」「地域の結束力」に関し有意な変容が見られた。これらの結果から、課題解決学習の中でも、「成果を社会へ発信するという一連の授業の取り組み」が、学生の社会参画意識向上に有効であることが明らかとなった。

　量的調査において「生活経済論」履修者の変容が見られなかったため、課題レポートの記述分析を行ったところ、11名中9名は自立した消費者としての資質を備え、そのうち7名は、消費者市民としての意識形成ができていた。自己の利益のみを追求するのではなく、他者や環境への配慮のある消費行動の在り方に関する認識がなされており、地球全体を一つの社会と捉え、その構成員である自分たちおよび発展途上国の生産者を比較し、自分の置かれている環境の幸せに気づき、弱者への思いやりや配慮を示し、自分の力で困窮している人を助けたいという意識を示した。そのような一人ひとりの善行が重なり、連鎖することにより、社会全体が良くなる。講義目標である持続可

能な社会の形成へ寄与する消費行動の在り方を考え、主体的に行動する消費者市民の育成は、2つの教育実践で一定の効果が見られたといえるであろう。

　以上の調査から確認できたことを整理すると、次の3点が明らかになった。
　第1に、PF教育の提供により、金融力（金融知識・金融行動の変容を含む）の育成は実証することができた。そのことにより、経済的自立の支援につながり、ニーズとウォンツ把握し、購入する前に本当に必要なものかを吟味して購入することができるようになったり、キャッシュフロー表を作成し始めたりと、健全な金融行動へ一歩前進することができた。しかし、キャッシュフロー表の作成に関しては、未だ多くの学生が習慣化していない現状も窺えたので、より効果的な活用方法と作成の動機づけは、継続して教授していく必要があることも明らかになった。また、PF教育のニーズであるが、教養教育での金融教育の提供は、履修生の満足度からも妥当性のある教育内容であった。学生は、これまでこのような金融に関する内容を学ぶ機会がなく、自らの知識不足を危機感として自覚していた。そのため、履修生は、金融に関する知識を有しないまま社会人になることへの不安や、実社会へ出る前に金融に関する内容を学ぶ必要性を再認識しており、大学時代に学ぶ内容としてPF教育を価値のある教育内容と評価していた。さらには、履修生は、金融教育を金融の知識の習得のための教育に留まらず、生涯設計への有益性やキャリア形成の視点から自らの可能性を広げるものとして捉えていた。また、時間価値の概念を理解し、早期の資産形成の効果を実感し、今後、学びを深めたい分野として、4割以上が「投資と貯蓄」を挙げていた。このことからも、資産形成に関する運用の知識の提供は、大学教養教育における適切なPF教育の内容といえよう。
　第2に、大学教育にどのようにPF教育を位置づけるかであるが、経済学部、経営学部、家政学部の一分野としての位置づけのほかに、職業教育として大学教育で提供する意義を明らかにすることができた。このことは、日米両国のPF教育の歴史を概観する中で、金融の専門家としての職業への移行をよりスムースにする人的資質の向上に寄与する内容として両国で評価されていた。

第3に、PF教育はどのような内容を含む教育であるべきかについて考えると、個人や家計の金融の視点から単に家計の収支を合わせたり、金融商品の適切な選択の手法を教えるに留まらず、社会の矛盾や不合理、特に、昨今の奨学金利用者の増加傾向を勘案すると、奨学金に頼らないと進学ができない社会構造の問題点、自助努力による教育費の捻出が、ひいては子どもを育てるだけの生活力を持たない家庭には、出産自体を諦めるという選択をもたらし、社会全体としては少子化の傾向をも加速させている現状等、社会制度そのものを考察させる切り口を含むことにより、PF教育は教育的意義がある分野であるということができる。個人の家計や金融という視点から社会全体の歪みや国際社会における日本の生きにくさを浮き彫りにさせる視野の広がりを与えることができ、そのような現代をどのように生き抜くか、その生き方を教える教育であるといっても過言ではないであろう。また、成熟社会の日本においては、自己の経済的成長もさることながら、社会全体の豊かさを追求していく使命がある。その点からも単なる収入の配分を効率化した利己主義の消費行動の追求のみならず、倫理的、社会的、経済的、環境的配慮に基づいて消費行動を行い、家族、国家、地球規模で思いやりと責任を持ち、公正で持続可能な社会の発展に寄与する社会的価値行動（利他主義）の視点から自らの消費行動の在り方を考えられる力の育成、すなわち、「消費者市民力」の育成に寄与することができるPF教育の在り方を実証できた。PF教育の価値は、米国ではあまり見られないが、英国、北欧の消費者市民教育の視点や、OECDのコンピテンシーの育成の視点からも、倫理的責任を持った金融行動、消費行動がとれる人材を育成することが究極の目的である。要約すると、社会を変える金融の力を認識し、個人が自己の金融行動によって社会を変えていることを実感し、より豊かな社会を作るために健全な金融行動の習慣化を実践することである。

これらの検討から、大学教育におけるPF教育の位置づけとして、キャリア教育の要素にPF教育を組み込むことで、大学生の積極的なキャリア形成の動機づけを行うことが可能となると考える。また、リベラルアーツとして大学教養課程で全学部の学生へ提供することにより、大学生に必要な基礎的な金融力を養うことで、大学生活のより良い資金管理の手法を習得するとと

もに、長期的な視点での資産形成および負債の管理がどのように将来設計に影響してくるかを考えさせることができる。大学生は、社会人への移行期であるため、将来について多様な可能性を模索する時期である。実生活でアルバイトをしたり、中には親元を離れ一人暮らしを始めるなど、資金管理の面でも自立への移行期である大学生だからこそ、PF教育の重要性を理論の習得だけではなく、学んだ知識を実生活で実践することを通して、相乗効果が期待できる時期である。

　PF教育という個人の人生設計を通じて生き方を探求し、より良い社会の構築に向けた社会参画意識を醸成する教育は、本研究では大学生を研究対象としたが、内容を簡易化すれば、高等学校でも展開可能な内容であると考える。現行の高等学校の家庭科教育の学習指導要領に新たに盛り込まれた視点である「自己のライフスタイルや将来の家庭生活、職業生活の在り方について考え、生活の営みに必要な金銭や生活時間を活用し、生活設計できるように育成すること」を適える教育実践としても示唆を与える可能性を秘めている。

第8章

今後の課題

　本書の結果から、PF教育の既往経験が日本の学生には金融行動の健全性に寄与しているが、米国の学生にとっては功を奏していないことも明らかとなった。米国のPF教育は、小学校から段階的に行われているにもかかわらず、本調査ではその効果が実証できなかったことは、今後のさらなる分析により、PF教育の量と質の問題、学生の特性や家庭環境、文化的な差異から、検討する必要があろう。しかしながら、日本の学生が、10項目すべての金融行動において、米国学生よりも平均値が低かったことから、今後のPF教育の質の向上が望まれるところである。

　先に挙げた「金融リテラシー・マップ」における大学生が習得すべき内容は、4分野に分かれているが、「家計管理」分野において、本プログラムでは、消費支出の確認や支払日の確認、支出計画や予算を反映するという項目で有意な改善が見られたが、その支出目的が「自分の能力向上」のためのものかどうかについては、分析できていない。次に、「生活設計」分野では、本プログラムではキャリアプランを意識した生涯設計の動機づけはできたが、そのことにより「その実現に向けて勉学、訓練等に励んでいる」かどうかについては、今後の追跡調査で明らかにする必要がある。「金融知識及び金融経済事情の理解と適切な金融商品の利用選択」分野については、金融商品の3つの特性（流動性、安全性、収益性）や、時間価値、金利動向、インフレ・デフレ等の金融の基礎概念には触れたが、実生活で適切な金融商品を選択し利用しているかまでは、追跡できていない。この点は、今後の課題となろう。保険商品に関しては、リスクの種類や内容に触れ、そのための保険の役割、自動車事故に遭遇したときの自賠責保険の保障の限界や任意保険の範囲等に

ついても本プログラムでは扱ったが、実際に自身の保険を見直し、もしくは新規加入したかどうかについては検証できていないので、この点も今後の課題となろう。奨学金の利用者が「自力で返済する意思を持ち、返済計画を立てることができる」のかどうかについては、直接の意思確認はできていないが、日々の生活の中で奨学金利用者の支払日の確認に関する意識変容は、奨学金を利用していない学生よりも高く表れていたので、本プログラムは奨学金利用者の健全な金融行動へ寄与できたといえよう。しかし、自身の奨学金返済に関する意思や返済計画に関しての検証は、追加の調査が必要である。ローンやクレジットに関しても、リボルビング払いの金利負担の影響や、ローン利用者の信用情報機関への記録が滞納時に与える影響についても扱ってきたが、その行動変容に関しては本調査では明らかにできていないため、追加調査で検討を行う。資産形成商品に関しては、本プログラムでは、実際に投資と貯蓄に関する学びを深めたいという調査結果からも、履修者の資産形成に対する動機づけができているといえるが、履修後に実際に運用を始めたかどうかについては、追加調査で明らかにしたい。最後に、「外部の知見の適切な活用」分野に関しては、本調査では明らかにできていないので、この点についても今後の課題となろう。

　金融行動の日米比較においては、対象のデータのとり方に差が出ているので、結果に誤差が生じる可能性があることは否めない。また、日米の大学生においては、それまでのPF教育の既往歴や内容と量に差が生じているので、同条件での比較ができなかったことは、本研究の限界である。また、家庭内において、どの程度お金に関する話をしているか等、家庭環境や両親の知的水準等も含めてサンプルを分類した方が、精緻な結果が出たことは想定できる。また、調査⑥（第6章第2節）の実践の結果は、同一教員による2つの異なる教育手法による消費者市民教育の実践であるが、各分野の内容の比重に差が生じているため、全くの同一内容であったわけではないため、そのことによる結果にバイヤスがかかっていることも否めないであろう。

あとがき

　本書は、筆者が東京学芸大学大学院連合学校教育学研究科に提出した博士論文「大学生の消費者市民力を育成するパーソナルファイナンス教育の可能性」を一部加筆修正し、一般消費者向けに書き下ろしたものであります。この課題を取り上げた理由は、私が最初に就職した銀行業務の中で抱いた疑問がきっかけでした。大学を卒業後、札幌にて某都市銀行に就職し、コンサルティングテラー業務を担当しました。その中で、銀行の企業理念として「お客様のため、顧客第一主義」と掲げているにもかかわらず、行内の業績目標を達成するため、各種金融商品の中でも自社商品を進めることを推奨されていました。民間企業なので自社の利益を追求することは当然の使命であることは納得できましたが、「果たして自分の行っている行動は、顧客（消費者）のためになっているのであろうか」。その疑問が本書の発端です。

　その後、主人の転勤に伴い、米国に滞在する機会に恵まれ、そこで「ファイナンシャルプランニング」という専門職に出会います。貴重な海外生活の機会を最大化するために、念願であった修士課程への進学を実現することになります。ファイナンシャルプランニングは、「ライフプランニング（人生設計）に関する、金融商品、税金、社会保障、リスク管理、不動産、相続等の個人にまつわる様々なお金の問題に対し包括的に専門的な視点から助言を行い、顧客の資産管理やリスク管理を最適にし、顧客が人生の目標を達成できるようお手伝いをする仕事」として米国で開発された専門職ですが、その資格制度を作り、最初に専門教育を提供した大学院で学び、2005年に修士課程を修了しました。その後、東京に戻り、米国のファイナンシャルプランニング事業のリーディングカンパニーと事業提携し、東京大手町で本格的なファイナンシャルプランニングのコンサルティング事業を行う金融機関へ就職し、ファイナンシャルプランニングの業務に従事します。顧客へのコンサルティングをする一方、一般消費者向け、子ども向けの数々の啓発セミナー

の講師を担当しますが、自分の講演を聞いた参加者がより良い金融行動をとるようになり、人生を前向きに豊かにしていく姿に触れ、啓発の面白さ、教育的意義を感じました。そこで専門教育機関へ移り、消費者教育・金融教育の研究員として研究を重ねる傍ら、教員対象の講座、大学生対象の講座、また一般消費者対象の講座等の啓発活動に従事しました。そのような経験から「社会に出る前の若者に金融知識を身につけてもらい、自分の夢を叶える人生を送ってもらいたい」、そのためにパーソナルファイナンスを教えられる大学教員になろうと決意したのです。

　同教育機関では、今につながる多岐にわたる学びの機会を提供していただき、また仕事を通じて様々なご縁に恵まれました。パーソナルファイナンスの権威であります米国アイオワ州立大学のタヒラ・K・ヒラ教授がご講演で来日される際、横浜国立大学の西村隆男名誉教授にお声をかけていただき、ご講演を拝聴させていただきました。ご講演後の懇親会でヒラ教授とお話する機会があり、その後のお礼のメールで、米国でパーソナルファイナンスを学びたいということをお伝えすると、是非とも私の大学へいらっしゃいと歓迎してくださり、客員研究員として迎え入れてくださることになりました。アイオワ州立大学は、30年以上パーソナルファイナンスを人間科学部（旧家政学部）の一学科として提供してきており、初年次教育、教養課程、専門課程、大学院修士課程、博士課程と様々な段階の学生を対象とした総合プログラムを提供している伝統校であります。その大学へ1年間在籍し、ヒラ教授とPF教育の効果測定の研究をご一緒にさせていただくとともに授業のアシスタントをしたり、参与観察をしたり濃密な時間を過ごさせていただきました。

　現地で博士課程に進むことも検討しましたが、独り身ではない自分の立場を考えると、これ以上家族に負担はかけられないと思い、帰国後に進学することにしました。そのときにご指導くださいましたのが、恩師の西村隆男教授（当時）です。

　主指導教官の西村隆男名誉教授には、米国アイオワ州立大学への客員研究員としての在外研究の機会を与えていただいたことに始まり、横浜国立大学大学院での研究生時代、東京学芸大学大学院連合学校教育学研究科博士課程

の3年間と、5年に及ぶ長期間、私の研究に終始温かいご指導を賜りました。

　また、副指導教官の横尾恒隆教授には、日米の職業教育の観点から、先行研究の解釈、論文の構成に関し、大変ご丁寧なご指導をいただきました。お二人目の副指導教官の長澤成次名誉教授には、生涯教育としての消費者教育に関し、歴史的な背景及び文脈の用語の定義づけに関し、論文の趣旨を明確にするための執筆法をご教示いただきました。大澤克美教授には、実践授業の教育効果の手法について、適切な分析手法をご指導いただきました。松葉口玲子教授には、社会的価値行動を育成する消費者市民教育について、環境教育、生活設計教育の視点から、数多くの示唆をいただきました。

　米国アイオワ州立大学では、ヒラ名誉教授より、米国の大学生に対するPF教育の効果測定に関し、調査票の設計から調査の実施、分析にわたり一つひとつ熱心にご指導いただき、母娘の留学を公私にわたり大変温かく受け入れてくださいました。

　本研究の調査⑤（第6章第1節）は、ビザ・ワールドワイドのご支援のもと、金融リテラシー教育推進委員会が発足し、座長の西村隆男名誉教授を中心に、私も一委員としてプロジェクトに参画させていただきました。委員の先生方には、3年にわたり、多岐にわたってご指導いただきました。鎌田浩子教授には、調査②（第4章第2節）の日米比較の分析および国際学会発表にご同行いただき、私の国際学会発表のデビューを支えていただきました。また、柿野成美統括主任研究員には、前職時代より、約10年にわたるお付き合いをさせていただき、消費者教育のいろはから最前線まで、多岐にわたるご指導をいただきました。調査④（第5章第2節）は、調査票の作成について米国にいた私と東京にいる柿野先生でSkypeを使って議論を重ね進めてきた2年越しのプロジェクトでした。伊藤宏一教授には、論文執筆に当たり、日米の解釈の違い等、詳細にわたりご指導いただきました。また、川西諭教授には、調査⑤の大学教養教育の効果測定に関し、統計手法の効果的な活用方法ならびに国際学会での初めての口頭発表をご指導・ご支援いただきました。また、調査①（第4章第1節）では、全国6ブロックの地域を抽出し、分析を行いました。これは、鎌田浩子教授、小野由美子准教授、伊藤由美子講師、竹田美知教授、鳥井葉子教授、田中由美子助教、田村愛架准教授の多大なご支援、

ご尽力のもと実現できた調査研究であります。ご協力くださいました先生方に心より御礼を申し上げます。

最後に、私の家族には、度重なる海外出張、地方赴任のため家庭を不在にしていたことにより、家事や子どもの教育に十分に手をかけられなかったにもかかわらず、家族全員の協力を得て、私の学位取得を支援してくれたこと、特に、博士課程在学中の3年間は、家族旅行もろくにできずに、主人にはいつも一人旅を強いてしまったことを申し訳なく、嫌な顔もせず支え続けてくれてことに心より感謝いたします。

本書の上梓に当たり、企画・出版助成の申請・編集・校正全般にご尽力くださいました慶應義塾大学出版会の喜多村直之氏、永田透氏、アジール・プロダクションの伊藤晴美氏に心より厚く御礼申し上げます。

本書は、日本学術振興会平成30年度科学研究費助成事業（科学研究費補助金・研究成果公開促進費）（課題番号：18HP5205）の交付を受け、公刊いたしました。

このように、多くの方々のご指導およびご支援を賜り、完成した博士論文であります。最短の3年間で卒業までお導きくださった西村隆男名誉教授は、いつも私の進むべき道を照らし、転ばぬよう適切なご助言をくださいました。今後は、少しでもご恩に報いるよう、消費者教育の発展に微力ではございますが、貢献していくことができれば幸いに存じます。ご指導・ご支援くださいました皆様に、心より深謝申し上げます。

　2018年8月

橋長　真紀子

注

（1）中央教育審議会が2008年より提唱する「学士力」とは、「1. 知識・理解（文化、社会、自然等に関する知識の理解）、2. 汎用的能力（コミュニケーションスキル、数量的スキル、情報リテラシー、論理的思考力、問題解決能力）、3. 態度・志向性（自己管理力、チームワーク・リーダーシップ、倫理観、市民としての社会的責任、生涯学習力）、4. 総合的な学習経験と創造的思考力（獲得した知識・技能・態度等を総合的に活用し、新たな課題に適用し課題を解決する能力）」である。また、経済産業省が2006年より提唱している「社会人基礎力」とは、「1. 前に踏み出す力（主体性、働きかけ力、実行力）、2. 考え抜く力（課題発見力、計画力、創造力）、3. チームで働く力（発信力、傾聴力、柔軟性、状況把握力、規律性、ストレスコントロール力）」の3つの能力と12の能力要素で構成され、「職場や地域社会で多様な人々と仕事をしていくために必要な基礎的な力」としている。

（2）「大学等及び社会教育における消費者教育の指針」（文部科学省 2011）の中で消費者教育は、「消費者の権利を実現し、消費生活の安定と向上を図るため、消費に関する基礎的・基本的な知識及び技能を習得し、これらを活用して消費者被害等の危機を自ら回避する能力、将来を見通した生活設計を行う能力、及び、課題を解決する実践的な問題解決能力」を習得し、「自己の利益だけを求めるのではなく、他者や社会とのかかわりにおいて意思決定し、よりよい社会を形成する主体として、経済活動に関して倫理観を持って責任ある行動をとれる」「消費を、持続可能な社会を実現するための重要な要素として認識し、持続可能な社会を目指してライフスタイルを工夫し、主体的に行動できる」消費者の育成を目的とした教育として明示されている。

（3）「消費者市民社会」とは、「消費者が、個々の消費者の特性及び消費生活の多様性を相互に尊重しつつ、自らの消費生活に関する行動が現在及び将来の世代にわたって内外の社会経済情勢及び地球環境に影響を及ぼし得るものであることを自覚して、公正かつ持続可能な社会の形成に積極的に参画する社会」をいう（消費者教育の推進に関する法律、第2条2項）。

（4）国立教育政策研究所（2013）によると、「21世紀型能力」を次のように定義づけている。「『思考力』とは21世紀型能力の中核であり『一人ひとりが自ら学び判断し自分の考えを持って、他者と話し合い、考えを比較吟味して統合し、よりよい解や新しい知識を創り出し、さらに次の問を見つける力』と据えている。最も根幹となる力は、『基礎力』（言語、数、情報（ICT）を目的に応じて道具として使いこなすスキル）である。その基礎力に支えられ『思考力』（問題解決・発見力・想像力、論理的・批判的思考力、メタ認知・適応的学習力）が発揮でき、さらにそれらの力を方向付けるものが「実践力」である」。

（5）今井（消費者教育支援センター編1998）は、消費者教育を「断片的な知識・情報の

事実のインプット教育を超えて、それら知識・情報を合目的的に総合意思決定する知的プロセス教育、消費者としての態度の変革を求めるアセスメント教育で、生涯にわたる人間開発教育」であり「消費者がその置かれた条件の中で、責任が持てる最適解を求めていくだけでなく、その条件が消費者の権利を侵し、消費者として自己実現するにふさわしくないならば、それを変革する市民参加の意思決定行動能力をも養うもの」と定義している。

（6）OECD/INFE（2012b）の報告書の原文では、金融教育は、"Financial education is the process by which financial consumers/investors improve their understanding of financial products and concepts; and through information, instruction and/or objective advice develop the skills and confidence to become more aware of financial risks and opportunities to make informed choices, to know where to go for help, and take other effective actions to improve their financial well-being and protection." と定義されている。

（7）International Network on Financial Education（金融教育に関する国際ネットワーク）とは、OECD/INFE、すべてのG20メンバーを含む97ヵ国と、関連する国際機関の代表で構成されるネットワークである。

（8）エイムズ市の公立中学校および公立高等学校は、クオーター制を採用しており、1学期に履修する科目数は少ないが、1日の科目を月曜日から金曜日まで毎日学習する教育システムになっている。

（9）OECD/INFE（2012b, pp. 5-6［金融広報中央委員会訳2012］)「金融教育のための国家戦略に関するハイレベル原則」によると、「金融包摂」とは、「経済社会的な包摂と同様に金融面の厚生を高めることを目指し、金融面の意識向上および教育を含む、特別に策定された既存の革新的なアプローチの実行を通じて、規制された金融商品およびサービスへの実行的かつ適時適切なアクセスを促進し、社会の全ての構成集団による、規制された金融商品およびサービスの使用を広めるプロセス」と定義されている。

（10）大原訳（2005）、価値総合研究所（2009）によると、マルメプロジェクトは、「生徒が自主的な考えを持ち、批判的な価値判断のできる消費者に育ち、自ら計画し行動するための可能性を増すようになることを目的として、年齢と科目に適した消費者教育についての勧告を行うこと」を長期的目的としている。

（11）価値総合研究所（2009）によると、北欧閣僚評議会とは、「1971年創設。北欧5カ国（デンマーク、アイスランド、ノルウェー、スウェーデン、フィンランド）政府の共同提案を北欧評議会に提出し、対象領域の作業を指導するとともに、評議会の勧告や成果報告書の提供などを行う機関」のこと。

（12）Partnership for 21st Century Skills は、国立教育協会、米国学校司書協会、米国教育ネットワークを始め、アドビシステムズ社やアップル社等、各種教育団体と企業等が連合を組み、21世紀に必要な教育の枠組みを制定した連携組織のこと。

（13）グリーンコンシューマー（Green Consumer）とは、エルキントンとヘインズ

（Elekington & Hails 1989, pp. ix-x, 1-5）『*The Green Consumer Guide: From shampoo to champagne: High-street Shopping for a Better Environment*（グリーンコンシューマー・ガイド — シャンプーからシャンペンへ　よりよい環境のための高級通りショッピング—）』によると、直訳すると「緑の消費者」であり、「緑」は「環境にやさしい」を意味し、「買い物をするときにできるだけ環境に配慮した製品を選ぶことによって、社会を変えていこうとする消費者のこと」をいう。また、この動きをグリーンコンシューマリズムという。グリーンコンシューマーの活動は、同書の出版を機に環境に配慮したやさしいお店や商品を選ぶ運動として、世界各国に広がっていった。

⒁「金融リテラシー教育推進委員会」とは、ビザ・ワールドワイドよりご支援をいただき発足した「大学生の金融教育プログラムの開発及び推進を目的とした委員会」（座長：西村隆男横浜国立大学教授（当時）、委員：著者他5名）。

⒂ 本調査では、金融リテラシーに関する質問に続けて、「主観的幸福度」および「主観的不安度」を訪ねているので、本稿での「Well-being」や「不安度」は、「金融のWell-being」「金融の不安度」と定義づける。

参考文献

（英語文献）

Altfest, L. L. (2007). *Personal Financial Planning*, McGraw-Hill. 4-5.（伊藤宏一，岩佐代市，駒井正晶，高橋文郎，森平爽一郎訳（2013）.『パーソナルファイナンス プロフェッショナルFPのための理論と実務』（上・下），日本経済新聞出版社，29-31.

Ames High School.　http://www.ames.k12.ia.us/schools/high-school/

Ames Middle School.　http://www.ames.k12.ia.us/schools/middle-school/

Bannister, R. & Monsma, C. (1982). "Classification of Concepts in Consumer Education".

Banerjee, S. (2011). "How do financial literacy and financial behavior vary by State?" *EBRI Notes*, Employee Benefit Research Institute, 32 (11), 9-14.

Bernheim, D. (1995). "Do Households Appreciate Their Financial Vulnerabilities? An Analysis of Actions, Perceptions, and Public Policy", *Tax Policy and Economic Growth*, American Council for Capital Formation, Washington D.C. 1-30.

――(1998). "Financial Illiteracy, Education and Retirement Saving", Mitchell, O. & Schieber, S. (eds.), *Living with Defined Contribution Pensions*, University of Pennsylvania Press, Philadelphia, 38-68.

Bok, D. (2010). *The Politics of Happiness: What Government Can Learn from the New Research on Well-being*, NJ: Princeton University Press（土屋直樹，茶野努，宮川修子訳（2011），『幸福の研究―ハーバード元学長が教える幸福な社会―』東洋経済新報社.）

Bowles, S., Edwards, R., and Roosevelt, F (2005). *Understanding Capitalism: Competition, Command*, 3rd ed., Oxford Universtiy Press, N.Y.

Certified Financial Planner Board of Standards.　http://www.cfp. net/ (2014/7/3).

Certified Financial Planner Board of Standards (2013). Registration Criteria for CFP Registered Programs, 1-12.

Chase, S., & Schlink, F. J. (1927). *Your Money's Worth: A Study in the Waste of the Consumer's Dollar*, Macmillan.

Chen, H., & Volpe, R. P. (1998). "An Analysis of Personal Financial Literacy among College Students". *Financial Services Review*, 7 (2), 107-128.

Council for Economic Education.　http://www.councilforeconed.org/

Council for Economic Education (2009). Survey of the States: Economic, Personal Finance & Entrepreneurship Education in Our Nation's Schools in 2009 A Report Card, 1-24.

——(2012). Survey of the States: Economic, Personal Finance & Entrepreneurship Education in Our Nation's Schools 2011, 1-10.

Department for Edcation and Employmente (2000). Financial Capability through Personal Financial Education: Guidance for Schools at Key Stages 1&2, 1-25.

Department for Children, Schools and Families (2008), Guidance on Financial Capability in the Secondary Curriculum: Key Stage 3&4, 1-40.

Elekington, J. & Hailes, J. (1989). *The Green Consumer Guide: From Shampoo to Champague–High-street Shopping for a Better Environment*, Victor Gollancz, London, 1-256.

European Social Survey (2013). Round 6 Module on Personal and Social Wellbeing–Final Module in Template. London: Centre for Comparative Social Surveys, City University London, 1-36.

Financial Planning Association.　http://www.plannersearch.org/Pages/home.aspx

Financial Industry Regulatory Authority (FINRA) Investor Education Foundation. (2009). Financial Capability in the United States National Survey—Executive Summary, 1-26. Washington D.C.　http://www.finrafoundation.org/capability

——(2013). Financial Capability in the United States National Survey—Report of Findings from the 2012 National Financial Capability Study, 1-40. Washington D.C. http://www.finrafoundation.org/capability

Financial Literacy and Education Commission (2010). "Promoting Financial Success in the United States: National Strategy for Financial Literacy 2011", 1-16.

Frey, B.S.(2008). *Happiness: A Revolution in Economics*(Munich Lectures in Economics), Cambridge, Massachusetts: The MIT Press (白石小百合訳 (2012). 『幸福度をはかる経済学』NTT出版.)

Fox, J. J., Bartholomae, S., & Lee, J. (2005). "Building the Case for Financial Education", *Journal of Consumer Affairs*, 39 (Summer), 195-214.

Garman, T. E., & Forgue, E. R. (2010). *Personal Finance 10e. South-Western Cengage Learning*, OH, U.S.A.

Griffin, P., Care, E. & McGaw, B. (2011). *Assessment and Teaching of 21st Century Skills*, Springer. New York. (三宅ほなみ監訳 (2014). 『21世紀型スキル―学びと評価の新たなかたち―』北大路書房.)

Glosson, L. R., Meek, J. P. & Smock, L. G. (1997). *Creative Living* 7th ed. Glencoe McGraw-Hill, Peoria, IL.

Hallman-Truitert, G. (1999). *Promoting Consumer Education in Schools*, Appendix 1, 66.

Hashinaga, M. (2013). "The Effectiveness of Personal Financial Education for College Students: Analysis of a University in the United States", *Journal of Japan Academy of Consumer Education*, Japan Academy of Consumer Education, 33, 89-98.

Hayhoe, C. R., Leach, L. J., Turner, P. R., Bruin, M. J., & Lawrence, F. C. (2000). "Differences in Spending Habits and Credit Card Use of College Students", *The Journal of Consumer Affairs*, 34 (1), 113-133. doi: 10.1111/j.1745-6606.2000. tb00087.

Hilgert, M. A., Hogarth, J. M, & Beverly, S. G. (2003). "Household Financial Management: The Connection between Knowledge and Behavior", *Federal Reserve Bulletin*, 1-14.

Hellman-Tuitert, G. (1999). Promorting Consumer Education in Schools, Nordic Council of Ministers.

Hira, T. K. (1987). "Money Management Practice Infliencing Household Asset Ownership", *Journal of Consumer Studies and Home Economics*, Blackwell Scientific Publications, 11 (2), 183-194.

——(1994). *Status of Financial Planning Profession and Professionals in the U.S.A: Implications for Institutions of Higher Education*. Investment Portfolio Design and Securities Limited, Auckland, New Zealand.

——(1997). "Financial Attitides, Beliefs and Behaviours: Differences by Age", *Journal of Consumer Studies and Home Economics*, Blackwell Scientific Publications, 21(3), 271-290.

——(2004). Effects of Financial Education on Self-directed Financial Learning and Career Satisfaction of Lower-level, White-collar Workers, National Endowment for Financial Education Think Tank "Motivating Americans to Develop Constructive Financial Behaviors." Denver, Colorado.

——(2010). The NEFE Quarter Century Project: Implications for Researchers, Educators, and Policy Makers from a Quarter Century of Financial Education, National Endowment for Financial Education, 1-49. http://www.nefe.org/ Portals/0/WhatWeProvide/PrimaryResearch/PDF/TheQtrCenturyProject_ FinalSeminal.pdf

Iowa State University. http://www.iastate.edu

Jump$tart Coalition for Personal Financial Literacy, Washignton D.C. http://www.jumpstart.org/

Jump$tart Coalition for Personal Financial Literacy (2007). National Standards in K-12 Personal Finance Education, 3rd ed. 1-52.

Kempson, E. (2009). Framework for the Development of Financial Literacy Baseline Surveys: A First International Comparative Analysis, OECD Working Papers on Finance, Insurance and Private Pensions, No. 1, OECD Publishing. doi: 10.1787/5kmddpz7m9zq-en

Keown, A. J. (2013). *Personal Finance: Turning Money into Wealth*, 6th ed. Pearson, Boston, U.S.A., 1-609.

Loibl, C. and Hira, T. K. (2005). "Self-Directed Financial Learning and Financial Satisfaction", *Financial Counseling and Planning*, 16 (1), 11-21

Lusardi, A. (2003). "Saving and the Effectiveness of Financial Education", PRC Working Paper 2003-14.

――(2011). "Americans' Financial Capability", NBER Working Paper, 17013, National Bureau of Economic Research. 1-26.

Lusardi, A., and Mitchell, O.S. (2007a). "Baby Boomer Retirement Security: The Role of Planning, Financial Literacy, and Housing Wealth". *Journal of Monetary Economics*, 54 (January 2007a), 205-224.

――(2006). "Financial Literacy and Retirement Preparedness: Evidence and Implications for Financial Education". MRRC Working Paper, 1-27.

――(2008a). "Planning and Financial Literacy. How Do Women Fare?" *American Economic Review*, May 2008a, 21.

――(2009). "How Ordinary Consumers Make Complex Economic Decisions: Financial Literacy and Retirement Readiness", NBER Working Paper, 15350, National Bureau of Economic Research, 1-43.

Lusardi, A., Mitchell, O. S, and Curto, V. (2009). "Financial Literacy among the Young: Evidence and Implications for Consumer Policy", NBER Working Paper, 15352, National Bureau of Economic Research. 1-34.

Mandell, L. (2004). Financial Literacy: Arewe Improving? Result of the 2004 National Jump$tart Coalition Survey, Washington D.C. Jump$tart Coalition for Personal Financial Literacy.

――(2008a). *Survey of Personal Financial Literacy among College Students*, Washington D.C., Jump$tart Coalition for Personal Financial Literacy, 1-10.

――(2008b). The Financial Literacy of Young American Adults: Results of the 2008 National Jump$tart Coalition Survey of High School Seniors and College Students, Washington D.C., The Jump$tart Coalition for Personal Financial Literacy, 1-258.

――(2008c). "Financial Education in High School, Lusardi", A. (ed.), *Overcoming the Saving Slump: How to Increase the Effectiveness of Financial Education and Saving Programs*, Chicado: University of Chicago Press, 257-279.

――(2009). "The Impact of Financial Literacy Edcation on Subsequent Financial Behavior", *Journal of Financial Counseling and Planning*, 20 (1), 15-24.

――(2011). The Financial Literacy of Young American Adults, Washington D.C., The Jump$tart Coalition for Personal Financial Literacy, 1-253.

McCormick, M. H. (2009). "The Effectiveness of Youth Financial Education: A Review of the Literature", *Journal of Financial Counseling and Planning*, 20 (1). 70-83.

McGregor, S.L.T. (1998). "Towards Adopting a Global Perspective in Field of Consumer Studies", *Journal of Consumer Studies and Home Economics*, 22 (2), 111-119.

――(1999a). "Socializing Consumers in a Global Marketplace", *Journal of Consumer Studies and Home Economics*, 23 (1), 37-45.

――(1999b). "Towards a Rationale for Integrating Consumer and Citizenship Education", *Journal of Consumer Studies and Home Economics*, 23 (4), 207-211.

――(2001). "Participatory Consumerism". *Consumer Interest Annual*, 47, 1-7.

――(2002). Consumer Citizenship: A Pathway to Sustainable Development? Keynote at International Conference on Developing Consumer Citizenship, April 2002, Harmar Norway, 1-21.

Muske, G. & Winter, M. (2004). "Personal Financial Management Education: An Alternative Paradigm", *Financial Counseling and Planning*, The Journal of Association for Financial Counseling and Planning Education, 15 (2), 79-88.

Mugenda, O., T. K. Hira, and A. Fanslow. (1991). Influence of Net Worth, Financial Planning and Satisfaction with Quality of Life.

MyMoney.gov. http://www.mymoney.gov/Pages/default.aspx (2015/10/1).

National Center for Education Statistics (2011). Trends in Student Financing of Undergraduate Education: Selected Years, 1995-96 to 2007-08, 1-80.

――(2015). Grants and Loan Aid to Undergraduate Students. https://nces.ed.gov/programs/coe/indicator_cuc.asp

National Council on Economic Education (2005). What American teens and adults know about economics, Washington D.C., 1-82.

National Endowment for Financial Education.　http://www.nefe.org/

National Endowment for Financial Education (2007). NEFE High School Financial Planning Program 2007 Curriculum Evaluation, Collorado.

――(2011). NEFE Financial Education Evaluation Toolkit, Collorado.

Nickell, P. & Dorsey, J.M. (1967), Management in Family Living 4th., Wiley Eastern University Edition.（氏家孝子訳『家庭生活の管理』家庭教育社，1957年）

Nordic Council of Ministers (1992). "Konsumenundervising; skolenforproject"（Consumer education in schools-Preliminary project）（大原明美訳「費者教育第3フェーズにおけるパイロット・ロールとしての『北欧型』消費者教育に関する研究―学校における消費者教育を対象として―」金城学院大学博士論文，2005年.）

――(2000). The Objectives and Contents of the Working Methods in Consumer Education for Teacher Training.

――(2009). Teaching Consumer Competences—A Strategy for Consumer Education: Proposals of Objectives and Content of Consumer Education, 1-48.

Nordic-Estonian Consumer Education Group (2013). Consumer Competence for Children and Adolescents—Objectives for Teaching an Appendix to the Document "Consumer Competences—A Strategy for Consumer Education (2009)", 1-10.

OECD Recommendations.　www.financial-education.org

OECD (2005a). Increasing Financial Literacy: Analysis of Issues and Policies. Paris: OECD.

――(2005b). Recommendation on Principles and Good Practices for Financial Education and Awareness, 1-7.

――(2009). Promoting Consumer Education: Trends, Policies and Good Practices.

――(2011). Education at a glance 2011. OECD indicators, 231.

――(2013a). Guidelines on Measuring Subjective Well-being, 139-178.

――(2013b). OECD Skills Outlook 2013: First Results of the Survey of Adult Skills, 45-54.

OECD/INFE (2010a). Guide to Evaluating Financial Education Programmes.

――(2010b). Detailed Guide to Evaluating Financial Education Programmes.

――(2012a). PISA 2012 Financial Literacy Framework, 1-39.　http://www.oecd.org/pisa/pisaproducts/46962580.pdf

――(2012b). INFE High-level principles on national strategies for financial education, 1-20.（金融広報中央委員会訳（2012）.「金融教育のための国家戦略に関するハイ

レベル原則」1-18.)

――(2013a). Evaluating Financial Education Programmes: OECD/INFE Stock Take and Framework.

――(2013b). Financial Education for Youth and in Schools: OECD/INFE Policy Guidance, Challenges and Case Studies.

OECD/INFE instruments developed through the Russia/WB/ OECD/INFE (2013c). OECD/INFE Toolkit to Measure Financial Literacy and Financial Inclusion: Guidance, Core Questionnaire and Supplementary Questions Other Relevant Instruments and Outputs.

OECD Trust Fund for Financial Literacy and Education. (2015). https://www.finlitedu.org/.

Partnership for 21st Century Skills "Framework for 21st Century Learning" http://www.p21.org/storage/documents/P21_Framework.pdf.

――(2007). 21st Century Skills Assessment, A Partnership for 21st Century Skills e-paper. http://www.p21.org/storage/documents/21st_Century_Skills_Assessment_e-paper.pdf (2015.3.15)

Paletta, D. (2010). 「米消費者金融保護局の設立が決定―攻防の果てに得た勝利」『*Wall Street Japan*』, (2010年7月22日).

Peng, T. M., Bartholomae, S., Fox, J.J., & Cravener, G. (2007). "The Impact of Personal Finance Education Delivered in High School and College Courses", *Journal of Family and Ecomic Issues*, Springer 28 (2), 265-284.

Prochaska, J. O., DiClemente, C. C., & Norcross, J. C. (1992). "In search of how people change: Applications to addictive behaviors", *American Psychologist*, 47, 1102-1114.

Prochaska, J. O., & Velicer, W. F. (1997). "The Transtheoretical Model of Health Behavior Change", *American Journal of Health Promotion*, 12, 298-315.

Qualifications and Curriculm Authority (2015). http://www.qca.org.uk/

Ridgeway, J., McCusker, S. & Pead, D. (2004). Literature Review on E-Assessment.

Rowlingson, K. & McKay, S. (2013). Financial Inclusion Annual Monitoring Report 2013, University of Birmingham, 1-40.

Rychen, D. C. & Salganik L.H. (eds.) (2003). *Key Competencies for a Successful Life and a Well-Functioning Society*, Gottingen, Germany: Hogrefe & Huber.

Sandra, J. H. (2010). "Measuring Financial Literacy" *The Journal of Consumer Affairs*, 44 (2) 296-316.

The Consumer Citizenship Network. (2005). "Consumer Citizenship Education

Guidelines", Vol.1 Higher Education, 7.

The Open University. http://www.open.ac.uk/

The National Association of Personal Financial Advisors Arlington Heights, IL. http://www.napfa.org/ (2014/12/12).

The Office for Standards in Education, Children's Services and Skills (2010). Personal, Social, Health and Economic Education in Schools, 1–55.

——(2013). Not yet Good Enough: Personal, Social, Health and Economic Education in Schools–Personal, Social and Health Education in English Schools in 2012, 1–34.

The University of Arizona. (2009). Arizona Pathways to Life Success for University Students: Cultivating Positive Financial Attitudes and Behaviors for Healthy Adulthood, 1–32.

——(2010). Arizona Pathways to Life Success for University Students: Wave 1.5 Economic Impact Study: Financial Well-Being, Coping Behaviors and Trust among Young Adults, 1–32.

Thoresen, V. (2005a). Consumer Citizenship Education Guidelines Vol.1 Higher Education, The Consumer Cotizenship Network, 1–72.

——(2005b). The Consumer: A Fellow Human Being, 1–161.

UN Decade on Education for Sustainable Development & the Hedmark University College in Norway (2008). HERE and NOW Education for sustainable consumption Recommendations and Guidelines, 24–25.

United Kingdom: Nesta Futurelab Series. Report 10.

United Nations (2003), United Nations Guidelines for Consumer Protection (as expanded in 1999).

U.S. Department of Education, Institute of Education Sciences National Center for Education Statistics IPEDS. http://nces.ed.gov/ipeds/datacenter/ (2014/12/12).

U.S. Department of treasury, President Advisory Council on Financial Capability: Principles for Recommendation. http://www.treasury.gov/resource-center/ financial-education/Documents/Principles_for_Recommendations.pdf

Uusitalo, O. & Okasanen, R. (2004). "Ethical Consumerism: A View from Finland", *International Journal of Consumer Studies,* Blackwell Publishing, 28 (3), 214–221.

Willis, L. E. (2008). "Against Financial Literacy Education", *Iowa Law Review*, 94, 197–285.

World Values Survey (1999–2004). http://www.worldvaluessurvey.org/wvs.jsp

〈日本語文献〉

浅野純一 (1996).「金銭観の研究序説―拝金主義と排金主義―」『豊橋短期大学研究紀要』第13号，1-5.

浅野忠克，山岡道男，阿部信太郎，猪瀬武則，栗原久，水野勝之，山田幸俊，山根栄次 (2008).「パーソナル・ファイナンス・リテラシーに関する日米比較―」『パーソナル・ファイナンス初級テスト』の結果分析から―」『経済教育』第27号，34-41.

安倍耕作 (2005).『生涯学習研究e事典』「日本的経営とキャリアデザイン―3キャリアデザインと生涯学習―」 http://ejiten.javea.or.jp/content.php?c=TmpJd09ESTE%3D (2012/12/11).

阿部信太郎，山岡道男，浅野忠克，新井明，猪瀬武則，栗原久，保立雅紀，宮原悟，山田幸俊，赤峰信，山根栄次 (2002).「日本とアメリカの高校生・大学生の経済リテラシーの現状と比較―Test of Economic Literacy 3rd ed. の結果分析―」『経済教育』第21号，21-26.

阿部信太郎，山岡道男，浅野忠克，高橋桂子 (2013).「日本のパーソナル・ファイナンス・リテラシーの現状と課題―高校生と大学生及び2時点間の比較分析―」『経済教育』第32号，164-172.

アメリカ家政学研究会編著 (2006)『20世紀のアメリカ家政学研究』家政教育社，6，30-48

荒巻恵子 (2014).「21世紀型スキル育成のためのCSCLを活用した授業デザイン―Evidence-Centered Assessment Design の評価モデルを用いた授業の提案―」『CLEC研究会報告集』第5号，52-57.

荒又重雄 (1968)『賃労働の理論』亜紀書房.

井田浩之，相良好美，中垣力也. (2014).研究科内公募プロジェクト要旨：「『21世紀型スキル』をめぐる理論と実践に関する研究―協調学習を実践する教師の振り返りから―」『社会に生きる学力形成をめざしたカリキュラム・イノベーション」研究プロジェクト 平成25年報告書』東京大学大学院教育学研究科附属学校教育高度化センター，142-143.

伊藤秋子 (1969).「家政学20年の回顧と展望　家庭経済学」『家政学雑誌』第20巻第5号，38-41.

伊藤宏一 (2012).「米国における金融ケイパビリティ重視への転換―米国金融教育の最新事情―」『個人金融』2012年冬号，22-30.

今井光映，中原英樹 (1994).『消費者教育論』有斐閣.

今村光章，松葉口玲子 (2001).「消費者教育研究の動向と課題」『消費者教育』第21

冊，227-234.

大竹文雄，白石小百合，筒井義郎（2010）．『日本の幸福度―格差・労働・家族―』日本評論社，10.

大原明美（2001）．「21世紀の新しい消費者教育―ヨーロッパの消費者教育における"倫理の扱い"を通して―」『消費者教育』第21冊，109-116.

――訳（2003）．「北欧の消費者教育―『共生』の思想を育む学校でのアプローチ―」.

――訳（2005）．「消費者教育第3フェーズにおけるパイロット・ロールとしての『北欧型』消費者教育に関する研究―学校における消費者教育を対象として―」金城学院大学博士論文.

――（2010）．「『ヨーロッパにおけるコンシューマ・シティズンシップ教育』に関する考察―高等教育向けガイドラインの分析からの示唆―」『消費者教育』第30冊，1-12.

大森和子（1969）．「家庭管理，家政学20年の回顧と展望」『家政学雑誌』第20巻第5号，41-44.

大藪千穂，杉原利治（1999）．「持続可能な社会のための消費者教育」『消費者教育』第19冊，1-1i.

尾張豊（1999）．「消費者教育の科学化にむけて―意思決定論の再構築を中心に―」『消費者教育』第19冊，119-129.

外務省　http://www.mofa.go.jp/mofaj/

柿野成美，橋長真紀子，西村隆男（2013）．「日本の大学生に求められる金融教育の課題―日米調査の分析を中心に―」『消費者教育』第33冊，49-58.

角田修一（2010）．『概説　生活経済論』文理閣.

葛西光子，高橋美保，大矢野由美子，安藤昌代編著（2015）．『消費生活専門相談員試験認定試験にも役立つ　消費生活アドバイザー受験合格対策 2015年版』丸善出版，34-49.

価値総合研究所（2009）．「消費者市民教育に関する諸外国の現状調査報告書」

鎌田浩子，川邊淳子，小野恭子（2014）．「大学生における消費者教育の有効性―「金融教育」講義アンケート結果から―」『消費者教育』第34冊，33-42.

近代家庭経営学研究会編（1975）．『近代家庭経営学』家政教育社.

金融経済教育推進会議（2014）．「金融リテラシー・マップ」1-38.　http://www.shiruporuto.jp/teach/consumer/literacy/pdf/map. pdf.

金融教育を推進する研究会（2014）．「中学校・高等学校における金融経済教育の実態調査報告書」1-50.

金融広報中央委員会（2005）．「金融教育ガイドブック―学校における実践事例集―」.

――（2009）.「金融に関する消費者アンケート調査」（第3回）.

――（2007, 2016）.「金融教育プログラム―社会の中で生きる力を育む授業とは―」15-17, 32.

――（2012）.「金融力調査」https://www.shiruporuto.jp/public/document/container/literacy_chosa/2011/pdf/11kinyuryoku.pdf

――（2015）.「金融教育プログラム―学校における金融教育の年齢別目標（年齢層別の金融教育内容）―改訂版」.

金融庁（2005）.「金融教育に関する国際比較」.

金融庁金融研究センター（2013）.「金融経済教育研究会報告書」9-14.

栗原久（2008）.「OECDの金融教育プロジェクトについて」『経済教育』第27号, 92-98.

――（2014）.「『海外における金融経済教育の調査・研究』報告書」日本証券業協会, 1-75.

KPMG. http://home.kpmg.com/jp/home/about.html

厚生労働省（2010）.「労働経済の分析」.

――（2011）.「平成22年度大学等卒業予定者の就職内定状況調査」http://www.mhlw.go.jp/stf/houdou/2r98520000010f10.html

――（2017）.「非正規雇用の現状と課題」http://www.mhlw.go.jp/file/06-Seisakujouhou-11650000- Shokugyouanteikyokuhakenyukiroudoutaisakubu/0000120286.pdf

国民生活審議会（1966）.「消費者保護組織および消費者教育に関する答申」http://www.caa.go.jp/seikatsu/shingikai2/kako/spc01/toushin/spc01-toushin_1-2_1.html

――（2003）.「21世紀型の消費者政策の在り方について」9.

国立教育政策研究所（2013）.「平成24年度プロジェクト研究調査研究報告書5 社会の変化に対応する資質や能力を育成する教育課程編成の基本原理」13, 45, 83.

国立国会図書館調査及び立法考査局（2010）.「持続可能な社会の構築総合調査報告書」41-44.

古徳佳枝（2006）.「大学におけるパーソナル・ファイナンス教育の現状と課題―全国大学シラバス調査を通じて―」『ファイナンシャル・プランニング研究』No. 6, 23-46.

児美川孝一郎（2011）.『若者はなぜ「就職」できなくなったのか？―生き抜くために知っておくべきこと―』日本図書センター, 103-220.

――（2013）.『キャリア教育のウソ』ちくまプリマー新書, 132-133.

小柳和喜雄（2013）.「国際調査に見るICTLiteracy, 21世紀型スキルに関する基礎研

究」『教育実践開発研究センター研究紀要』第22号，321-325.

呉世煌（1984）.「消費者教育発展史1970年〜1976年」『消費者教育』第2冊.

消費者保護基本法（1968）.

消費者基本法（2004）.

消費者教育支援センター編（1998）.『消費者教育事典』有斐閣.

消費者教育支援センター（2000）.「消費者教育シンポジウム 21世紀の新消費者像」59-60.

消費者教育の推進に関する法律（2012）.

消費者教育推進会議（2015）.「消費者教育推進会議取りまとめ」.

消費者庁（2013）.「消費者教育の体系イメージマップ」

上地広昭，竹中晃二，鈴木英樹（2003）.「子どもにおける身体活動の行動変容段階と意思決定バランスの関係」『教育心理学研究』第51号，288-297.

鈴木一恵（2008）.「大学におけるパーソナル・ファイナンス教育に関する一考察—ケースメゾットの有効性の検討—」『高松大学紀要』第50号，31-67.

全国大学生調査コンソーシアム，東京大学大学経営・制作研究センター（2007）.「2007年 全国大学生調査」.

竹田美知，橋長真紀子，Hira, T. K.（2013）.「アイオワ州立大学におけるパーソナルファイナンス・カウンセリング」『神戸松蔭女子学院大学研究紀要人間科学部篇』第2号，37-56.

田中菜採兒（2014）.「消費者教育の経緯と現状—消費者教育推進法施行を受けて—」国立国会図書館調査及び立法考査局，第818号，1-12.

谷哲也（2014）.「デザイン研究による授業改善と若手教員の授業観形成—21世紀型スキルを育成する国語科授業モデル作成を通して—」『教育実践高度化専攻成果報告書抄録集』静岡大学大学院教育学研究科教育実践高度化専攻，4，49-54.

中央教育審議会（2008）.「学士課程教育の構築に向けて」用語解説，61-62.

——（2011）.「今後の学校教育におけるキャリア教育・職業教育の在り方について」.

——（2012）.「予測困難な時代において生涯学び続け，主体的に考える力を育成する大学へ」.

暉峻淑子（1989）.『豊かさとは何か』，岩波新書，1-244.

——（2003）.『豊かさの条件』岩波新書，1-240.

——（2005）.『格差社会をこえて』岩波ブックレット，1-63.

——（2008）.『豊かさへもうひとつの道』かもがわ出版，1-221.

——（2011）.『助け合う豊かさ』フォーラム・A，1-150.

内閣府（2008）.「平成20年度版 国民生活白書 消費者市民社会への展望—ゆとりと成

熟した社会構築に向けて―」.

――(2010).「国民選好度調査」.

中内俊夫 (1987).『教育学第一歩』岩波書店.

中里弘穂 (2014).「キャリア教育における金融教育の取入れと効果―早期離職防止に繋げる福井県立大学経済学部の実践からの考察―」『経済教育』第33号, 98-103.

長濱太造 (2002).「21世紀の消費者教育においてつけるべき能力水準4―大学一般教養の場合―」『消費者教育』第22冊, 9-16.

西野真由美 (2015).「資質・能力の育成を目指す教育とはⅡ―「21世紀型能力」の観点から」『Rimse』一般財団法人理数教育研究所, 11, 2-4.

西村隆男 (2005).『消費生活思想の展開』日本消費者教育学会編, 税務経理協会, 63-72.

――(2009).「消費者教育の新たな展開と課題」『現代消費者法』No. 5, 53-59.

――(2010a).「消費者市民社会の考え方」『消費者法ニュース』第84号, 111-112.

――(2010b).「進化する消費者教育」『国民生活』2010年巻5月号, 13-16.

――(2011).「消費者教育をめぐる最新の動向」『日本家政学会誌』Vol. 62, No. 3, 59-61.

――(2012a).「消費者教育推進法制定の意義」『国民生活』No. 46, 36-40.

――(2012b).「消費者教育推進法の意義」『消費者法ニュース』第93号, 5-7.

――(2013).「消費者教育推進法の意義と消費者市民社会」『協同組合研究』第454号, 13-20.

――(2017).『消費者教育学の地平』慶應義塾出版会, 1-346.

日本FP協会. https://www.jafp. or.jp/ (2014/7/3).

日本学生支援機構 (2012).「平成22年度学生生活調査」22.

――(2014).「平成24年度学生生活調査」22.

日本学術会議 (2013).「大学教育の分野別質保証のための教育課程編成上の参照基準　家政学分野」1-32.

――(2014).「大学教育の分野別質保証のための教育課程編成上の参照基準　経済学分野」1-29.

日本進路指導協会 (2006).「中学校・高等学校における進路指導に関する総合的実態調査報告書」.

日本道徳性心理学研究会編 (1992).『道徳性心理学―道徳教育のための心理学―』北大路書房, 150-153.

日本ユネスコ国内委員会 (2015) p. 77.　mext.go.jp/unesco/

橋長真紀子 (2012).「米国の金融教育機関 National Endoemment for Financial Education

にみる日本の金融教育の報告性」『消費者教育研究』No. 151, 6-7.

──（2015）.「産官学連携の消費者市民教育─大学生の社会参画意識変容の検証─」『長岡大学地域志向教育研究ブックレット』Vol. 3, 1-20.

橋長真紀子，柿野成美，伊藤宏一（2014）.「米国大学におけるパーソナルファイナンス教育の実態と教育的意義」『ファイナンシャルプランニング研究』No. 14, 35-44.

橋長真紀子，西村隆男（2014）.「大学生の金融力および消費者市民力に関する分析─持続可能な社会に求められる教養教育の方向性─」『消費者教育』第34冊, 21-32.

──（2015）.「大学教養教育における金融教育の有効性」『消費者教育』第35冊, 75-85.

花城梨枝子（1989）.「意思決定の活性化に関する一考察」『消費者教育』第9冊, 11-33.

平井啓，所昭宏，中宣敬，小河原光正，河原正明（2005）.「肺がん患者の外来化学療法の意思決定に関する探索的研究」『肺癌』第45巻第2号.

平野のち子（1907）.『家事経済，家政要鑑』大日本家政学会編纂，上巻第4編，国立国会図書館，東京家政学院大学図書館所蔵.

福田哲也，葉山泰三，田中友佳子，平田建治，谷口義昭，片岡佐知子（2012）.「『21世紀型スキル』を意図したロボット教育の推進─SCoPEにおけるロボット教育を取り入れた情報ワークショップの実践─」『教育実践開発研究センター研究紀要』第21号, 171-177.

福原敏恭（2010）.「グローバルに拡大する金融教育ニーズと英国における金融教育の動向」金融広報中央委員会, 1-37.

──（2012）.「行動経済学の金融教育への応用の重要性」金融広報委員会

保立雅紀（2014）.栗原久編「第2章 米国における金融経済教育」『『海外における金融経済教育の調査・研究』報告書』日本証券業協会, 7-15.

堀内かおる，土屋善和（2015）.「21世紀型能力と家庭科教育」『研究論集』横浜国立大学教育学会, 2, 41-48.

本田由紀（2009）.『教育の職業的意義─若者，学校，社会をつなぐ─』ちくま新書, 118-200.

松尾知明（2015）.『21世紀型スキルとは何か─コンピテンシーに基づく教育改革の国際比較─』明石書店.

松下英夫，今井光映（1967）.『新家政経営論』法律文化社, 1-308.

松葉口玲子（1998）.「持続可能な社会にむけての消費者教育に関する一考察─ジェン

ダー・非営利セクターを射程に入れて―」『消費者教育』第17冊，37-48.

――(1999).「『持続可能な消費』のための消費者教育に関する一考察―非営利セクター・家庭科に『場』を求めて―」『消費者教育』第19冊，33-44.

――(2008).伊藤セツ・川島美保編『三訂　消費生活経済学』光生館，169-181.

三浦展（2012）.『第四の消費―つながりを生み出す社会へ―』朝日新書，14-33.

三浦智之（1900）.『実用家事経済学』大橋新太郎編著，国立国会図書館，三東所蔵.

見田宗介（1966）.『価値意識の理論』弘文堂，23-24.

三東純子（1979）.「家庭経済学」『家政学雑誌』第30巻第1号，52-55.

御船美智子論文集刊行委員会編著（2015）.家政学部における消費者教育の意義と方法」『御船美智子論文集』光生館，84-123.

三宅なおみ（2010）.「強固なIT基盤が21世紀型スキルを育む」『教育家庭新聞』2010年5月8日号.

宮崎礼子（1979）.「家庭管理学」『家政学雑誌』第30巻第1号，46-52.

宮崎礼子，伊藤セツ編（1989）.『新版　家庭管理論』有斐閣

宮坂広作（1995）.『消費者教育読本シリーズNo.2　消費者教育の現代的課題―原理と実践の諸問題―』たいせい，13-28.

村上恵子，西田小百合，西村佳子（2003）.「個人のリスク回避度と金融教育の効果―パネルデータによる予備的分析―」『広島県立大学論集』第7巻第2号，67-79.

文部科学省（2006）.『平成18年度　文部科学白書』（第1章第1節）.

――(2008).「中学校学習指導要領」1-108.

――(2008).「中学校学習指導要領解説 技術・家庭編」1-82.

――(2009).「高等学校学習指導要領」1-296.

――(2010).「高等学校学習指導要領解説 家庭編」1-155.

――(2011).「大学等及び社会教育における消費者教育の指針」2.

――(2013).「教育指標の国際比較 平成25（2013）年度版」11.

柳沼良太（2002）.『プラグマティズムと教育―デューイからローティへ―』八千代出版.

山内勝広（2012）.「活動理論と教育的介入の方法論―学校における教師の拡張的学習を事例にして―」『文学論集』関西大学文学部，第62巻第3号，21-37.

山岡道男（2007）.「経済リテラシーに関する日米大学生の国際比較―第7回生活経済テストの中間報告―」早稲田大学.

――(2008).「パーソナル・ファイナンス・リテラシーに関する日米比較―『金融経済理解調査』の予備的考察―」『アジア太平洋研究』No.1，59-83.

山岡道男，浅野忠克，阿部信太郎編（2012）.「現代経済リテラシー：標準テストによ

る学習成果の測定，生活経済テスト問題集（第1回〜第10回）」早稲田大学アジア太平洋センター経済教育研究会.

山口厚子（2000）.「個人の意思決定スキルに関する研究—消費者教育における新たな意思決定能力研究の試み—」『消費者教育』第20冊，21-30.

山根栄次（2006）.『金融教育のマニフェスト』明治図書，1-172.

渡邊廣二（1996）.「消費者教育における意思決定論と価値論」『消費者教育』第16冊，71-83.

索引

数字

21世紀型スキル　35
21世紀型スキルパートナーシップ　107
21世紀型能力　vi, 4, 5, 108, 116, 267, 269

アルファベット

Arizona Pathways to Life Success for University Students（APLUS）　24
Certified Financial Planner（CFP®）　36
CFP®認定教育プログラム　166, 167, 169
DeSeCoプロジェクト　4, 104
KSAVEフレームワーク　106
MyMoney.gov（ウェブサイト）　27
NEFE High School Financial Planning Program（HSFPP）　30
PF教育　ii-vi, 3, 5-7, 60, 113, 125, 164, 180, 237
PSHE教育　66
SMARTゴール　30

あ行

アクティブラーニング　214
アジェンダ21　76-77
アメリカ家政研究会　22

か行

学士力　1, 267
家計管理・生活設計　23
家政学　45-46
家庭管理学　47, 49
家庭経営学　56
家庭経済学　46, 50, 56

環境・倫理的消費者力　89
『危機に立つ国家（*A Nation at Risk*）』　105
キャッシュコース（CashCourse）　31
金融教育　i, 15, 38, 40, 111, 141
　　——に関する国際ネットワーク　15
金融教育プログラム　40, 44
金融経済教育　i, 12, 16, 38
金融経済教育研究会　123
金融経済教育懇談会　69
金融ケイパビリティ　17-18
　　——に関する大統領諮問委員会　28
金融行動　125, 147, 184
金融に関する消費者アンケート　6, 38
金融包摂　63, 268
金融リテラシー　8, 17, 25, 153
金融リテラシー及び金融教育改善法　27
金融リテラシー教育委員会　27
金融リテラシーに関するアメリカ大統領諮問委員会　28
金融リテラシー・マップ　8, 40, 149, 151, 198, 261, 270
金融力　iv, 16, 18
「金融力調査」　5, 37, 60, 111, 182
グリーンコンシューマー　116, 269
経済教育協議会（NCEE）　26, 33, 149
効果測定キット（Evaluation Toolkit）　31
高校生向け金融理解度テスト（National Financial Literacy Challenge）　28
幸福度　191, 192, 271
国連持続可能な開発のための教育　77
コンシューマー・シティズンシップ・ネットワーク（Consumer Citizenship Network: CCN）　iv, 14, 78
コンピテンシー　vi, 5, 10-11, 104-105, 108
コンピテンシーの定義と選択　4

さ行

参画型消費者主義　77
資金管理　iii
持続可能な社会　92, 137
持続可能な消費　118
実践力　4-5, 11, 90, 120, 267
『資本主義を理解する（*Understanding Capitalism*）』　52
社会人基礎力　267
社会人を対象とした金融の理解度調査（Baseline Survey of Adult Financial Literacy）　28
社会的価値行動　i, iv-v, 8, 12, 18, 99, 120
社会的共有資産　i
ジャンプスタート個人金融連盟　13, 17, 25, 27, 32, 36-37, 70
消費経済学　46, 51
消費者運動　21
消費者基本法　86, 96, 99, 245
消費者教育　38, 57-58, 79, 90, 94, 97, 115, 267
消費者教育推進法　5, 41, 245
消費者教育の基礎理念　87
消費者教育の推進に関する法律　3
消費者教育の体系イメージマップ　3, 88, 97, 101
消費者教育の本質　115
消費者市民　iv, 77-78, 115, 138
消費者市民教育　vi, 13, 76, 79, 82, 103
消費者市民社会　7, 86, 267
消費者市民的資質　iv, 125, 128, 136
消費者市民力　v, 14-15, 204, 237
消費者宣言　v
消費者保護基本法　86, 96, 99, 245
消費者問題　6, 23
自立的活動力　5
人的資産　i, 8, 12
信用取引の公正・適正化に関する法律　27
生活経営学・家庭経営学　46
生活経済テスト　139

全国金融教育基金（National Endowment for Financial Education）　26
全国金融力チャレンジ2012　35

た行

第1次コンシューマリズム　21
第2次コンシューマリズム　21
第3次コンシューマリズム　21
大学等及び社会教育における消費者教育の指針　3, 5, 39, 267
大学や企業を対象とした優秀な金融教育実践団体の表彰制度（Financial Education Honor Program）　28
第四の消費社会　53
『地球の未来を守るために（*Our Common Future*）』　93
中学数学用の金融教育教材（Money Math）　28
デューイ, ジョン　22
ドッド・フランク法　29
トロウ, マーチン　1

な行

日本FP協会　i, 12
日本消費者教育学会　86, 91
日本における消費者教育　v, 85
人間環境学　45

は行

パーソナルファイナンス（PF）　13, 59-60, 68, 111, 152
パーソナルファイナンス教育（PF教育）　i, 2, 12, 38, 178
パーソナルファイナンス講義　59
万人のための教育宣言　4
ファイナンシャルプランナー　i, 2, 36, 114
ファイナンシャルプランニング　25, 165, 168, 175
プラグマティズム　22

米国のパーソナルファイナンス教育　21
北欧閣僚評議会　269
北欧消費者問題委員会　71
北欧の消費者市民教育　96, 101

ま行

マクレガー，S・L・T　iv, 77
マルメプロジェクト　71, 268
民間の全国金融教育基金　27

や行

ユニバーサル・アクセス　1

ら行

リスク管理　6
利他主義　v, 98, 179
倫理的消費　88-89, 116, 119
「倫理的消費」調査研究会　88

わ行

ワークショップキッズ（Workshop Kids）
　31
我らが共通の未来　76

橋長真紀子（はしなが　まきこ）

札幌学院大学経営学部准教授
2016年東京学芸大学大学院連合学校教育学研究科博士課程修了。博士（教育学）。金融機関、消費者教育支援センター、長岡大学を経て現職。新潟県消費生活審議会委員ほか。専門は消費者行動、消費者教育、金融教育。主な業績：「消費者信用」神山久美・中村年春・細川幸一編著『新しい消費者教育—これからの消費生活を考える』（慶應義塾大学出版会、2016年）、「米国大学のパーソナルファイナンス教育からの示唆」『個人金融』（2016夏号）、"The Effectiveness of Personal Financial Education for College Students:Analysis of a Universtiy in the United States"『消費者教育』（第33冊、2013年）、「金融教育——社会的価値行動の育成」西村隆男編著『消費者教育学の地平』（慶應義塾大学出版会、2017年）などがある。

パーソナルファイナンス教育の理論と実証
—大学生の消費者市民力の育成—

2018 年 8 月 30 日　初版第 1 刷発行

著　者―――――橋長真紀子
発行者―――――古屋正博
発行所―――――慶應義塾大学出版会株式会社
　　　　　　　　〒108-8346　東京都港区三田 2-19-30
　　　　　　　　TEL　〔編集部〕03-3451-0931
　　　　　　　　　　　〔営業部〕03-3451-3584〈ご注文〉
　　　　　　　　　　　〔　〃　〕03-3451-6926
　　　　　　　　FAX　〔営業部〕03-3451-3122
　　　　　　　　振替　00190-8-155497
　　　　　　　　http://www.keio-up.co.jp/
装　丁―――――後藤トシノブ
印刷・製本――株式会社加藤文明社
カバー印刷――株式会社太平印刷社

©2018　Makiko Hashinaga
Printed in Japan　ISBN 978-4-7664-2540-6